ポルピュリオス

# ピタゴラス伝／マルケラへの手紙
# ガウロス宛書簡

西洋古典叢書

# 凡　例

一、本書の翻訳の底本としては、『ピタゴラス伝』『マルケラへの手紙』については、ビュデ版の *Porphyre: Vie de Pythagore, Lettre à Marcella*, Text établi e traduit par Édouard des Places, Paris 1982,『ガウロス宛書簡』については、*Abhandlungen der königlichen Akademie der Wissenschaften zu Berlin*, 1895 に収載された Die neuplatonische, fälschlich dem Galen zugeschriebene Schrift *Πρὸς Γαῦρον περὶ τοῦ πῶς ἐμψυχοῦται τὰ ἔμβρυα*, aus der Pariser Handschrift zum ersten Male herausgegeben von Dr. Karl Kalbfleisch を使用し、これらと異なる読み方をした箇所は訳註において示す。

二、ギリシア語をカタカナで表記するにあたっては

(1) θ, φ, χ と τ, π, κ を区別しない。

(2) 固有名詞は原則として音引きを省いた。

(3) 人名や地名については、ギリシア語通りではなく、一般の慣用に従った場合がある。

三、訳文中の（　）はテクスト中の語句のギリシア語表記や言い換えなどの補足説明、［　］はテクストにはないが、文意を明確にするために訳者が補った文言、「　」は引用や術語、強調などを示すのに用いた。〈　〉は底本のテクストにおける校訂者による付加を示すが、軽微なものは一々記載しなかった。

四、『　』は書名を示す。

五、巻末に「索引」を付す。

# 目次

ピタゴラス伝……3
マルケラへの手紙……49
ガウロス宛書簡……89
解説……149
索引

# ピタゴラス伝／マルケラへの手紙
# ガウロス宛書簡

山田道夫訳

# ピタゴラス伝

# ピタゴラス伝（マルコスもしくはバシレウスによる）

一　［ピタゴラスが］ムネサルコスの子として生まれたことは大多数において一致しているが、ムネサルコスの出自については意見が分かれている。すなわち彼はサモス人であると主張する人々がいる一方で、ネアンテス[1]は『伝説集』第五巻においてシリアのテュロス出身のシリア人だと言っている。そしてサモス島の人々が穀物不足に陥っていたとき、ムネサルコスが商用で船に穀物を積んで島にやってきて、［穀物を］代価として支払うことで［サモスの］市民権を贈与されたという。またピタゴラスが幼時からあらゆる学びにすぐれた資質を示したので、ムネサルコスは彼をテュロスへ連れて行き、その地でカルダイア人に引き合わせ、彼らからさらなる薫陶を受けさせた。だがピタゴラスはそこからイオニアに戻って、はじめはシュロスのペレキュデス[2]に、次いでサモスですでに老いつつあった、クレオピュロスの子孫ヘルモダマス[3]に師事したとのことである。二　だがネアンテスが言うには、また別に、ピタゴラスの父はレムノス島に植民したテュレニア人たちの一人であり[4]、そこから商用でサモスに来て在留し、市民になったと主張する人々もいる。またムネサルコスがイタリアへ航行するのにピタゴラスが随行したとき、彼［ピタゴラス］は非常に若く、イタリアはきわめて繁栄していたので、後年、彼は［サモスから］イタリアへ出航したのだと言っているとのことである。

---

(1) 写本には「クレアンテス（Κλεάνθης）」とあるが、底本はアレクサンドリアのクレメンス（『ストロマテイス（雑纂）』一・六二・二）やアリストクセノス（「断片」一一a―b（Wehrli））によって「ネアンテス」に改訂している。オクスフォード古典辞典（*OCD*）ではキュジコスのネアンテスの年代は前三世紀とされているが、デ・プラセや水地(2)は前二〇〇年頃としている。また*OCD*はネアンテスの著作として『ギリシア史』、キュジコスの年代記『神話篇』『歴史篇』、『著名人たちについて』を挙げているが、『伝説集』という書名を残すのはキュジコス年代記の『神話篇』にあたると考えてのことであろうか。デ・プラセはヤコビ編『ギリシア歴史家断片集』（*FGH*）「断片」二九が「伝説集第五巻」の部分を「ピタゴラス派について」と読んでいるのを肯定的に紹介している。この場合は『著名人たちについて』に含まれるのではないかと考えられる。

(2) 前六世紀の人。神話的宇宙生成論を散文で書いた。ディオゲネス・ラエルティオス『哲学者列伝』（以下「ディオゲネス・ラエルティオス」）一・一一六―一二二、ディールス－クランツ編『ソクラテス以前哲学者断片集』（以下DK）七。

(3) クレオピュロスはホメロスの友人とも競争者ともされる伝説的な詩人。イアンブリコス『ピタゴラス的生き方』（以下「イアンブリコス」）一一に「詩人ホメロスを客人として迎えた人で、この詩人の友人であり、よろずのことを彼に教えたという」（水地(2)）とある。ヘルモダモスについても、「ディオゲネス・ラエルティオス」八・二にこの箇所と同じ「ピタゴラスがサモスでヘルモダマスの弟子になった」という記事があるが、それ以外のことは不明。

(4) ピタゴラスの父がテュレニア人だったという説は一〇節でもアントニオス・ディオゲネスに依拠して再言されており、「ディオゲネス・ラエルティオス」八・一ではアリストクセノスの説として紹介されている。テュレニア人とはエトルリア人のことである。ヘロドトスはアテナイから追われてレムノスに植民したペラスゴイ人のことを記しているが、ペラスゴイ人とテュレニア人とを同一視はしていないようである（『歴史』一・五七、六・一三七―一四〇）。

また彼にはエウノストスとテュレノスという年長の二人の兄がいたとも［ネアンテスは］語っている。またアポロニオスは[1]『ピタゴラスについて』のなかでサモスの創建者アンカイオスの子孫であったピュタイスという母親のことも記している。そしてアポロニオスは、彼のことを生まれはアポロンとピュタイスの子であるが、名義上ムネサルコスの子とされているのだと説明する者たちもいると言う。じっさいサモスの詩人たちのなかにはつぎのように言う者がいるとのことである。

そしてピタゴラスも。ゼウスに愛でられたる彼をアポロンによって産みしは
ピュタイス。サモス人のうちで最大の美を授けられし女。[2]

またこの人［アポロニオス］は［ピタゴラスが］ペレキュデスとヘルモダマスだけでなく、アナクシマンドロスの講筵にも列したと言っている。三　またサモスの人ドゥリスは[3]『年代記』の第二巻で彼の子息としてアリムネストスという名も記し、この人はデモクリトスの師であったと言っている。アリムネストスは追放から戻ったとき、ヘラ神殿に差し渡し二ペーキュス近くもある青銅の捧げものを奉納したが、そこにはつぎのような詩句（エピグラム）が刻まれていたという。

ピタゴラスの愛しき息子アリムネストスが我を奉納し給う
数比のうちにあまたの知恵を見出し給いて。

だがこの銘文を音楽学者のシモスが削り潰し、カノン（比率、音階比）をも奪い取って自分のものとして公表した。さて刻銘された知恵は七つあったが、シモスが一つを掠め取ったために、奉納品に刻まれていた

他の知恵も一緒に消し潰されたとのことである。(4)

四　またある人々はピュトナクスの娘で生まれはクレタ人のテアノからピタゴラスが儲けた息子をテラウ

(1) 新ピタゴラス派の賢者テュアナのアポロニオス（後一世紀頃）のことであると思われる。「イアンブリコス」二五四—二六四もアポロニオスの名を明記しており、同じ『ピタゴラスについて』に依拠している。

(2) このエレゲイア詩の二行は「イアンブリコス」五にも引用されている。ただし「イアンブリコス」では「ゼウスに愛でられたる」はアポロンに掛かっている。なおまた「イアンブリコス」はピタゴラスの出自についてはサモスの創建者の子孫であったという説のみを採用し、母親だけでなく父親もアンカイオスの子孫であったとしている。

(3) サモスのドゥリスの生存年代は前三四〇—二六〇年頃と推定されている。サモスの僭主であり、テオプラストスの弟子であったとも言われる。

(4) アリムネストスという息子の名は「ディオゲネス・ラエルティオス」にも「イアンブリコス」にも記載されておらず、アリムネストスの知恵の奉納とシモスによる剽窃のこの話は内容がよくわからない。エピグラム二行目の「数比のうちに」と訳した *εἰνὶ λόγοις* は「言葉において」と読むのが簡単であり、デ・プラセや水地(1)は単に「言葉によってあまたの知恵を明示した、書き表わした」といった訳出をしているが、*ἐξευρών*（見出して）という語とうまく繋がらない。シモスが剽窃したという「カノン」の語の原義は「棒、竿」であり、物差し、天秤の竿、織機の杼や筬、一弦琴の弦などを指して用いられ、転化して尺度、基準、さらには音階の意味をもつ。シモスは音楽学者とされているので、何か音階構成上の尺度と解し、「カノン」は現在では楽曲の形式として馴染みのある語でもあるので、「カノン（音階の構成比）」と訳しておく。アリムネストスの知恵をピタゴラス派による数学の比例中項の発見と結び付け、シモスを「イアンブリコス」末尾のピタゴラス派人名録中のポセイドニアのシモスと同一視する解釈もあるが、これについては水地（1）の訳注3（3）を参照のこと。

ゲス、娘をミュイアと記しており、また［娘として］アリグノテの名をも挙げる人々がいる。そしてこの息子や娘たちによるピタゴラスについての書物が残されているとのことである。ティマイオス[1]が語るには、ピタゴラスの娘はクロトンにおいて、処女の頃には処女たちを、妻女となってからは妻女たちを先導していたが、その住居をクロトン人たちはデメテルの神殿に仕立て、［そこに至る］道をムーサたちの聖所と呼んでいたという。[2] 五　だがリュコス[3]は『歴史』第四巻において、彼の生国についても幾人かのあいだで意見が分かれていることに言及して「その生国と、そしてこの人がその市民となるに至った都市をたまたまご存知なくとも、まったく気になさるな。彼のことをある者たちはサモス人だと言い、ある者たちはプリウス人、またある者たちはメタポンティオン人だと言う有様なのだから」と言っている。

六　なおまた彼の教師としての学識についても、大多数が言うには、数学的と呼ばれる知識に属するものはエジプト人とカルダイア人とフェニキア人から学んだ。すなわち幾何学は大昔からエジプト人が、数と計算に関するものはフェニキア人が、また天についての観察はカルダイア人が取り組んだものだからであり、神々への祭儀やその他の生活上の営みについてはマゴス僧たち[4]から聴講して学び取ったと彼らは言っている。

七　そして以上のことは『覚書』[5]に書かれているので多くの者がほぼ承知していると言ってよいが、その他の営みや行動についてはそれほど知られていないというのである。ただし、エウドクソス[6]は『地誌』第七巻で、［ピタゴラスが］清浄さを求め、殺害や殺害者を忌避したことは非常なものであって、それゆえ動物［の肉を食すること］を避けたばかりでなく、屠殺業者や猟師にもけっして近づかなかったと言っている。またアンティポン[7]は『徳において第一等の人々の生涯について』においてエジプトでの彼の忍耐強さのことも

(1)シケリアのタウロメニオンの人。前三五六―二六〇年頃。長くアテナイに滞在してペリパトス派と交流した。

(2)「ディオゲネス・ラエルティオス」八・一五や「イアンブリコス」一七〇にも同様の記事があるが、「クロトン」ではなく、「メタポンティオン」であり、キケロもメタポンティオンのピタゴラスの旧居を訪れたと言っている(『善と悪の究極について』五・二・四)ので、典拠のティマイオスではメタポンティオンであったと思われる。だがポルピュリオスは、ピタゴラスはクロトンでの騒乱を逃れてメタポンティオンに到達したあと、ここでも暴動に遭ってまもなく死んだ(餓死、自殺)という伝承を採用している(五六、五七)ので、単なる書き間違いではないだろう。

(3)写本には「レウコス」とあるのを、底本は「リュコス」に改訂している。リュコスはレギオンの人で、前三〇〇頃盛年。「リュコン」(DK五七)への改定案もあり、これはピタゴラス派のタラスのリュコン(「イアンブリコス」二六七、「ディオゲネス・ラエルティオス」五・六九)か、あるいは『ピタゴラスの生涯』を書いたとされるイアソスのリュコン(DK五七・三)であろう。

(4)マゴイ(マゴスの複数形)はメディア民族の一部族で、メディア王国とこの王権を打倒したアケメネス朝ペルシアにおいて宗教祭祀を司る神官階級を形成した。ヘロドトス『歴史』一・一〇一、一〇七―一〇八、七・一一三、一九一、「ディオゲネス・ラエルティオス」一・六―九、ポルピュリオス『肉食の忌避について』四・一六など参照。

(5)この「覚書」が何を指すのかは判然としない。デ・プラセは博識家(ポリュイストール)アレクサンドロスが『哲学者たちの系譜』において言及した「ピタゴラス派に関する覚書」(「ディオゲネス・ラエルティオス」八・二四―三三)だとしているが、六節の内容と重なる行文はここには見当たらない。「イアンブリコス」一五七の「ピタゴラス派によって書かれた覚書」に基づく記述のうち一五八後半の行文は重なるところが多いように思われる。

(6)クニドスの人。前四〇〇―三五〇年頃。数学、天文学等において顕著な業績を残した。アテナイに二度滞在して、プラトンのアカデメイアとも交流したと言われる。エウドクソスの『地誌(世界周遊記)』は「ディオゲネス・ラエルティオス」にも言及されている(一・八、八・九〇)。

(7)「ディオゲネス・ラエルティオス」八・三においても同名の人の同じタイトルの書に基づく記述が見られるが、人物も年代も不明。

詳しく語り、つぎのように言っている。すなわちピタゴラスはエジプトの神官たちによる教導をすぐれたものと認め、それに与りたいと熱望して、［サモスの］僭主ポリュクラテス(1)に頼んで、その友人で賓客の間柄であったエジプト王アマシス宛に、先述の人々による教育に参与できるように手紙を書いてもらった。アマシスのもとに到着すると神官たち宛の文書を入手し、ヘリオポリスの神官たちに会ったが、もっと権威ある長老たちのもとへ［行く方がよい］というのでメンフィスへと送り出された。本当はヘリオポリスの神官たちがそのような口実を構えただけなのであり、さらにメンフィスから同様の口実のもとにディオスポリスの神官たちのもとへとやって来た。八　だがこの人々は王への畏怖のために非力を装って断ることができず、また大いなる苦境によって彼を課業から落伍させられるだろうと信じて、ギリシア的な教育とは大違いの厳しい規則を課してそれに服するよう彼に命じた。ところが彼はそれらの課業を熱心になし遂げて大いに驚嘆され、自由に神々への供犠を執り行ない、彼らの勤めに参与する［ことを許される］ようになった。これは他の外国客の身に生じたためしのないことである。九　イオニアに戻ると、現在もなおピタゴラスの半円堂と呼ばれる教場を祖国に建てたが、そこはサモス人が公共の事柄について集まって協議するところである。また町の外に彼自身の哲学に合わせた洞窟を設えて、少数の友人たちと一緒に昼も夜も多くの時間をその場所で過ごした。だが四〇歳になったとき、アリストクセノス(2)が言うには、ポリュクラテスの僭主政治が自由人にとってその監視と支配を甘受するには苛烈すぎるのを見たのであり、そういうわけでイタリアへと旅立ったのである(3)。

一〇　またディオゲネス(4)が『トゥーレの彼方の信じがたい話』においてこの哲学者に関する事柄を詳しく

述べたので、私は彼の話をけっして看過してはならないと判断した。(5) すなわち彼が言うには、ムネサルコスは生まれはテュレニア人で、レムノスとインブロスとスキュロスに植民したテュレニア人たちの一人だった。そこから多くの都市を転々としてはまた多くの土地を訪れたが、あるとき、生い茂ったポプラの大木の下に横たわっている幼な子に出会った。彼が立ち止って眺めると、その子は空に向かって仰向けになり太陽をまばたきもせずに見上げて、小さな細い葦の茎を笛みたいに口に咥え込んでいた。驚き、そしてポプラから滴

(1) サモスの僭主ポリュクラテスは前五二二年にペルシアのリュディア総督オロイテスの謀略によって惨殺された。前五四〇年頃から兄弟三人でサモスを分割統治したのちに単独支配を確立したとされるが、確かな時期はわからない。ポリュクラテス殺害事件についてはヘロドトス『歴史』三・一二〇―一二五、アマシス王との交際と有名な指輪の逸話については同巻三九―四三。

(2) タラスの人。前三七五―三六〇年頃に生まれた。ペリパトス派の音楽学者として著名だが、ピタゴラス派に関する著作のタイトルもいくつか伝えられている。

(3) ピタゴラスがサモスを出てイタリアに赴いた理由はポリュクラテスの僭主支配を嫌ってということであるが、一六節でも再言されており、「ディオゲネス・ラエルティオス」八・三も同様の理由を挙げている。だが「イアンブリコス」一一では、まだ一八歳の頃にポリュクラテスの僭主政治が自身の学業の妨げになるとの考えからサモスを出て遊学したと言われ、また二八節では（おそらくポリュクラテスの死後）サモス市民としての国事に関する多忙が哲学と両立しないためイタリアに旅立ったとされている。

(4) アントニオス・ディオゲネス。後一世紀。『トゥーレの彼方の信じがたい話』はトゥーレを超えて月まで行く冒険談で、現存しないが、九世紀のポティオスの『ビブリオテーケー』に粗筋の紹介がある。二世紀のルキアノス『本当にあった話』もディオゲネスのこの書物を利用している。

(5) 一〇―一五節はイタリア行以前の父ムネサルコスの出自からサモスへの移住、ピタゴラスの遊学と学識形成、サモスでの教育活動など、九節までとの重複や補足となる記述であり、一六節からイタリア行以降の話が再開される。

り落ちる樹液によって養われているのを見て抱き上げたが、この子はいずれかの神の働きで生まれたのだろうと考えた。彼［ムネサルコス］はサモスに落ち着くと、アンドロクレスというその地の人に引き取られ、この人からその家の管理を委託された。彼は裕福に暮らしたので、その子をアストライオスと名付け、三人いた自分の子どもたち、エウノストス、テュレノス、ピタゴラスと一緒に養育した。そしてアンドロクレスは［三人のうち］一番年下だったこのピタゴラスを養子にしたのである。一一　さて［アンドロクレスはピタゴラスが］子どものときはキタラ弾きと体育教師と画家のところに通わせたが、若者になると幾何学と天文学を学ぶようにとミレトスのアナクシマンドロスのもとに送り出した。だがディオゲネスが言うには、ピタゴラスはエジプト人のところにも、またアラビア人やカルダイア人やヘブライ人のところにも赴き、このヘブライ人から学んで夢に関する知識にも精通した[1]。また乳香を用いた予言術を初めて行使した。そしてエジプトでは神官たちと交わってその知恵とエジプト語を、一二　だが文字は三種類を習得した。すなわち書簡文字と聖刻文字と象徴文字であって、あるもの（聖刻文字）は［事物のかたちを］模倣することによってその原義を表わし、あるもの（象徴文字）は何か謎めいた仕方で比喩的に表わすのである[2]。また神々についてさらに多くを学んだ。またアラビアでも王と交際し、バビュロンでも他のカルダイア人たちと交流するとともにザラトス（ゾロアスター）[3]のところに赴いて、この人によって前世の穢れを浄められ、真摯に生きる者は何を避けて清浄を保つのがふさわしいかを教えられ、自然についての言説と宇宙全体の原理は何かを聴講した。すなわちピタゴラスはそれらの諸民族を巡る遍歴から彼の知恵の大半を仕入れたのである。

一三　そこでムネサルコスは快くピタゴラスにアストライオスを贈ることにする。［ピタゴラスは］彼を引き取って相貌による性格診断を行ない、身体の動きと静止の様子も観察したうえで教育しようとした。人間についてのそのような知識を、各人が自然的素質においてどのような者なのかを調べ上げて、正確に究めたのは彼が最初なのである。そしてその者が果たしてどのような人間なのか、事前に性格診断することなしには、何ぴとをも友人や知人とすることはなかったであろう。[4] 一四　彼にはまた別にトラキアから手に入れた少年が居て、生まれたときに熊の毛皮を掛けられたのでザルモクシスという名前であった。トラキア人は毛

---

（1）ピタゴラスがヘブライ人から夢に関する知識を得たという話は「ディオゲネス・ラエルティオス」にも「イアンブリコス」にも見られない。ヘブライ人の夢判断については *Entretiens sur l'Antiquité classique*, 1966 の「ポルピュリオス」の項、水地(1)固有名詞注解「ヘブライ人」の項を参照。

（2）ヘロドトス『歴史』二・三六では神聖文字（ἱρά）と通俗文字（δημοτικά）の二文字であるが、アレクサンドリアのクレメンス『ストロマテイス（雑纂）』五・二〇・三によると、聖刻文字（ἱερογλυφικά）と象徴文字（συμβολικά）はエジプトの書記が用いた神聖文字の二形態に対応し、書簡文字（ἐπιστολογραφικά）は通俗文字に対応する。水地(1)訳註12（1）はヒエログリフ（＝聖刻文字）が簡略化されて神官文字（＝象徴文字）と民用文字（＝書簡文字）が出来たと説明している。

（3）ペルシアの宗教改革者（ゾロアスター教の開祖）Zarathustra はギリシアではゾロアストレス、ザラトス、ザラタス等の名で呼ばれた。今日では前七―六世紀の人と考えられている。

（4）「相貌による性格診断」と訳した φυσιογνωμονεῖν（観相術）の具体的な行使の例が五四節に述べられている。「ディオゲネス・ラエルティオス」には見当たらないが「イアンブリコス」には短い言及がある（七一、七四）。

皮のことを「ザルモス」と呼ぶからである。ピタゴラスは彼を愛して、天空の観察、祭儀に関する事柄、神々に対するその他の礼拝法を教えた(1)。だが彼はタレスという名前であったと主張する人々もおり、異邦人は彼のことをヘラクレスのように崇拝している(2)。一五　またディオニュソパネス(3)が言うには、彼はピタゴラスに奴隷奉公したが、海賊に捕らわれて入墨をされたことがあり、ピタゴラスが反対派の暴動に遭って逃げようとしたとき、その入墨のゆえに額《ひたい》を「布で」縛った(4)。ザルモクシスという名は「異邦の男」を意味するという人々もいる(5)。またピタゴラスはデロス島でペレキュデスが病床にあったのを看病したが、彼が亡くなると葬いをし、クレオピュロスの子孫であるヘルモダマスとの交際を求めてサモスに戻った。しばらくのあいだそこで暮らしてサモスの競技選手エウリュメネスの面倒を見たが、彼は身体は小さかったのにピタゴラスの知恵によって多くの大きい選手たちを打ち負かしてオリュンピア競技会で優勝した。他の選手たちは未だなお昔流にチーズとイチジクを食べていたが、彼はピタゴラスから聴き知って、毎日、指示された肉を食べ、身体全体に力をつけたからである(6)。とはいっても、ピタゴラスは知恵において前進すると、運動競技することは推奨したが、優勝することは薦めなかった。労苦には耐えねばならないが、勝利ゆえの妬みからは逃れねばならないというのである。その他にも、勝利者となって桂冠を受ける者が清浄でいられなくなることは多々起こるのだから。

一六　その後ポリュクラテスの僭主政治がサモス人たちを圧服すると、ピタゴラスはそのような国制のもとで生きるのは愛智者にはふさわしくないと考えて、イタリアへ出立しようと思い立った。船を進めてデルポイに着いたとき、アポロンの墓に詩（エレゲイオン）を刻みつけたが、それはアポロンがシレノスの息子

(1) ヘロドトス『歴史』四・九四―九六によると、ザルモクシス（資料によって名前に異同があり、ヘロドトスではサルモクシス）はトラキア人の一種族ゲタイ人のあいだで神として信仰されていたが、ヘレスポントスや黒海沿岸のギリシア人がザルモクシスはかつてサモスで奴隷としてピタゴラスに仕えた人間であり、策を弄して自分を神だとトラキア人に信じさせたのだと主張したという。この主張の真偽はどうあれ、とにかくザルモクシスはピタゴラスよりずっと昔の人だったとヘロドトスは述べている。プラトン『カルミデス』一五六D―一五七A（ザルモクシス）は魂を世話するためのまじないを会得したトラキア人の神にして王としてのみ言及している。「ディオゲネス・ラエルティオス」八・二（ザモルクシス）や「イアンブリコス」一七三（ザモルクシス）はピタゴラスの奴隷だったという話を採用している。

(2) ミレトスのタレス（?）やヘラクレスと同一視されるほど崇められたというのか、あるいは広くいろいろに崇められたというのか、訳者には趣意不明の行文である。

(3) 年代も身元も不詳。本書のこの箇所でのみ引用されている。

(4) *στίζειν* も *στίγμα* も「入墨」「烙印」を意味するが、「入墨」と訳すか「烙印」と訳すかは事例によって異なる。ヘロドトスにおける用例を見ると、家畜の所有者を示す、あるいはクセルクセス王がヘレスポントス海峡を罰するのに鞭打ちとともに行なおうとするのは「烙印」であるが、頭髪の奥の地肌に密命として記されるのも、トラキア人のあいだで家柄の良さを示すのも「入墨」である。この箇所はいずれとも決めにくいが、たとえば投降した多くの兵士に対する一斉の処置というのではなく、ザルモクシス一人に対する処置として「入墨」のほうで訳しておく。

(5)「ザルモクシス」という名が「異邦の男」を意味するというのもわからないが、「ザルモス（毛皮）」を掛けられていたので、という語釈のあとに、この文が挟まれる文脈上の意味もよくわからない。

(6) ピタゴラスが初めて運動競技者に肉食を勧めたことは、『肉食の忌避について』一・二六においても引証されており、「ディオゲネス・ラエルティオス」八・一二でも紹介されている。だが「ディオゲネス・ラエルティオス」はこれはピタゴラスとは別の同名の体育教師のことだとする異説を付言し、「イアンブリコス」二五もそれはピタゴラスではなく、同名の弟子のことだとしている。

であり、ピュトンによって殺されて、いわゆるトリプースにおいて葬られたことを顕すためのものだった。このトリプースがその名を得たのはトリオパスの娘であった三人の少女がそこでアポロンを哀悼する悲歌を歌ったからである。(1)　一七　クレタに上陸すると、イダ山の指人〔指神〕たちの一人であるモルゴス(2)に秘儀を授けられた信者たちを訪れて、彼らから雷石(3)を用いた浄めの術を受け、朝は海辺で俯せに身を伸ばして横たわり、夜は川辺にいて黒い羊の毛房で頭を飾った。イダ山の洞窟(4)と呼ばれるところへ黒い羊毛を携えて降りて行き、慣わしどおり九箇日を三度の日数〔二七日〕をそこで過ごし、ゼウスに供物を捧げ、一年ごとにゼウスのために敷物が延べられる玉座を見て、墓に詩句を刻み、「ピタゴラスがゼウスに捧ぐ」と書いた。その初行は、こうである

ここに死して横たわるはザーン(5)、人々がゼウスと呼び慣わす者。

一八　イタリアに上陸してクロトンに現われたとき、ディカイアルコス(6)が言うには、遍歴を重ねて知恵に富み、自身の資質においては幸運の女神によって良き賜物に恵まれているという男、すなわち容姿は自由人らしく大柄で、声にも人柄にもその他すべてにおいて最大の魅力と調和均斉を備えている男がやって来たというので、クロトン人たちの国都に非常な影響を及ぼしたが、それは多くの立派なことを語って長老たちの会議を魅了し、さらにまた執政たちから命じられて青年たちに若者向けの説教をし、その後には教場から集まってやってきた子どもたちにも、さらに続いて女たちにも説教し、そして彼のために女たちの集会が組織されるに至ったということなのである。一九　そのような成り行きで、彼の名声はいや増しに高まり、当の

国都から多くの弟子を集め、男ばかりでなく女の弟子たちもいて、その女たちの一人としてほかならぬテアノ[7]の名が喧伝されたのだが、近隣の異邦の地からも王や権力者の弟子を数多く得たのである。さて集まった人々に彼が何を語ったかをしかと明言できる者は誰もいない。彼らのところでは尋常ならざる沈黙が厳守されていたからである。とはいえ、あらゆる人々に最もよく知られるようになったのは、第一に彼が魂は不死であると主張していることであり、つぎに魂は他の動物の種族に転生する、さらに加えて、生成したもの

(1)通常の神話では、ゼウスの子であるアポロン神が大蛇ピュトンを殺してデルポイの神託所の主になった。トリプースも巫女がそこから託宣を下す三脚釜であるが、ここでは埋葬場所かあるいは聖櫃のようなものを指しているように思われる。

(2)ダクテュロイ・イダイオイ（直訳すれば「イダの指」）。クレタの（もしくはプリュギアとする説もある）神話的キャラクターで、魔法を操り、鍛冶・工芸の技に通じていた。こびとであったとも言われる。モルゴスについては不詳。本書のこの箇所にしか見られない。

(3)文字どおりには「雷に打たれた石」かと思われるが、ギリシア語辞書の Liddell & Scott は「ヘリオトロープ（血石）」だとしている。

(4)ヘシオドス『神統記』によれば、赤子のゼウスはクロノスに呑みこまれる難を避けて、クレタ島山中の洞窟に匿われた。だがクレタ人はゼウスを神ではなく人間としてそこで死にもしたと伝承したわけである。

(5)「ザーン（Ζάν）」は「ゼウス（Ζεύς）」の詩語「ゼーン（Ζήν）」のドーリス方言の形である。

(6)メッセネの人。活動期は前三二六―二九六年頃。ペリパトス派。

(7)本書四や「ディオゲネス・ラエルティオス」八・四二、四三、五九、「イアンブリコス」一三二、一四六、二六五にも見られるピタゴラスの妻なのか、「ディオゲネス・ラエルティオス」八・四二、「イアンブリコス」二六七にある別人の女弟子なのか判然としない。

は一定の周期で再び生成し、新しいものは何一つ端的には存在しない、そして生成する生き物すべては同族親近だと見做さなければならない、ということである。[1]というのも初めてそれらの教説をギリシアに持ち帰ったのはピタゴラスだと伝えられているのだから。

二〇　そしてそのように彼ら皆の心を彼に向けさせたので、ニコマコスが言うところでは、[2]彼がイタリアに上陸して行ったただ一度の講義によって二〇〇〇人以上の人を言葉で捕まえ、その結果、彼らはもはや離れて帰宅しようとはせずに、妻子も一緒に広大な共同生活所といったようなものを構え、イタリアで「メガレー・ヘラス［大ギリシア］[3]」とあまねく呼称された地域を建設した。そしてあたかも神から下された戒律のように彼から法と訓令を受け取って何一つそれらを外れておこなおうとはしなかった。また彼らは財産を共有のものとし、ピタゴラスを神々に列するものと見做した。それゆえ彼らのもとで学識上の秘密であったものの一つ、精妙にしてまたとくに自然についての多くの解明に通ずるもの、すなわちテトラクテュス[4]と呼ばれるものであるが、彼らは皆、何であれ自分たちによって確立されたことを唱えるのにこれを用いて神としてのピタゴラスに誓いをかけた。すなわち

否、けっして、われら一族にテトラクテュスを授けたまいし御方にかけて［誓う］
流れて止まぬ自然の源泉にして根拠もつテトラクテュスを。[5]

二一　彼がイタリアとシケリアに滞留して魅了した諸都市は、あるいは長年月にわたって、あるいは最近になって互いに隷従関係にあったのだが、彼は各都市にいた自分の聴講者たちを通じてそこを自由人らしい

思想で満たして自由な都市にした。クロトン、シュバリス、カタネ、レギオン、ヒメラ、アクラガス、タウロメニオンその他いくつかの都市であり[6]、彼はこれらの都市にカタネの人カロンダスやロクロイの人ザレウコスを使って法を布いた[7]。この法のゆえにそれら諸都市はその後長く周縁地域の人々の羨望の的になった。

(1)「ゾーオン(生き物)」は「エンプシューコン(魂をもつもの)」と同様ふつうは「動物」を指し、「植物」には適用されない。ポルピュリオスは『肉食の忌避について』三・二五・三において、植物は除外したうえで、動物は皮膚や肉や体液などの身体組織においても、また魂においても、程度の差はあるが、欲求、怒り、計算推理、とくに感覚において人間と基本的に同族親近であるとしている。

(2)ゲラサの人。後五〇—一五〇年頃。新ピタゴラス派。現存する『数論入門』や『音楽提要』のほかに、アリストクセノスやネアンテスに依拠したピタゴラスについての著述があったらしい。

(3)ラテン語で「マグナ・グラエキア」。ロクロイ、クロトン、シュバリス、メタポンティオン、タラスなどのギリシア人植民都市を包括するイタリア半島南部沿岸一帯の呼称。

(4)一から四までの四数とその合計の十を包含するもの。四つの数を点で表わして階段状に並べた正三角形として表わされた。この四つの数は基本音階を構成する四つの比(1/1、3/4、2/3、1/2)を作り、またこれに対応して点から線、線から面、面から立体の生成が考えられた。

(5)二行ともにダクテュロス・ヘクサメトロスである。

(6)カタネ、ヒメラ、アクラガス、タウロメニオンがシケリアの都市である。カタネとタウロメニオンは島の東岸、ヒメラは北岸、アクラガスは南岸寄りにある。シュバリスはイタリア半島の長靴の底、土踏まずの爪先側。そこから海岸伝いに東に回って南に下ったところにクロトン、そこから南西に下った爪先にレギオンがある。

(7)カロンダスもザレウコスもアリストテレス『政治学』二・一二で取り上げられている有名な立法家。ザレウコスは自国ロクロイのために、カロンダスは自国のみならずカルキス人の植民諸都市のためにも立法したと言われる。カロンダスはともかく、ザレウコスは前七世紀に活動した人らしいので、ピタゴラスの弟子であったとは考えられない。

またケントリパ[1]の僭主であったシミコスは彼の講話を聴いて、支配権を捨て、財産の一部を姉妹に、一部を市民たちに贈与した[2]。

二二　またアリストクセノスが言うところでは、レウカニア人もメッサピア人もペウケティア人もローマ人も彼のところにやって来た[3]。

彼は自分に親近な人々からだけでなく、彼らの何代にも及ぶ子孫からも、総じていえばイタリアとシケリアの都市すべてから、各都市内部でも相互のあいだでも、対立抗争をすっかり取り除いた。というのは聴衆が多数であれ少数であれ皆に対してつぎのような訓戒を彼は何度となく語ったからである。いわく、身体から病を、魂から無知を、腹腔から飽食を、国家から抗争を、家から不和を、一言もって覆えばあらゆるところから不調法を、万策尽くして追い払い、火でも鉄でもありとあらゆる方途をもって打ち払わなければならないというのである。

二三　だがまた彼について語るのは古い昔の特筆すべき人々であるからして、彼らを信じねばならぬとすれば[4]、彼の説諭は理性なき（言語を解さぬ）動物にまで及んだ。すなわち彼らが言うには、ダウニア[5]の熊が暴れて住人たちを苦しめているのを取り押さえたとき、長時間その背を撫でて大麦の菓子と果物を食べさせ、もう二度と動物に接触しないと誓わせて放した。熊はただちに山の樹林へと去っていき、理性なき動物を襲うことももはやまったく見られなくなった[6]。二四　またタラス[7]のいろいろな草が混生する牧場で雄牛が浅緑の豆を食んでいるのを見て、牛飼いの脇に立ち、雄牛に豆から離れるように言うがいいと助言した。牛飼いはふざけて牛語で話す術は知らんねと言ったので、彼が近づいて牛の耳に今すぐ豆畑から離れるように、のみならず再び豆に触れることのないようにと囁くと、[8] その牛はタラスのヘラ神殿の神域で齢を取りながら、参拝者たちの差し出す餌を食べ、聖なる牛と呼ばれてこのうえなく長く生き続けたという。[9] 二五 またオリュンピアで彼がたまたま身内の者たちと鳥占いの徴や符牒やゼウスが送る前兆について、それらは真実神に愛される人間たちへの神々からの知らせや噂なのだということを語り合っていたとき、頭上を飛んでいた鷲を舞い降りさせて撫でてやり、再び飛び去らせたという。[10] 漁師たちの傍らに立ち寄ったときも、まだ引綱が海底から大量の獲物を引き揚げている途中で、どれだけの魚が揚がるか、その数まではっきりと予言した。そしてもしそのとおりの結果になれば、何でも彼の命じるとおりにすることを男たちが受け入れたので、まず獲れた魚の数を正確に数えたうえでそれらを生きたまま放してやるように命じた。そして驚くべきことに、

(1) シケリアのエトナ山麓の古い都市。
(2) 二一節は最後のシミコスについての記事を除いて「イアンブリコス」一三三とほぼ同じである。
(3) ローマ人を除いてすべてイタリア半島南部の非ギリシア人。「ディオゲネス・ラエルティオス」八・一四にも「イアンブリコス」二四一にもおそらくアリストクセノスからと思われるほぼ同じ行文が見られる。
(4)「古い昔の特筆すべき人々」が誰を指すのかは判然としない。この冒頭の行文は、これを含めて二三節から二五節前半が「イアンブリコス」六〇―六二とほぼ同じなので、ポルピュリオス自身の地の文ではない。
(5) イタリア半島東南部のアプリア地方にある。
(6) ダウニアの熊の話は「イアンブリコス」六〇にほぼ同じ記述がある。
(7) タラス(タレントゥム)はイタリア半島の長靴の土踏まずの踵側の端にある。
(8) 豆の禁忌については四三―四四節で述べられる。
(9) タラスで雄牛に説諭した話は「イアンブリコス」では六一節。
(10) オリュンピアでの鷲の話は「イアンブリコス」では六二節。

それだけの時間をかけて数えているあいだ、魚は水から上がったままであったのに、彼が傍らにいたので、一尾たりとも息を切らして死ぬことはなかったとのことである[1]。

二六　彼はまた出会った多くの人々に彼らの魂が今のこの身体に縛り付けられるより以前に生きた前世のことを想い出させた。そして彼自身もかつてはパントスの子、エウポルボスであったことを明白な証拠によって明らかにし、ホメロスの詩句のなかからかの詩行を最も好んで朗誦してはリラに合わせて響きよく歌いはじめるのだった。

鮮血に染まるはカリス女神たちにも似た髪と
金銀の留め輪で括られた房毛
喩うれば、男がオリーブの枝葉豊かな若木を育てる
人気もない静かな土地で。豊かにあふれる水に潤され
美しく花開く。かなたこなたの風の息吹に揺れては
白い花びらではち切れんばかり
だが突然に大嵐とともに風がやってきて
根元から引き抜かれ、長々と地面に横たわる
あたかもそのようにパントスの息子、とねりこの槍もつエウポルボスを
アトレウスの子、メネラオスが殺して武具を剝ぎ取った[2]。

二七　じっさいわれわれはミュケナイでトロイアからの他の戦利品とともにアルゴスのヘラに捧げられた、

そのプリュギア人エウポルボスの盾について語られていることは、俗っぽすぎるので取り上げないのである。[3]だが伝えられるところでは、あるとき友人たちの多くと一緒にカウカソス川を渡っていて、彼は川に呼びかけた。すると川もまた大きな澄んだ声を発して、皆が聞いたのだが、「ご機嫌よう、ピタゴラス」と言った。[4]また同じ一日のうちにイタリアのメタポンティオン[5]とシケリアのタウロメニオンで彼はそれぞれの地の友人たち両方と交わり話し合ったと、ほぼすべての人が確言しているが、両者のあいだには陸路でも海路でも膨大な〈スタディオン数の〉距離があり、きわめて多くの日数をかけても踏破できないのである。[6]

二八　じっさい、彼をヒュペルボレオイ人（極北人）の地のアポロンであると看取したヒュペルボレオイ人

(1) 網のなかの魚の数を予言して魚を救った話は「イアンブリコス」では三六節にあるが、ピタゴラスがイタリアに来てシュバリスからクロトンに向かう途中のことだと明記されている。また漁師たちに魚の代金を支払ったとも言われている。
(2) ホメロス『イリアス』一七・五一―六〇。
(3) 二六節からこの二七節冒頭の行文までは「イアンブリコス」六三にほぼ同じものが含まれているので、この行文もポルピュリオス自身の言葉ではない。紹介されなかった「エウポルボスの盾」についての話はシケリア人ディオドロス『ビブリオテーケー』一〇・六、オウィディウス『変身物語』一五・一六三以下、「ディオゲネス・ラエルティオス」八・五などに記載がある。水地(1)(2)の該当箇所の訳注参照。
(4) 「カウカソス」という名の川は確認できないので、ディールスは（メタポンティオンを流れる川である）「カサス」と読んでいる（DK 一四・七・アポロニオス）。「ディオゲネス・ラエルティオス」八・一一も「イアンブリコス」一三四もこの「川の挨拶」の話を記載しているが、川の名はともに「ネッソス」である。
(5) メタポンティオンはイタリア半島の長靴の土踏まずにある都市。ここから海岸沿いに北東に進むとタラスがある。
(6) 「イアンブリコス」一三四も「川の挨拶」の話に続けて遠隔二地点同時目撃の同じ記述を記載している。

アバリスに、この人はこの地の神官であったが、彼がそれは真実だと保証して自分の大腿が黄金であるのを見せたというのは言い古された話であり[1]、船が着岸しようとしているときに積み荷が無事手元に届くよう友人たちが祈ったところ、ピタゴラスが「それなら死体が君たちのものになるだろう」と言い、船は死体を載せて着岸したという話もそうである[2]。また他にも無数のもっと驚くような神憑った話がこの人については一様に声を合わせて語られてきた。端的に言えば、何ぴとについても彼以上に多くの奇異な話が憶測されたことはないのである。

二九　すなわち彼は地震を予告して外れることがなかった、疫病の流行を速やかに退けた、激しい風や降り注ぐ雹を宥め抑えた、友人たちが無事に渡渉渡航できるよう川の洪水や海の高潮を静めたといった話である。エンペドクレスやエピメニデス[3]やアバリスもそのような能力に与って、しばしば同様の驚異をなし遂げた。それは現存する彼らの詩によって明らかであるが、とりわけエンペドクレスの綽名は「風防ぎ男（アレクサネモス）」であり、エピメニデスのそれは「浄め人（カタルテース）」であり、アバリスのそれは「大気を踏む男（アイトロバテース）」であって、これは彼が極北のアポロンの矢を贈られて、それに乗って川や海やその他の踏破しがたい場所を渡った、つまりある意味で大気を踏んで進んだからだと言われている。そしてまさにこの空中を進むということが、メタポンティオンとタウロメニオンでそれぞれの地の友人たちと同じ日に交流したときにピタゴラスの身に起こったことだろうと、ある人々は憶測したのである。

三〇　彼はまたリズムと旋律とまじない歌で心身を魅了し、その悩みや苦しみを癒した。そして友人たちにはそのような調律を行なったが、彼自身は諸天球とそれらのもとで運行する星々全体に遍在する調和を感得して、生まれ持った素質の狭小さゆえにわれわれには聞こえぬ万物の調和を聴いていた。エンペドクレスも彼についてつぎのように述べて、そのことを証言している。

彼らのなかに測り知れぬ知識をもつ一人の男がいた
ありとある賢き技をこのうえもなくみごとに統御しつつ
彼は限りも無い知恵の宝をわがものとしていた

(1)「ヒュペルボレオイ人（極北人）」「アバリス」については ヘロドトス『歴史』四・一三および三二―三六を参照。伝承によれば極北人アバリスは一切食事を取らず、［アポロンの］矢を持って世界中を廻ったが、彼の話をする気はないとヘロドトスは言っている。アバリスを弟子としてピタゴラスに関係付ける話は「イアンブリコス」に九〇―九三節をはじめ数多く記載されており、一三五―一三六節は「死体を積んだ船」の話を除く本書二八―二九とほぼ同じ記述である。アバリスとは結び付けずに、ピタゴラスが［競技場などで］黄金の太腿を見せた、あるいは見られたとする伝承は一四〇節にあり、これは「ディオゲネス・ラエルティオス」八・一一やDK一四・七・アポロニオス（＝アリストテレス「断片」一九一）にも見られる。

(2)「死体を積んだ船」の話は「イアンブリコス」一四二、DK一四・七・アポロニオス（＝アリストテレス「断片」一九一）にもある。

(3) DK三。クレタの宗教的賢者。生存年代に関しては、アテナイで浄め祓いをして悪疫を鎮めたのが「ディオゲネス・ラエルティオス」一・一一〇では第四十六オリュンピア祭期（前五九六―五九三年）とされ、プラトンは『法律』一・六四二D―Eでペルシア戦争の一〇年前（前五〇〇年頃）としている。また一五〇歳を超えるまで、あるいは三〇〇歳近くまで生きたと言われる。「イアンブリコス」一三五―一三六と同一のこの記述では、エピメニデスはエンペドクレス、アバリスと共にピタゴラスの弟子として扱われているようである。

いつでもすべての知恵をもって身を乗り出しては
この男は在るものすべての一々を容易く眺め見たのだ
人間の十世代、はたまた二十世代もの時をかけて。[1]

三一　すなわち「測り知れぬ知識」や「在るものの一々を眺め見た」や「知恵の宝」やまた同様の表現は、何よりもピタゴラスがその視覚と聴覚と思惟において格別の、余人に比して格段に精確な感官組織を有していたことを明示している。じつにまた彼は七つの惑星と恒星天と、さらにわれわれを超えて位置する、彼らのもとで対地星と言われるあの星との発する音が九柱のムーサであることを確言していた。[2] またそれら［ムーサたち］すべての融和と協和であるとともにいわば紐帯でもあるもの、彼女らの一人一人はその生成せず永久なるものの部分であり、そこからの流出なのであるが、それを彼はムネモシュネと名付けたのである。[3]

三二　彼の日々の暮らしぶりを説明してディオゲネスはこう言っている。彼は皆に、栄誉と評判は何よりも妬みを惹起するのだから、それらを追い求めることは避けるように、大衆との交わりから逃れるように勧めていた。じっさい彼自身も朝は自分の家でいろいろなことをして過ごした。自身の声をリラに合わせたり、タレタス作中のいくつかの古式ゆかしいアポロン賛歌を歌ったりするのである。[4] また他にホメロスとヘシオドスの詩のなかで魂を鎮めると彼が認めたものも歌った。踊りもまた身体のために動きのよさと健康を作り上げると考えたものを踊った。だが散歩は彼みずから大勢と一緒にして妬みを買うようなことはせず、一人か二人の友を連れて神域か林のなかを、最も静寂で美しい場所を選んでおこなっていた。三三　友人たちをことのほか慈しみ、「友のものは共のもの」、「友はもう一人の自分」だという見解を表明したのは彼が最初

（1）DK二一・B一二九。「ディオゲネス・ラエルティオス」八・五四はティマイオスに依拠して最初の二行をエンペドクレスがピタゴラスに言及したものとして引用したあと、これはパルメニデスへの言及だとする人々もいることを付言している。最後の行の「人間の十世代、はたまた二十世代もの時」という与格の句はピタゴラスの過去の転生に関するものとして具格的に「をかけて」と訳したが、デ・プラセは位格的に「にわたって」あるいは利害の与格として「のために」とし、将来の予知予見能力を語るものと解しているようである。

（2）ピタゴラス派の宇宙論についてアリストテレスは「彼らの主張によれば、中心にあるのは火であって、大地は星々の一つであるが、その中心の周りを円運動することによって夜と昼を作り出している。またそれと対蹠的なもう一つ別の大地を用意して、これを対地星（アンティクトーン）と呼んでいる」（『天界について』二・一三・二九三a）というふうに紹介している。対地星は地球と同一軌道にあるのではなく、前五世紀のピロラオスについてのアエティオス（後二世紀）の証言によると、中心火から対地星、地球、月、太陽、残りの五惑星、恒星天の順に配置されているとされた。中心火と対地星は地球より内側にあるので、地球の外側にいるわれわれには見えない。星々が発する音の音階的調和、いわゆる天体音楽の思想は『天界について』二・九で紹介され、批判されている。だがこの三一節の九柱のムーサイに対応する九つの天体には地球は含まれておらず、ここでは中心火ではなく地球を中心とした星々の位置関係が想定されているように思われる。地球も含めて中心火の周りを円運動する天体の数を完全数の十にするために導入されたとも言われる対地星を入れて地球を外した九つは奇妙である。

（3）神話的にはムネモシュネ（記憶）はムーサイの母親とされる。九柱のムーサイに擬えられる九つの天体の音の融和であり協和であり、その紐帯であるものをムネモシュネと呼び、このムネモシュネは生成せず永遠なるものであり、ムーサイはそれの部分であり、そこから流出したとするのは音階的調和のなにやら玄妙な表現である。

（4）タレタスはクレタのゴルテュンの人で、前七世紀前半にスパルタで活動したらしい。偽プルタルコス『音楽について』九―一〇によると、パイアン（アポロンもしくはアルテミスに呼びかけ賛美する合唱歌）を作曲する等、スパルタにおける音楽の組織化に貢献したという。

である。[1] 彼らが元気であればいつも一緒に過ごし、その身体が病気のときは治療し、魂が病んでいるときは、すでに述べたように、ある者たちは歌とまじないによって、ある者たちは音楽によって、慰めてやった。彼は身体の病気用にも療治のまじない歌を習得していて、それを歌って病人たちを立ち上がらせた。また苦痛を忘れさせ、怒りを和らげ、不自然な欲望を取り去るまじない歌もあった。

三四 食生活のうえで最善なのは蜂の巣（蜜蠟）あるいは蜂蜜で、主たる食事はキビか大麦のパンと煮野菜と生野菜だった。ごく稀に供え物の犠牲獣の肉も食べたが、それもすべての部位の肉ではなかった。[2] じっさい神々の聖域深く進み行って、そこでいくらかの時を過ごそうとするときは大抵、空腹を抑え、渇きを防ぐ食べ物を摂った。[3] 空腹を抑えるのは芥子の種と胡麻と、周りの粘液が浄め取られるまで入念に洗った海葱（スキラ）の表皮と、そしてツルボラン（アスポデロス）の茎と銭葵の葉、[4] 大麦の碾割りとひよこ豆を混ぜ合わせて作ったもので、その混ぜ物全部を等分の重さに切り分けてヒュメットス産の蜂蜜で潤した。また渇きを防ぐのは瓜の種、種を取った艶やかな干し葡萄、コリアンダーの花、そして銭葵のやはりまた種、スベリヒユ、磨りおろしチーズ、極小に碾いた小麦粉、そして牛乳の脂肪を混ぜ合わせ、その全部をさらに島嶼産の蜂蜜に混ぜ合わせたものであった。三五 これらの作り方はヘラクレスが乾燥したリビュア［の砂漠地帯］へ派遣されたときにデメテルから教えられたものだと彼は主張していた。そういうわけで彼はその身体もまるで秤の上にあるかのように同一の状態を正確に維持していたのであり、ときには健康でときには病気とかいうことはなく、肥って大きくなるかと思えば痩せて干からびたりするということもなかった。そして魂もつねに彼の表情を通して同じ一つの性格を透かし見せていた。というのも彼は快楽によってさらに闊達になることも悲嘆ゆえに鬱屈することもなく、悦びや苦しさに捕らわれる様子を見せることはなかった。いや、かつて彼が笑ったり泣き悲しんだりするのを見た人は一人もいなかったのである。

三六　また供犠に際しても神々の嫌悪を招くことはなかった。碾割り大麦と焼き菓子と乳香とギンバイカで神々の怒りを鎮めたのであり、ときに雌鶏とごく柔らかい仔豚を用いる以外には、動物を犠牲にしなかっ

(1)「友のものは共のもの」と訳した「コイナ・タ・トーン・ピローン」は友人たちのものは共通あるいは共有で友人皆のものだということで、だからその一人である自分のもの、「友のものは友のもの」「友のものは自分のもの」とも訳しうる諺的成句である。「ディオゲネス・ラエルティオス」八・一〇もこれを最初に言ったのはピタゴラスだとしているが、(ディオゲネスではなく)ティマイオスからの引用である。プラトンは、ソクラテスの祈りを友として共有させてほしいというパイドロスにこの句を使わせているが(『パイドロス』二七九C)、『国家』四・四二四A、五・四四九Cや『法律』五・七三九Cでは妻子の共有に関して用いている。この三三節でこの句が導入されるのは、友人たちを慈しみ、親身に世話をしたピタゴラスの友愛の理念を伝えるためだが、彼の講義を聴いて帰依した人々が共同生活を営み、財産を共有したという二〇節の記述とも結び付けて理解すべきものかどうか。「ディオゲネス・ラエルティオス」一〇・一一のエピクロスはピタゴラスがこの句を財産の共有という意味で用いたと考えている。「友はもう一人の自分」という句はアリストテレス『ニコマコス倫理学』九・一一六六a、一一六九b、一一七〇bに見られる。

(2)忌避さるべき獣肉の部位については四三節参照。

(3)一七節でもイダ山の洞窟で参籠した話が語られていた。その典拠もこの三四節同様ディオゲネスであったと思われる。

(4)ヘシオドス『仕事と日』四〇―四一参照。アスポデロス(ツルボラン)とマラケー(銭葵)はいずれも野草で貧しい食べ物だが非常な効用があるということが「半分は全部より多い」という句と並べて諺的に言われている。

たからである。[1] かつて「直角三角形の底辺が直角を囲む二辺と等しい力をもつ〔底辺の平方が他の二辺の平方の和に等しい〕」ことを発見したとき、より精確な証言者たち[2]が言うには、彼が捧げたのは練り粉で作った牛だった。[3]

さて、彼が訪問者〔弟子〕たちに話したことすべては論述的にか、あるいは喩えを用いるかして語られる勧奨であった。三七　というのも彼の教授法は二通りあったからである。そして訪問者〔弟子〕たちの一方は「マテーマティコイ（学的研究者）」、他方は「アクースマティコイ（御言葉聴従者）」と呼ばれた。マテーマティコイとは知識のうちでも並外れた、精確さに苦心して仕上げられた理論を学び究めた人たちであり、アクースマティコイとは文書の中の主要な訓戒だけをもっと精確な説明はなしに聞き覚えた人たちである。[4]

三八　彼は神と神霊（ダイモーン）と英霊（半神、英雄）の種族について言葉を慎み、適正な観念をもつように、両親や恩人に感謝するように、法を遵守するように説き勧めた。[5] また事のついでに神々を礼拝するのではなく、家からまっすぐそのために出立するように、[6] そして天上の神々には奇数のものを供え、地下の神々には偶数のものを供えるように勧めた。[7] というのも彼は対置される力の二系統のうち、一方の善きものを「一」「光」「右」「等」「静止」「直」と呼び、他方の悪しきものを「二」「闇」「左」「不等」「曲」「動」と呼んでいたのである。[8]

---

（1）三四節では「ごく稀に供え物の犠牲獣の肉も食べた」とある。「イアンブリコス」八五では犠牲に適する動物は人間の魂の転生しない動物であるとされている。「ディオゲネス・ラエルティオス」八・二〇では犠牲に供されるものと肉食不

可の対象についていくつかの異なる説が紹介されている。

(2)「より精確な証言者たち（οἱ ἀκριβέστεροι）」という表現は五六節にも見られ、そこでは「ディカイアルコスやもっと精確な著述家たち」となっている。ここでもディカイアルコスが含まれていることは疑いないとデ・プラセは言っているが、むろん疑いないとまでは言い切れない。

(3)プルタルコス「エピクロスに従っては、快く生きることは不可能であること」一〇九四Bも「ディオゲネス・ラエルティオス」八・一二もピタゴラスがこのいわゆる「ピタゴラスの定理」（もしくはその証明法）を発見したとき、牛を生贄に捧げたということをアポロドロスからの情報として述べている。ピタゴラスによるこの定理の発見を語るのは現存文献中ではプルタルコス（後一〇〇年頃）が最も古いが、情報元のアポロドロスについては年代も何もわからない。「ディオゲネス・ラエルティオス」八・一三はまたピタゴラスは動物を食べることも殺すことも禁じたというある人々の異論や、彼が礼拝していたデロス島のアポロンの祭壇に犠牲獣を捧げることはけっしてなかったというアリストテレスの説（「断片」四八九（Rose））も紹介している。

(4)マテーマティコイとアクースマティコイが二派として成立し、さらに分離対立するのは後代のことだが、その淵源はピタゴラスの二通りの教授法にあったということであろう。マテーマ派とアクースマ派について「ディオゲネス・ラエルティオス」には記述がなく、「イアンブリコス」八一―八八は詳しく考証している。

(5)これら三つを勧奨する同様の行文は「イアンブリコス」では一〇〇節にある。また神―ダイモーン―英霊に関する勧奨と両親に関する勧奨は『黄金詩』一―四と重なる。『黄金詩』については水地(1)による訳出と解説を参照。

(6)同様の勧奨が「イアンブリコス」八五ではアクースマの一例として、一〇五節ではシュンボロンの一例として挙げられている。

(7)この行文とパラレルな行文は「ディオゲネス・ラエルティオス」にも「イアンブリコス」にも見られない。「地下の神々（クトニオイ・テオイ）」は、神話的にはハデスのほか、ペルセポネ、デメテル、ヘルメス、ヘカテ、エリニュエスなどが考えられる。

(8)アリストテレス『形而上学』*A*・五によれば、ピタゴラス派内の一部による（縦に並べられた）十個の対立原理は、限と無限、奇数と偶数、一と多、右と左、男と女、静と動、直と曲、光と闇、善と悪、正方形と長方形である。本節にない「男と女」「正方形と長方形」は「奇数と偶数」に吸収されうる。「天上と地下（の神々）」は「限と無限」を表わすのかもしれない。

三九　また彼はつぎのようなことも勧めていた。栽培され、実をつける草木はもちろん、動物も本性上人間の種族に危害を与えぬものは殺しも傷つけもしないように。[1] 財貨だけでなく言説もまた預託されたものは預託した人の信頼に応えて保管するように。また真剣な熱意に値するものは三種あってそれらを追求しそれらに携わるべきだと考えねばならない。その第一は栄誉ある美しい事業、第二は生活のために有益なこと、第三にして最後は快いことである。[2] だが快楽といっても彼が是認するのは俗人を誑かす快楽ではなく、確固としてしごく厳かで非難の余地なき清浄な快楽だった。すなわち快楽には二種あり、一方は度外れな濫費によって口腹の欲や性愛を喜ばせるもので、彼はこれをセイレンたちの人殺しの歌に擬えた。だが他方は美しいことや正しいことや生きるために必要不可欠なことに基づいて生じ、一様かつ直接に快く、後に悔いを残さない快楽で、これはムーサたちのもつある種の調和[3]に似ていると彼は唱えていた。四〇　またとりわけ二つの時を心に留めるよう命じた。その一つは眠りに向かう時であり、他は眠りから離れる時である。すなわちそのそれぞれの時に既往のことと将来のことを省察すべきであり、起こったことの検査を各人が自分で行ない、また来らんとするものを予知するようにというのである。そこで就寝前には各人がつぎのような詩句を自分に歌って聞かせるように。

　やわらかき眼に眠りを受け入れてはならぬ
　一日の行ないに各人が三度、想いを致すまでは
　自分はいかにして掟を踏み破ったか、何をなしたか、なすべき何をなし遂げなかったか。

だが起床前にはつぎの詩句を。

まずは甘美なる眠りから立ち上がるとき
この日汝がなし遂げるかぎりの業をよくよく注意して見よ(4)。

四一　彼は以上のようなことを勧奨したが、何にもまして説いたのは真実を語ることだった。なぜならそのことだけが人間を神に近似したものにできるからだという。じっさい、神をホロマゼスと呼ぶマゴス僧たち(5)から学び聴いたとおり、神の身体は光に、魂は真理に似ているというのである。そして他にもいくつか

---

(1)「イアンブリコス」九九末尾に同様の行文がある。これに一〇〇節はじめの行文が続いて共同食事のあとの定まった唱え事になっている。

(2)「イアンブリコス」二〇四でも三種の行動目的が示され、第一、第二は同じだが、第三の快楽は全面的に排除されていて、快楽の警戒に力点がある。

(3)底本は μουσῶν と小文字にしており、「音楽の」という意味になるが、「セイレンたちの人殺しの歌」に合わせて、「ムーサたちの（Μουσῶν）」と解する。三〇—三一節参照。

(4)就寝前の三行は『黄金詩』四〇—四二と重なる。起床前の二行に相当する詩行はないが、「行為の前によく熟慮せよ」という句が二七行と三九行にある。

(5)プルタルコス「イシスとオシリスについて」四六—四七（三六九D—三七〇C）参照。マゴス僧ゾロアストレスは世界の善の原理原因（デミウルゴス）をホロマゼスと呼び、悪のそれをアレイマニオスと呼んだという。また「ディオゲネス・ラエルティオス」一・八はアリストテレス『哲学について』第一巻から引用して、善きダイモーンと悪しきダイモーンとの二つの原理があり、マゴス僧たちは前者をゼウスまたはオロマスデス、後者をハデスまたはアレイマニオスと呼んでいたとしている。

デルポイの巫女アリストクレイア[1]から聴いたと言っていたことも教えた。またいくつかのことは秘教的なやり方で符牒(シュンボロン)を用いて語ったが、それらについてはアリストテレスがさらに多く記載している。[2]たとえば、海を「涙」と呼び、大小の熊座を「レアの両手」、昴(プレイアデス)を「ムーサたちのリラ琴」、惑星を「ペルセポネの犬たち」と呼んだとのことである。[3]また銅が叩かれて生ずる音を「ダイモーンたちの誰かの声」が銅に閉じ込められているのだと言っていた。[4] 四二 他にも符牒にはつぎのような種類もあった。[5]「天秤の竿を踏み越えてはならない」というのは度を過ごすなということである。「火をナイフで掻き立てるな」、これは怒りで膨れ上がっている人を鋭い言葉で突き動かすなということだった。「花冠を毟るな」というのは法をないがしろにするなということ。なぜなら法は国家の花冠だからである。さらにまた他にはつぎのようなもの。「心臓を食らうな」、これは悲嘆で自分自身を苦しめるなといったようなこと。「コイニクスの上に座るな」[6]は無為に暮らすなというようなこと。「故郷を離れて進路を転ずるな」は死が近づいているときこの生にしがみつくなということである。「大道を歩くな」、これによって彼は大衆の意見に従うことを差し止めたのであり、少数の教養ある人々の理知を追い求めるように勧めた。また「ツバメを家に受け入れるな」、これはおしゃべりで舌の周りが締りのない人を同じ屋根の下に居させてはいけないということ。「担ぎ上げようとする人を助けて一緒に荷を置くのはよいが、降ろそうする人を手伝わぬように」、これによって、安楽のためにではなく徳を目指して人と協働するように説いたのである。「神々の像を指輪に刻んで持ち歩かぬように」、これは神々についての思念や言説を気安く、あからさまに抱いてはならず、大衆に提示してもならないということである。「神々への献酒は杯の耳(取っ手)に沿うように注いでおこなえ」、このことから彼が仄めかしたのは神を敬い、音楽で讃えるようにということ。音楽は耳を通じて進むからである。「掟によって許されぬものを食してはならない。生成、増大、始め、終わり、また万物の第一の基礎がそこから生じるところのものも」。四三　彼は犠牲に供された獣の腰肉と睾丸と陰部と髄と足と頭とを忌避するように言っていた。すなわち彼は腰部を、動物はそれを土台としてその上に形成されているので、「基礎」と呼んでいた。また睾丸と陰部を「生成」と呼んでいた。それらの働きなしに動物は生まれな

(1) このデルポイの巫女の名は「ディオゲネス・ラエルティオス」八・八ではアリストクセノスからの情報として「テミストクレイア」となっており、スーダ辞典のピタゴラスの項では「テオクレイア」である。「イアンブリコス」にはこの女性の記事は見当たらない。

(2) 四一―四二節は『ピタゴラス派について』からの引用とされている（「断片」一九六―一九七（Rose））。

(3) 他のいずれも神の名と結び付けられているので、「涙」も「クロノスの涙」ではないかと思われる。プルタルコスはそれを「海が清浄でなく親近ならざること」と説明するが（「イシスとオシリスについて」三二（三六四A））、他の四つの符牒とともにやはりよくわからない。

(4) 前の四つとは様子の違う行文だが、「ダイモーンの声」という符牒について述べるものと解する。「われわれは青銅の器具が音を響かせるとそれを止める」というプルタルコスの記述（「イシスとオシリスについて」二九（三六二C））が何か説明になるだろうか。

(5) 「イアンブリコス」はシュンボロンあるいはアクースマを三種類に分けて紹介している（八二―八五）。この区分に当てはめると、この四二節で紹介されるのはその三つ目の「何をなすべきか、なさざるべきか」を教えるものである。これらのうち「イアンブリコス」とほぼ同じものは「大道」「荷下ろし」「指輪」「献酒」の四つだけである。他方「ディオゲネス・ラエルティオス」八・一七には「花冠」と「掟によって許されぬ」以外のすべてが含まれている。

(6) 「コイニクス」は量の単位で一リットル強。ここでは一コイニクスの穀物を意味し、これは人の一日分の食糧である。

いからである。髄はすべての動物にとって成長増大の原因であるから、それを「増大」と呼んでいた。また足を「始め」、頭を「終わり」と呼んでいたが、これらは身体の動きを統御するのに最大の力をもつのである。そして人肉と同じだけ豆も避けて口にせぬよう勧めていた。**四四**　彼がなぜこのようなことを禁じたのかは以下のように報告されている(1)。すなわち万物全体の第一の始元と生成が揺り動かされて混沌とし、そして多くのものが寄り集まって種子として播かれ、大地の中で腐敗すると、わずかな時のうちに、一緒に産み出された動物と萌え出た植物との生成と分離が起こったが、そのときその同じ腐敗から人間が形成され、豆が生え出たのである。彼はその明らかな証拠を提示した(2)。もし人が豆を齧って歯で砕き、日光の差す暖かいところにしばらく置いておいて、つぎにそこを離れ、程なくして立ち戻るなら、人間の精液の匂いがしているのがわかるだろうからというのである。またもし、豆が発芽して成長し開花するとき、その花が黒ずむのを少し取って陶器の水差しに入れて蓋をし、これを土中に埋め、埋めたあと九〇日間見張って、つぎにそのあと掘り出して蓋を取るなら、そのときは豆ではなくて子どもの頭部か女性の陰部が出来ているのを見出すだろう。**四五**　だが彼が避けるように勧めたものは他にもあった。たとえば［動物の］子宮(3)、ヒメジやイソギンチャク、そしてその他の海洋生物すべてといってよい。

　彼は自分のことを最初はエウポルボスとして、二度目はアイタリデスとして、三度目はヘルモティモスとして、四度目はピュロスとして生まれ、そして今はピタゴラスとして生きていると言って、自分自身をより以前に生きた人々まで遡らせた。このことを通じて魂は不死であり、浄化された人々にとっては昔の生の記憶にまで赴くものであることを示したのである(4)。

（1）豆を忌避する理由については、「イアンブリコス」一〇九では「宗教的、自然的、かつ魂に関わる多くの理由がある」とだけ言われ、二六〇節では（ピタゴラス派を弾劾するために捏造された偽書の内容として）豆を用いた籤引きによって公職者を選ぶ民主制へのピタゴラスの嫌悪に由来するとされている。「ディオゲネス・ラエルティオス」八・三四では民主制ではなく寡頭制について同様の理由が挙げられているほか、豆が「人の局部に似ているから」「ハデスの門に似ているから」「身体を壊すものだから」「宇宙万有の形に似ているから」、また二四では「生気を多く含み、胃を膨らませるから」といったことが言われている。本節でポルピュリオスが記述する説明は要するに人間と豆はその発生において同族親近だということであろう。だがまたポルピュリオスは上記「ハデスの門に似ている」に関連付けて、魂は地下から地上に戻るのに節《ふし》がなくて空洞の豆の茎を通るのだとしている（『ニュンフたちの洞穴』一九）。W. K. C. Guthrie, *A History of Greek Philosophy*, I, pp. 184-185 がアリストテレス以降の多くの史料における紹介や理由付けを概観しているので参照されたい。

（2）以下の奇怪な事象（「精液の匂いがする」「子どもの頭や女性の性器になる」）はヒッポリュトス『全異端派論駁』一・二・一二—一五にも記載されている。

（3）テクストの「子宮（μήτρα）」はアリストテレス（「断片」一九四（Rose））やゲリウス（『アッティカの夜』四・一一・一二）によって確認できるが、「ヒメジ、イソギンチャク、そしてその他の海洋生物すべて」と続き、これだけが海産物でないのには違和感がある。「ディオゲネス・ラエルティオス」八・一九では「エリュティーノス（赤魚）」「メラヌーロス（尾黒魚）」「心臓」「豆」「子宮」「ヒメジ」などがそのような違和感を与えないかたちで挙げられている。

（4）二六節で語られたエウポルボスを含めて四人の前身の名が挙げられている。「ディオゲネス・ラエルティオス」八・四—五はこの同じ四人について順序は異なるがもっと詳しく記述している。アイタリデスはアルゴ船乗員の一人で、ヘルメスの息子であり、現世と冥界を往来しながらそのあいだの記憶をすべて保持することができた。ヘルモティモスは日夜その魂が身体を離脱して神や神霊と交わり、時間的空間的に遠くを見知るというシャーマン的人物であり、ピュロスは漁師だった。

四六　彼が知を愛し求めたその愛知［哲学］の営みの目的はわれわれのところに置かれている知性をそのような牢獄や縛め[1]から救い出し自由にすることである。知性なしにはいかなる感覚の活動によっても、健康も真実も、まったくもって何一つ学ぶことはなく看取することもないだろう。なぜなら知性は自分自身の力だけで「すべてを見、すべてを聞く。だが残余のものは聞きもできず、見もできぬ[2]」からである。知性が浄化されたならそのときは知性に善果をもたらすものを何か供与せねばならない。ピタゴラスは方法を工夫してそれをもたらした。最初は、恒常同一を保ち永久的で知性と親近同族の非物体的なものの観照に向けて穏やかに知性を教育し、はじめは少しずつ前進させる。それほどの、またそんなにも長い時間にわたる養育の劣悪さゆえに、突然かつ一挙に変化することで混乱し、背を向けて挫折することのないようにするためである[3]。四七　そこで彼は数学、すなわち物体と非物体[4]との中間に観察されるもの［物体のように三次元だが、非物体と同じく抵抗反発はない］によって、けっして同じところで恒常同一を保つことがなく、いかなるときも留まることのない物体的なものから真実に在るものに向かって少しずつ予備教育を施し、技術的な指導法を用いて魂の眼が栄養となる糧を求めるように導いた。それらの課程を通じて真実に在るものの観照を［弟子たちに］もたらすことによって、彼らを至福へと仕上げたのである。さて数学における訓練はそれを目的として組み込まれた。四八　だが数についての研究は、他の人々も主張し、とりわけガデイラ出身のモデラトス[5]が十一巻の書物においてきわめて的確に彼ら［ピタゴラス派］の思想を取りまとめて言うように、つぎのような理由で熱心な取組みの対象となった。すなわち、彼が言うには、彼らは第一の形相や第一の始元を、それらは十全に考察することも明示することも困難なものであるから、明確に言葉で伝えることができないので、わかりやすい教授のために幾何学者や読み書きの教師のやり方に倣って数を扱うようになった。つまり教師たちが言語の基本要素の性質とそれら自体を伝授したいと思って、字母を取り上げるのと同様である。教師たちは最初の授業では字母を言語の基本要素だと言うが、しかし後になるとそれらの字母は基本要素ではなく、それらを通じて真実に照らした基本要素の観念が生じると教えるのである。四九　幾何学者たちも物体の形相(6)を言葉で伝える力がないために図形の描像に頼るのであって、これは三角形だと言いながらも、視野に入ってくるそれではなく、それ様のものが三角形だと言いたいのであり、それ（眼に見える描かれた三角形）を通して三角形の概念を理解させるのである。ピタゴラスの徒はじつに第一の原理や形相についてもそれと同じことをした。非物体的な形相と第一の始元を言葉で伝える力がなかったので、数による

---

(1) 輪廻転生による肉体の牢獄、それへの縛めである。
(2) エピカルモスからの引用（DK二三・B一二）。
(3) エピカルモスからの引用を含めてこの四六節と重なる記述が「イアンブリコス」二二八に見られる。
(4) ナウクは「物体」を「物体的なもの」と改訂しているが、底本に従って写本どおりに読む。また「中間に観察されるもの」の後に続く「物体のように三次元だが、非物体と同じく抵抗反発はない」という写本の文言は後代の書き込みとして削除されるべきである。
(5) ガデイラ（ガデス）のモデラトスは後一世紀後半に活動した新ピタゴラス派の人。『ピュタゴリカイ・スコライ』十一巻を著わした。プラトンの形而上学とピタゴラスないしピタゴラス派の思想を重ね合わせ、ネオプラトニズムの成立に寄与したと言われる。
(6) 写本の「ソーマトエイデー」はふつう「物体性のもの」という意味であるが、ここでは「物体の形相」と訳す。ナウクの「アソーマタ・エイデー（非物体的形相）」という改訂案は採らない。数行あとの「形相」およびその冗語的言い換えである「非物体的形相」とは異なる「幾何学的対象、幾何学的形相」が求められているからである。

教示に頼ったのである。[1] 一性の原理、同一性と等性の原理、万物全体の同調と共感の原因、および恒常同一を保つものの保全の原因を「一」と呼んだのもそのような理由による。というのも部分に分かれるものの［全体としての］一は、第一の原因に与ってその［全体が］諸部分と一体化し同調することによってそのようなものであるのだから。五〇　また異他性や不等性や分割可能で変化のうちにあって絶えず変動するものすべての原理は「二性」とか「二」とか呼んだ。分割されるものにおいても二の本性はそのようなものだからである。そしてそれらの原理は彼らのもとにはあるが、他の人々のところにはもはやないというのではなく、他の哲学者たちも万物全体を一つにし、統御する何らかの力があることを容認しており、また彼らにおいても等性[2]や不類似や異他性の原理が何かあるのを看取することができるだろう。そういった原理を、ピタゴラスの徒は教授のわかりやすさのために「一」および「二」という名前で呼んでいる。じっさいその同じ彼らにとって、［「二」を］「二性」と言おうが、「不等性」と言おうが、「異他性」と言おうが、何の違いもないのである。五一　同様にその他の数についても同じ説明が妥当する。なぜならすべての数は何らかの力に割り当てられているからである。さらに言えば事物には自然本性的に始めと中と終わりをもつものが何かあるからである。彼らはそのような形相や本性には「三」という数を呼び名として与えた。それゆえまた中間を享受活用するものはすべて三の性質をもつと彼らは主張する。［また完全なものすべてをそのように呼んだ。[3]］そしてもし何か完全なものがあるなら、それはかの始元の恩恵を享受し、それに基づいて整えられたと主張するのである。その始元を他の名で呼ぶことができないので、それのために三という名を用いたのである。そしてわれわれをその始元の観念へと導こうと思って、その［三という］形相を通じ、それによって導いたのである。その他の数についても同じ説明が当てはまるのであり、これがすでに述べられた諸数が［始元に］配置された理由の説明ということになる。五二　そしてそれに続く諸数も何か一つの形相と力によって包摂されるのであり、彼らはそれを受容者のごときものとして「十」と呼んだ(4)。ゆえにまた彼らは十を完全数、いやむしろあらゆる数のうちで最も完全なものであり、数のすべての差異と数比（ロゴス）の全種類と比例（アナロギアー）とをみずからのうちに包摂していると主張する。なぜならもし万有の本性が数比と比例に基づいて画定され、誕生し成長し完成するものすべてを数比に従って統御し、他方また十はすべての比とすべての比例とすべての数の種類を包摂するのなら、その十が完全数であると言われぬはずがないであろう。

五三　ピタゴラスの徒にとって数についての研究はそのようなものだった。そしてこれが枢要第一のものであったためにこの哲学は衰退するに至ったが、それはまずその謎めいた性格のゆえであり、次いでは文書もまたドーリス方言で書かれていて、その言葉がいくぶん不明瞭さを含んでいるからであり、そしてまさにそのことのゆえに、その方言によって書き表わされた教説が、それを外部に持ち出した人々が全然ピタゴラス派ではなかったということによって、いかがわしく、聞きかじられただけのものではないかと疑われるに

(1)「ピタゴラスの徒は」からのこの行文は四八節の「彼らは……数を扱うようになった」と同内容の繰り返しである。

(2) 写本のこの「等性」を底本もナウクもそのまま採用しているが、水地(1)は訳文では「不等性」に変えていて、それが妥当だと思われる。

(3) 底本はウーゼナーに従ってこの文を削除している。

(4)「受容者」は δεχάς、「十」は δεκάς であるが、帯気音の χ（ch）は無声音の κ（c）と区別しづらいのでカタカナで書けばどちらもデカスであり、語呂合わせ的な説明である。

至ったのである。だが加えてまたプラトンとアリストテレスとスペウシッポスとアリストクセノスとクセノクラテスが、ピタゴラスの徒が主張するには、実りのあるところは少し修正を施して自説として簒奪し、だが皮相で安直で、後になって悪意をもって誹謗中傷する者たちが教団を引き摺りおろし嘲笑するために投げつけたようなものを集めて、それらは学派固有の説として位置付けたのだという。しかしそういうことは後になって起こった話である。

五四　ピタゴラス自身は、そして彼と共にあった友人たちも、長きにわたってイタリア全土で大いに讃嘆されたので、国々は彼から推薦された人々に政務を委ねるまでになった。だが後には彼らは妬まれて、彼らに対するつぎのような謀略が企てられた。キュロンというクロトン人の男がいて、生まれと父祖の名声と富裕な資産によって全市民を凌駕する一方、他の点では扱いがたく、暴力的で、僭主気質の人間で、取り巻きの仲間と財力を用いてさまざまな悪事を無理押しに行なった。この男は他にも自分が晴れがましいと思うことすべてに自分はその値打ちがあると見做したが、とくにピタゴラスの哲学に参与するのに自分はこのうえなくふさわしいと考えた。彼はピタゴラスのもとに赴き、自画自賛して弟子になりたいと申し出た。だがピタゴラスはただちにこの男を鑑定し、身体を通じて把捉した特徴からこの男がどういう人間かを見抜いて、立ち去って自分のことをするようにと命じた。キュロンは傲慢で他の点でも難儀な、怒りを抑えることのできない人間だっただけに、このことは彼を甚だしく苦しめた。五五　そこで彼は仲間を集め、ピタゴラスを誹謗中傷し、ピタゴラスとその知人たちに対して謀略を企てようと準備をすすめた。ある人々が言うには、そういうわけでピタゴラスの友人たちが競技家のミロン[1]の家に集まっていたとき、ピタゴラスは外遊中で不在であったが――というのも彼は自分の師であったシュロス人のペレキュデスが虱によると伝えられる病の症状で苦しんでいたのを看病し、またその死を看取るためにデロス島に赴いていたからである――キュロンたちはその場のいたるところから火を放ち、石を投げて全員を殺害した。ただしネアンテスが言うには、アルキッポスとリュシスの二人はその火災から脱出したのである。そして二人のうちリュシスはギリシアに住み着き、テーバイに移住してエパメイノンダスと出会い、彼の師にもなった[2]。五六　だがディカイアルコスやもっと精確な著述家たちはその陰謀事件にはピタゴラスも居合わせたと主張している。というのもペレ

(1) クロトンの人で前六世紀後半にオリュンピア競技やピュティア祭競技で何度も優勝した有名な格闘競技家。

(2) エパメイノンダスはテーバイの人で、テーバイがスパルタと寡頭政権の支配を脱した後、前三七一年のレウクトラの戦いでペロピダスと共に軍を率いて勝利し、さらにペロポネソスに進出してアルカディアとメッセニアを解放し、スパルタに致命的な打撃を与えたが、前三六二年にマンティネアの戦陣で死んだ。クロトンでの焼き討ちから脱出したリュシスがテーバイに来てエパメイノンダスの師となったという話については「イアンブリコス」二四九―二五〇が同じ大筋のものを記載している。「ディオゲネス・ラエルティオス」八・三九はアルキッポスとリュシスの焼き討ちからの脱出は記述しているが、リュシスのテーバイ行とエパメイノンダスとの関わりについては語っていない。プルタルコス「ソクラテスのダイモニオンについて」にはリュシスの老後の世話をしたエパメイノンダスに礼をするためイタリアからピタゴラス派の客人が大金を持参して訪れるという話があるが、焼き討ち事件とそこからの逃避行については触れられていない。基本的に前六世紀のピタゴラスと前四世紀のエパメイノンダスとのリュシスを介しての繋がりは考えづらいが、リュシスがごく高齢のピタゴラスのごく若い弟子であり（「イアンブリコス」一〇四）、またごく高齢のリュシスにごく若いエパメイノンダスが師事したのだと想定すれば、不可能ではないかもしれない。

キュデスはピタゴラスがサモスを離れる以前に死んだのだからというのである。友人たちのうち四〇人は誰かの家に集まって会合していたところを一挙に捕えられた。また多くの者はばらばらにその町でそれぞれがたまたまそうなったようにして殺された。だがピタゴラスは友人たちが制圧されると、最初はカウロニア(1)に避難して救われ、そこからまたロクロイへ逃げた。ロクロイ人は事件を聞き知って長老たちの幾人かを国境に派遣した。彼らはピタゴラスを迎えてつぎのように述べた。「ピタゴラスよ、われわれは貴殿が賢者であり辣腕の者であると聞いている。だがわが国固有の法に何の難点もないと思っているので、われわれ自身は現状のままに留まるべく努めるであろうし、貴殿はもしや何か必要なものがあればわれわれからそれを受け取ってどこか他所へ行かれよ」。言われたようにしてロクロイ人の町から立ち退くと、タラスへと針路を取った。だがこの地でも再びクロトンにおいてと同様の被害に遭ったので、メタポンティオンにやって来た。というのもいたるところで大きな騒乱が起こったのであり、それらの土地の人々は現在もなおそのことを「ピタゴラス派時代の騒乱」と呼んで記憶し、物語っている。「ピタゴラスに追随した党派はすべて「ピタゴラス派」という表現で呼ばれた(2)。」五七　だがピタゴラス自身もメタポンティオン近郊のムーサたちの神域に逃れた後、四〇日間留まったが命の糧に窮乏して死んだと言われている。だがまたある者たちが言うには、彼らがたまたま集まっていた家が火に呑まれたとき、友人たちはみずからを火に投げ入れて師のために逃げ道を提供した。自分たちの身体を使って火に橋を架けたのである。ピタゴラスは火中から脱出したが、身近な人々を失って一人になったため、傷心のあまりみずから命を絶ったという(3)。

このようにして災厄が男たちを捕えたとき、そのときまで口外されることなく胸中に守られていた知識もともに消失して、わけの分らない馬鹿げた話だけが外部者のもとで記憶されているのである。というのもピタゴラス自身には書いたものは何もなかったし、難を逃れたリュシスとアルキッポス、そしてたまたま外国にいて不在だった人々は、この哲学のわずかな燃えさしを模糊として捉えがたいかたちで保持したにすぎないからである。

五八　すなわち彼らは孤独に捨て置かれ、この出来事に打ち拉がれてそれぞれ別の場所に離散して、人々

(1)カウロニアはロクロイから三〇キロメートルほど北東に離れた町である。クロトンの南西。

(2)この行文は後代の書き込みとして削除されるべきである。

(3)本書五四—五七に見られるピタゴラスの死についての記述は、ピタゴラス派に対する反感・迫害をキュロンによる焼き打ちに代表させたうえで、(A)クロトンで焼き打ちがあったときピタゴラスは他行していて居合わせなかった、(B)ピタゴラスも居合わせたが脱出した、(B1)カウロニア、ロクロイ、タラスを経てメタポンティオンまで逃げたが、ムーサイの神域に四〇日間避難したあと飢えて死んだ、(B2)ピタゴラスは弟子たちの献身的犠牲によって焼き打ちから逃れたが、彼らを失って独りになったので傷心のあまり自殺した、というものである。「イアンブリコス」二四八—二四九は(A)の線を基本にピタゴラス本人はクロトンでの迫害を避けてメタポンティオンに移り、そこで死んだとのみ記し、焼き討ち事件はピタゴラスが去った後の(また二五〇節では別伝として病臥中のペレキュデスのためにデロスに出かけた後の)ピタゴラス派に対するものとしている。「ディオゲネス・ラエルティオス」八・三九—四〇は(B3)焼き討ちから逃れるとき、豆畑に踏み込むのを避けたために捕えられて殺されたと記したうえで、ポルピュリオス同様ディカイアルコスの伝えるところとして(B1)を述べ、さらにヘラクレイデス・レンボスによる(A)と(B2)の融合のような伝承(デロスでペレキュデスを埋葬した後クロトンに戻ってからメタポンティオンに移ったが、もはや生きることを望まずみずから命を絶った)、ヘルミッポスによるまったく別種の伝承(アクラガスとシュラクサイとの戦闘に加わり、退却時に豆畑を迂回しようとして捕らわれ殺された)を記載している。

との交際に背を向け、哲学の名が人間の世界からことごとく衰滅したために神々から憎まれることのないように用心しながら、主要な覚書を整理し、先人たちの文書や自分たちが記憶していたものを集めて各人がたまたま死んだ場所に残したが、その際息子や娘や妻に、家の外の何ぴとにもそれらを渡してはならぬと厳命したのである。彼ら家族はその同じ言いつけを代々子孫に伝え、長きにわたってそれを守った。

五九　ニコマコスが言うには、彼らが横着して他の交友を避けていたのではなく、きわめて真剣にそれを回避してわが身を守り、じつに何世代をも超えて仲間同士の友愛を固く保持したことについては、アリストクセノスが『ピタゴラスの生涯について』においてシケリアの僭主ディオニュシオスから直接聞いたと言っている事柄からして、断言してよいだろうとのことである。(1) 彼［アリストクセノス］がその話を聞いたのは、ディオニュシオスが君主の座を追われてコリントスで読み書きを教えていたときのことだが、彼はつぎのように言っている。悲嘆と涙を〈男たちは封印し、また同様に〉(2) 哀願や泣訴や〈そういったものすべてを断ち切った。六〇　そこで思い立って〉(3) あるときディオニュシオスは彼らを試そうとし、というのは彼らを捕えて脅せば彼らが仲間同士の信愛に留まりはしないだろうことは間違いないと言う者たちがいたからだが、彼はこういうことをした。ピンティアスが逮捕されて僭主のもとに連れてこられると、ディオニュシオスは自分に陰謀を企んだといって彼を告発した。そしてその罪ありと宣告され、彼に死刑判決が下されたのである。だが彼のほうは「あなたがそのように思われたからには、私自身の家のこととダモンの家のことを片付けるために今日一日の残りをお与えください」と言った。というのもダモンは彼の友であり協同者であったが、彼のほうが年長で、その〈男〉の家政の多くをわが身に引き受けていたからである。彼はダモンを保釈の担保として差し出したなら自分を放免してくれるようにと求めた。ディオニュシオスが承知したので、ダモンが呼び出されて事の経緯を聞き、ピンティアスが戻るまで保証人として留まった。六一　さてディオニュシオスは事の成り行きに驚いていたが、はじめに審問の話を持ち出した者たちのほうはダモンを嘲笑って、おまえは置き去りにされるだろうと言った。だが太陽が西に沈む頃、ピンティアスが死ぬために戻ってきたのである。皆はこれに仰天したが、ディオニュシオスは二人の肩に腕を投げかけ、親愛の情を表わして、自分を三人目として友情の仲間に受け入れてくれるように頼んだ。だが彼らは彼が何度も執拗に懇願したにもか

(1)シュラクサイの僭主ディオニュシオス二世。前三六七年頃父一世のあとを継いだが、前四四四年に王座を失い、コリントスに移されて平民として暮らした。

(2)「イアンブリコス」一二三三後半から二三四冒頭の行文は本節とほぼ重なるが、ニコマコスを介さず、直接アリストクセノスに依拠するかたちを取っている。だが研究者たちはやはりニコマコスが直接の出所だろうと推定している。アリストクセノスがディオニュシオスから聞いたという話は「イアンブリコス」二三四―二三六のほうがポルピュリオスよりも詳細である。このピンティアスとダモンの友情とディオニュシオスの話はシケリア人ディオドロス『ビブリオテーケー』一〇・四・三―六、キケロ『善と悪の究極について』二・二四・七九、『義務について』三・一〇・四五、『トゥスクルム荘談義』五・二二・六三などで紹介されたり言及されたりしている。ヒュギヌスの『神話伝説集』二五七もこの話を収載しており、これは太宰治『走れメロス』の末尾に記された「古伝説と、シルレルの詩から」の「古伝説」であり、二人の友の名はモエルス（Moerus）とセリヌンティウスになっている。

(3)五九節終わりから六〇節初めにかけてのB写本の毀損部分の復元は、底本のデ・プラセが別のB系統の写本やイアンブリコスの対応箇所から復元したものである。ナウクらによる復元案は欠落に見合う長さを越えているとしている。

かわらずけっしてそのようなことに同意することはなかったのである。そして以上の話はアリストクセノスがディオニュシオス自身から聞いて報告したのだが、ヒッポボトスとネアンテスはミュリアスとティミュカについて語っている(1)［……以下欠落……］

(1) ヒッポボトスは前三世紀後半に活動したかと思われる。「ディオゲネス・ラエルティオス」に多くの言及があり、それによって『(哲学の)諸学派について』『哲学人名録』という書名が知られるが、その他のことはわからない。「イアンブリコス」はただ一度、ポルピュリオスと同様ミュリアスとティミュカの話(一八九―一九四節)の典拠としてネアンテスと共に彼の名を挙げている。

# マルケラへの手紙

一　マルケラよ、私が君をわが伴侶(1)にしようと決めたのは、君は娘が五人、男子は二人の母親で(2)、そのなかにはまだ幼い子たちがおり、だがもう結婚する年頃に迫っているものたちもいるのだが、その子らのためにどうしても必要な多くのことがなおざりにされるのを私がひどく危惧したから、というわけではないのだ。また肉体による子作りを欲してのことでもなかった。私は本当の知恵を愛する者たちを、そして君の子どもたちにしても私たちの養育によっていつか真正の哲学をつかみとるなら彼らをも、わが子どもと思い定めているのだからね。むろんまた、君たちなり私なりに財貨の余裕が生ずるだろうから、などというのでもない。財をもたぬからこそ、必要不可欠な生活の糧をどんなものでも選り好みせず悦ぶことができるのだから(3)。またその他の奉仕を受けることによって、老年の境涯に向かってゆく私(4)に何らかの安息が与えられるだろうと期待したわけでもない。というのも君の身体は病弱で、他人のために何か奉仕したり助力したりするのに向いているというよりは、むしろ他の人たちによって治療されることを必要とするものであるからだ。またそのほかの家政上の実務のためとか、［それによって］他の者たちからの評判や賞賛を得たいとかいうのでもなかった。彼らはただもっぱら善行への熱意ゆえにそういった重荷をすすんで引き受けることのできるような人間ではない。いや事実は反対で、私は君の同胞市民たちの愚昧によって、かつまた私たちへの妬みによって、数多くの中傷に包まれ、まったく予想だにしなかったことだが、君たちのことで彼らから死の危険にさらされる羽目にまでなったのだから(5)。

二　かくて私が自分以外の一人の人間を人生の同伴者としたのは、以上に述べたようなことのためではなく、むしろそれは、しごく理にかなった二つの原因によるのだ。その一つは、それに基づいて私が、かの牢獄のソクラテスに倣い、父祖の神々の御心にかなう奉仕を行なうべきだとの判断をなしたゆえんのもので

---

(1)「わが伴侶」と訳した「シュノイコス（σύνοικος）」は「同じ家に住んでいる」という意味で、同じ土地や共同体の住民についても用いられる語である。本篇二〇および二一では神やダイモーンについて使われている。二節でもマルケラは「コイノーノス（κοινωνός）（共同する、分けもつところの）」と呼ばれていて、「同伴者」と訳した。普通に「妻」を意味する「ギュネー（γυνή）」や「シュンビオス（σύμβιος）」ではなく、これらの語が用いられているのは、ポルピュリオスとマルケラの結婚生活と夫婦関係がもっぱら精神的・哲学的なものであったことによると思われる。

(2) ポルピュリオスより約一世紀後のエウナピオスは、『マルケラへの手紙』におけるポルピュリオスの言葉によればと断ったうえで、マルケラは五人の子の母親であったと述べている（『ソフィスト・哲学者列伝』四五七）。

(3) 言うまでもなく、この行文によってマルケラが貧しかったと解することはできない。

(4)『マルケラへの手紙』の執筆時期とポルピュリオスの年齢については確かなことはわからない。解説参照。

(5) 一―四節で言及されるマルケラの同胞市民および彼らとの軋轢については解説参照。

ある。[1]すなわちソクラテスはこの世の生からの解放を安全ならしめるために、慣れ親しんだ哲学の活動に代えて、通俗的な意味での文藝（ムーシケー）に手を染めることを選んだのだが、そのように私自身もまた「人生という」悲喜劇[2]の守護者たる神霊たちの意を迎えて、結婚の賛歌を競うことへのためらいを捨てたのだ。君の子沢山や、暮らしの必然に伴う困難や、また私を悪しざまに言う人たちの邪悪に直面しても、私はしごく満足してそれらを受け入れた。じっさいそこには、妬みも憎悪も嘲笑も、喧嘩口論も怒りも、およそ劇のなかで起こるのが常であるようなことは何一つ欠けてはいない。ただし、私たちが神霊たちへの奉仕として演じた芝居のそのような事柄は他の人間たちについてのものであり、私たち自身のことではないのであって、この点は別である。[3]

三　だが、もう一つの原因はもっと神的で、先の通俗的なのとは何ら似ていないが、その原因によってこそ、私は君の生来の素質が真正の哲学への適性をそなえているのを嬉しく思い、私の友であった夫を亡くした君を、君の品性にふさわしい賢明な協同者にして保護者たるものなしに捨て置いてはならないと考えたのだ。私は、口実をもうけては居丈高に難癖を付けようとする者たちすべてを追い払ったあと、思いも及ばぬ暴慢に耐えつつも、また品位をけがすことなく悪謀に対処した。私の処置に委ねられたものを、主人顔して指図しようと企てる何ぴとからも解放し、知への愛（哲学）を分かち与えて生活に即した理説を明示することによって、君本来の品性にかなったやり方[4]へと呼び戻した。

じっさい「そのことに関しては」君以上に私のために確かな証人たるべき者が他にありえようか。その君に対して、自分の責務を放棄したり自分に関する事柄を隠蔽したりすることを私は恥じる。だがしかし、真理を最も大切にし、それゆえにこそ私との共棲[5]を僥幸と考える女性のために、その共棲に至るまでと共棲中になされたことどもを、終始、真理に目を向けつつ語って思い出させるのを恥ずかしいとは思わないのだ。

**四**　さて物事の状況がその地で引き続き思いのままに暮らしてゆくことを［私に］許してくれたなら、君

---

（1）プラトン『パイドン』六〇D―六一B。ただしソクラテスは「父祖の神々（父祖一族の守り神）への奉仕として」詩作したとは言われていない。「ムーシケーを行ない励め」という夢知らせの解釈によるもので、アポロンとの関係で牢獄の閑暇が与えられ、アポロン賛歌を作ったとは言われている。*γενέθλιος*（氏の、家の）という語には『法律』五・七二九C、九・八七九Dに見られるように「誕生の」「出産の」という意味もあり、デ・プラセは「誕生の（誕生を見守る）神々」と訳しているが、この箇所には合わない。マルケラとの結婚は子作りではなく、マルケラと子どもたち、つまりマルケラの家と生活を守ることが一つの目的であった。

（2）「悲喜劇（*κωμῳδοτραγῳδία*）」という珍しい語はポルピュリオス『「汝自身を知れ」について』の断片（ストバイオス『詞華集』三・二一・二八）にも見られる。人生を芝居に見立てることは、プラトン『ピレボス』五〇B「人生のあらゆる悲劇と喜劇」をはじめ、多くの先例がある。この見立てによって、先に「父祖の神々」と言われたものは「悲喜劇の守護者たる神霊たち」と言い換えられている。

（3）「ただし」以下の行文を直訳すると、「私たちがこのような芝居を神霊たちへの奉仕としてわれわれではなく他の人々を巡って（目当てにして、のために）演じたことは別として」である。訳文は「このような（*τουτί*）」と「巡って（*περί*）」の訳者の読解を明確にしようとしたものである。

（4）ペチャーやウィカーは底本が採用するナウクの読み *ἑαυτῆς τρόπον* ではなく、*ἐμαυτοῦ τρόπον*（私自身のやり方）と読んでいる。底本の読みの場合、先に「マルケラの生来の素質が真正の哲学への適性をそなえている」と言われていたのを受けたものと解されよう。

（5）原語は「シュノイケーシス（*συνοίκησις*）」。マルケラとの結婚は単なる同居ではなくて正式の結婚であったが、五一頁註（1）で述べた理由から「共棲」と訳した。

はちょうど傍らの泉の流れからその都度たっぷりと新たな飲み水を汲み取るということができたのだ。その恵みも当面の用に足りるだけで満足するというのでなく、元気が出て一息ついたらまた易々と思うがままに飲み続けて活力を取り戻すといったぐあいにね。だがギリシア人のための責務[1]が私たちを呼んでおり、神々もともに督励しておられる今、君が彼らの要請に耳を貸すことは、このうえない熱意に燃えているとはいえ、あんなにも沢山の娘たちを連れては不可能だった。だがまた彼女たちを君から離してかように呪われた人間たちのあいだに投げ出すことは無謀かつ不正な振舞いだと私は考えたのだ。私はここに留まることを余儀なくされており、かつ前途に君との再会の希望を抱いているのだから、君には、私と共に暮らした十ヵ月のあいだに与えられたものを堅持するよう、もっと多くを求め欲したためにすでに有るものをも失うことのないよう、助言するのが至当であろう。

五　じっさい私としては、自分に可能なかぎり速やかに、帰還の途につきたいと逸っているのだが[2]、しかし異郷にあって先々のことは定かでない以上、君には言葉でもって励まし、かつまた説諭しなければならない。そして私は、君自身が胸中に抱いている「家のことを心配し、すべてを無事安全に守る[3]」という言葉よりももっと君にふさわしいことを言いたい。君は悲劇のなかの「傷病に苦悶する」ピロクテテスさながらに置き去りにされてはいるが、しかし違うのは、片や彼の傷は「害意もつ水蛇」によるものなのに対し[4]、君は、生成世界への私たちの魂の転落がどれほどのものか、またどのような状態になっているのかを知っており、神々は、アトレウス家の兄弟がかの男［ピロクテテス］を蔑ろにしたように私たちを蔑んだりはなさらず、救い主となって私たちのことを気にかけてくださるということである。じつに多くの、そして苦しい闘いのゆえに争いごとに陥って、今やただ一つの安全な命綱たる哲学にこそ何にもまして縋っている君を、私は励まして言おう。私の不在ゆえのいろいろな不自由に過度に屈してはならず、また私の傍らでの教導を渇望するあまり、すでに与えられたものまでも打ち捨ててはならない。所詮はよそごとでしかない周囲の多くの事柄に力及ばなかったために浮き世の川に流されるがままわが身を捨て置くことなどなく、「人間にとって真に善きものの獲得は容易にはめぐってこない[5]」ことを勘考して、他の物事のうち君を逸脱させ無理強いする

（1）直訳すれば「ギリシア人の必要」であるが、これが何を意味するかは結局のところ判然としない。三〇三年のディオクレティアヌス帝によるキリスト教弾圧のための会議に招請されたのではないかという推測についてチャドウィックはかなり肯定的であるが（pp. 142-143）、ビデはポルピュリオスと同時代の護教家ラクタンティウスの二つの著作からの（ビテュニアでのキリスト教徒迫害に関する）情報を適否両面で論じつつ判断を保留しているようである（p. 112, n. 2; p. 116）。ペチャーはチャドウィックを少し揶揄するような調子で（と思われるのだが）、確かなことはわからないと明言している（pp. 66-67）。ウィカーも慎重な姿勢を示している（p. 85）。

（2）底本の訳に従い、*τὴν ταχίστην*（*ὁδὸν*）を *ἀναλαβεῖν* の目的語と取って「（可能なかぎり）最も速やかな帰還の途につく」と解したが、*τὴν ταχίστην* を副詞句として *ἀναλαβεῖν* の目的語を別に補うことも可能である。ペチャーやウィカーは Unterweisung とか instruction とかを補って「マルケラへの哲学教育を再開する」という意味に取っている。

（3）ホメロス『オデュッセイア』一九・一二三および二・二二七。

（4）「悲劇のなかの」と言えばソポクレスの現存作品『ピロクテテス』がまず思い浮かぶが、「傷病に苦悶する」「害意もつ水蛇」という句はホメロス『イリアス』二・七二三からのものである。

（5）これとほぼ同様の文（パラレル）が *Pythagorae Sententiae*（「ピタゴラス格言集」）三一（Chadwick, *The Sentences of Sextus*（「セクストス文章集成」）所収）に見られる。本篇ではポルピュリオスはこれを皮切りに、既存の格言集あるいは文章集成中のパラレルな行文を数多く用いてマルケラへの説諭や哲学教育を行なっている。解説参照。

ことにかけて君の忍耐力の対抗手となりうるような事態、まさにそういった事態を、望ましい生の実践のために用いなければならない。なぜなら私たちの主権のうちにないものは顧慮しないことを習いとし、そして悪事を企む者たちに危害を加えるよりはむしろ彼らの不正はそのまま彼らに押し戻そうと決心している人々にとっては、彼らの企みなど[1]まったく容易に軽蔑し去ることのできるものなのだ。ああいった連中は、とりわけ彼ら相互のあいだでなされる敵対行動については、それに対する罰が小さくなることなど大した問題ではないと考えるのだからね。

六　他方また魂の援助者が不在であることについては、彼は父親に対するのと同時に夫、教師、身内、さらにお望みなら祖国、に対する愛情をすべて一身に集めているのだから[2]、そのことは君の難儀の原因の一つになっていると思われて当然だけれども、君は情念（パトス）ではなく理性（ロゴス）を観察者に仕立ててその不在を宥めすかすようにしなさい。

まず第一に、先にも言ったことだが、それより他の方途では、この異郷の寄留先から「故国への帰還を想い出[3]」そうとする者たちが、ちょうど馬場かどこかでのように心地よく[4]かつ容易に、復路を帰ることなどもとより不可能だったのだということ。なぜならおよそ何事にせよ他の何事とも対立的だとはいえぬほどに、快楽と安易とは神々に還る昇り道に対立するものなのだ。山々でも高いところであれば、危険と労苦なしには登れぬし、［魂を］身体へと引き下ろすもの、すなわち快楽と安易を通りぬけて、身体の深奥から頭をもたげることもまたそうなのだからね。というのも苦悩を通ってこそ、その道は転落を想起する道ともなる。たとえそこにさまざまな難儀が伴おうとも、上昇への飽くなき渇望こそが自己本来のものなのだ。それにまた「安楽に生きる」というのは神々のあいだのことであり[5]、生成界へ転落しきたった私たちにとってはまったく反対で、もし私たちが魂をたぶらかす夢に養われて眠るなら、それは私たちの本然を離れた眠りの成就に力を貸して、私たちを忘却へと導くことになるだろう。

七　じっさい、いろいろな鎖のなかでも、きわめて重い金属である黄金で出来ているものは、その見かけの綺麗さゆえにむしろ装飾に用いられ、愚かさゆえにその重さに気づかない女たちをしてそれらゆえの束縛を［その束縛の］軽さによって我慢するように仕向ける。だが鉄で出来た鎖のほうは犯した罪過を無理にも判らせ、苦痛を与えることによって悔悟をもたらし、その重みからの解放を獲得するすべを求めさせるのだ。黄金のほうはその喜悦のゆえにしばしば、それを外すと尋常でない苛立ちをもたらすのだがね。それゆえまた思慮ある人々の考えでは、「苦しいことは楽しいことよりもいっそう多く徳を成就する[6]」のであり、労苦

(1) 底本に従って *ἐπιβουλῶν* を *ἐπιβουλή* ではなく *ἐπίβουλος* の複数属格として読む。*τὰ ἐπιβουλῶν* は「企みの事」ではなく「企む者たちの仕業」。

(2) この行文はホメロス『イリアス』六・四二九―四三〇の「でもヘクトル、あなたは父にして厳かな母、兄弟にして逞しい夫なのです」というアンドロマケの有名な台詞を想起させる。ビデ（pp. 112-113）はマルケラからの手紙にこの台詞の引用なり言及なりがあったので、ポルピュリオスはこのように応えているのだと推測しているようである。

(3) ホメロス『オデュッセイア』三・一四二。

(4) 神々への険しい昇り道との対比で、要は平坦な場所ということ。

(5) ホメロス『イリアス』六・一三八、『オデュッセイア』四・八〇五、五・一二二などの「安楽に暮らす神々（*θεοὶ ῥεῖα ζώοντες*）」という定型的表現に拠るものであろう。

(6) パラレル…「ピタゴラス格言集」一〇一。

は男にも女にも同等に、魂が快楽によって弛緩させられ腫れ上がるよりは、はるかに善いことであったのだ。「なぜならすべて美しき獲得の前には労苦が先導しなければならず(1)」、徳をわがものとすることに精進する者は苦しむのが必然だからである。君も聞いているように、ヘラクレスもディオスクロイもアスクレピオスも(2)その他およそ神々の子として生まれた者たちは皆、労苦と忍耐を経てこそ神々への至福の道を踏破した。「神へと帰る昇り道は、快楽を通って生きてきた人々からではなく、運命の最大の転変にも雄々しく耐えるすべを学んだ人々から発する(3)」のである。

八　いま君の前に置かれている事態との苦闘はそれより他に生じようとは思えぬほど大きいということは、そして私が居なくては安寧への道もその道を教導する者も失うことになるだろうという君の想いも、この私みずからがよく承知している。だがもし君が、情念から生ずるわけのわからない騒乱を放擲し、真正の哲学への秘儀を君に授けた(4)その神的な言葉の記憶をつまらぬ記憶だなどと考えたりしないのなら、君の現在の状況はそのようにまったくもって耐えがたいというようなものではない。そしてそれらの言葉をしっかりと聴いて心に刻んでいるかどうかは実践がこれを検証することになっているのだ。「なぜなら実際の行ないが個々の教説の証明をもたらすものであるのだから(5)」。「そしてそう信じたなら、自身がまた聴講者たちに語ることの信頼に足る証人となるために、そのように生きなければならない(6)」のである。

では人間に関する根本的な事情を最も明瞭に知る人々から私たちが学んだことはいったいどういうことだったのか。それは君にとって「私はこの可触的な、感覚のもとに落ちきたったものではなく、身体から最も遠く離れてあるもの、色もなく形もないもの、そして手ではけっして触れられず、ただ精神によってのみこれらの箇所を念頭においてマルケラに対する自身の教導をこのように表現していると思われる。

（5）パラレル…「セクストス文章集成」五四七。

（6）パラレル…「セクストス文章集成」一七七。

（1）パラレル…「ピタゴラス格言集」七八。

（2）ヘラクレスとアスクレピオスはそれぞれゼウスとアポロンが人間の女であるアルクメネとアルシノエ（あるいはコロニス）に産ませた半神であり、死後神々の列に加えられた。だがレダが産んだディオスクロイ（ゼウスの息子たち）のうちポリュデウケスの父はゼウスだが、カストルの父は人間のテュンダレオスであり、そのため二人の死後、ゼウスは最初ポリュデウケスだけを神として天上に迎え入れようとしたが、ポリュデウケスの願いによって、両人が一日おきに天上と地上を往来することを許したとされている。また苦難苦行の生を経ての神化といえばまずもってヘラクレスであるが、ディオスクロイやアスクレピオスやその他すべての半神たちについてはその苦難の生というイメージはヘラクレスほど強くはないように思われる。

（3）パラレル…「ピタゴラス格言集」七二。

（4）「秘儀を授ける（τελεῖν, μυεῖν）」「秘儀（τέλεον）」といった語は、プラトン『饗宴』二〇九E―二一〇Aにおいてソクラテスがディオティマから受ける哲学的教導（美そのものの観照に究極する恋の道）や、『パイドロス』二四九Cにおける真実在の想起に対して用いられている。すぐ後の『パイドロス』二四七Cのそれと近似の文言（六〇頁註（1）参照）や九節でのプラトンの名の明示からしても、ポルピュリオスは把捉されるものである」[1]ということではなかったか。私たち自身によって私たちの内に置かれたものをつかみ取るのは外部のものからではなく、ちょうど合唱隊の内にいるときのように音頭取りの調子だけが、恵み深き神から受け取って保持しつつこの世を渡ってきた事柄の想起へと私たちを導くのである。

九　さらに言えば、「魂がもつすべての情念は魂の安寧への最大の敵であって、無教育はあらゆる情念の母であるのに対し、教育を全うした姿は博識の獲得にではなく、魂の受動的情念からの脱却においてこそ望見されるもの[2]」ではなかったか。「情念は病苦の始めであり、魂の病苦は悪であり、悪はすべて醜い[3]」。そして醜は美の反対であり、神的なものは美しいのだから、悪を伴ってそれに近寄るすべはないのだ。「なぜなら何ものも清浄なるものに清浄ならずして触れることは許されない」とプラトンは言っている[4]。だからまた「今この時に至っても、情念と情念ゆえの過誤からの浄化をなさねばならない[5]」のである。

このような教えは君が何にもまして賛美していたもので、それは言葉によるその教示を通じて君自身のうちにある神的な文書を読み取っているのだと考えてのことではなかったのか。するといったいどうして奇妙でないと言えようか。救うものも救われるものも[6]、滅ぼすものも滅ぼされるものも[7]、富も貧窮も[8]、父も夫も、

（1）パラレル…「ピタゴラス格言集」七四。プラトン『パイドロス』二四七Cでは、「色なく形なく触れることのできない真実在は魂の舵を取る知性によってのみ観られる」とあるように、魂ではなく実在（イデア）について言われている。ポルピュリオスはここではプラトン『パイドン』の魂不死の第二証明と同様、知性対象と感覚対象に二分する図式において魂を両者の中間ではなく前者に近づけて捉えているようである。なお「精神」と訳した原語は「ディアノイア」であるが、

本篇では六箇所で用いられており、すべて「精神」と訳す。「知性（ヌース）」「魂（プシューケー）」「理性（ロゴス）」「理知的魂（プシューケー・ロギケー）といった語との使い分けの意味合いは微妙だが、それらを包括的一体的に指して使われているように思われる。『パイドロス』二四九Ｃ四―五「まさしくこのゆえに、正当にも、ひとり知を愛し求める哲人の精神のみが翼をもつ」（藤澤令夫訳）。

（2）パラレル…「ピタゴラス格言集」二および一一六。

（3）パラレル…「セクストス文章集成」二〇七＋二〇八ａ＋二〇二。

（4）プラトン『パイドン』六七Ｂ一―二。「正しく哲学する者たちは死ぬことを練習している」（六七Ｅ四―五）ことを論じる有名な議論のなかの行文である。

（5）パラレル…「セクストス文章集成」一八一。ただしセクストスでは *μέχρι τοῦ νῦν* が *μέχρι τοῦ νοῦ* となっている。ポルピュリオスの *μέχρι τοῦ νῦν* は、ウィカーが註記しているように、「プラトンから数百年の時を経た今もなお」ということであろう。

（6）「救うもの」は知性（ヌース）、「救われるもの」は理知的魂（ロギケー・プシューケー）である。二五―二六節参照。「知性の身体とは理知的魂にほかならず、知性がその魂を養う」「知性こそは教師、救い主、養育者、守護者、また上方への導き手」などと言われている。

（7）六節「君は情念（パトス）ではなく理性（ロゴス）を観察者に仕立てて（魂の援助者の）不在を宥めすかすように」、三一節「人間のいかなる受苦（パトス）の世話もしないような哲学の言葉（ロゴス）は空しい。……もし哲学が魂の受苦（パトス）を放逐せぬとなれば、哲学もまた無益である」、三四節「理性は暴慢にして神を畏れぬ主人たち（＝情念）を私たちから追い出す」などの行文から、「滅ぼすもの」は理性（ロゴス）、「滅ぼされるもの」は情念・受苦（パトス）と解してよいであろう。

（8）二七―三一節における「自然の法」についての論述参照。富とは自然に則った自足（アウタルケイア）、貧窮とは際限のない欲望・欲求のことである。

そして真に善きものの教導者[1]も君の内に存在することを信じていながら、まるで真の先導者が内に居ず、自身にすべての富がそなわってもいないかのように、ぽかんと口をあけて先導者の影を眺めているというのは。救い救われるものへと向かわずに肉体へと落ちるなら、君はその富を滅ぼし、失うのが必然なのだ。

一〇　だから私の影や目に映る影像[2]がそばにあるからといって何の得にもならなかったし、君が肉体から逃れようとの修練に励むかぎり、それがそばにないからといってその不在が苦しいということもないのである。だが他方、清浄で最美な共生のかたちで夜も昼も君の傍らにあり、共に居て、けっして切り離されることのありえない私と、最もよく浄らかに出会うことができるのは、君が自分自身への上昇[3]のために修練をつむことによってであり、それは力の大きさにおいて長く強勢であった一なる支配からばらばらに散らされ、多に切り刻まれた君の［魂の］すべての部分を肉体から集め寄せる修練[4]なのだ。君の生来の諸思念が流れ混じっているのを分明にし、闇に蔽われているのを光のもとへ引き出そう[5]と努めることによって、君はそれらを統合し一つにすることができるだろう。神のごときプラトンもそこから出立して感覚界から知性界へと［上昇するように］呼びかけを行なったのだが[6]、君はまだ覚えているだろうね。私から聴講したことを思い出しては数え挙げ、そのような言葉は良き助言者として縋るに値すると考えて、爾後は学び知ったそのことを修行によって鍛え、まさにその労苦のなかで堅持するならば、君はそれらを分明に組織づけることができるだろう。

一一　その理知の言葉（ロゴス）はこう語っている[7]。神的なるものはいたるところあらゆる仕方で臨在してはいるが、「人間たちのあいだでは精神が、とりわけ智者の精神のみが、神的なるものの神殿として聖別さ

(1)六節でポルピュリオスはマルケラにとって「魂の援助者、父、夫、教師、身内、祖国」であると言われたが、八節でそのポルピュリオスは「色もなく形もなく、けっして手では触れられず、ただ精神によってのみ把捉されるもの」とされ、さらに二六節では「知性こそは教師、救い主、養育者、守護者、また上方への導き手」と言われる。ポルピュリオスのマルケラに対する関係を知性の魂に対する関係に重ね合わせている。

(2)八節で「この可触的な、感覚のもとに落ちきたったもの」と言われていたもの、すなわち身体的存在がここでは「影(スキアー)」とか「影像(エイドーロン)」と言われている。これらの語の使用は、デ・プラセが註記するホメロス的なハデス(冥界)の魂にではなく、プラトン『国家』の洞窟の比喩における(実物や実在の)影と影像に重ねて理解すべきものであろう。

(3)「自分自身への上昇」は自己の内奥への道であり、六節と七節で「神(々)へと還る昇り道」と言われていたものと同じ。

(4)「君の(魂の)すべての部分を肉体から集め寄せる」という文言は、プラトン『パイドン』六七Cの「浄化(カタルシス)」とは魂をできるかぎり身体から切り離すことであり、身体のいたるところから集合し結集して自分自身だけになるよう魂に習慣づけること」という行文を想い起こさせる。

(5)「闇に蔽われているのを光のもとへ引き出す」というのもやはりプラトン『国家』の洞窟の比喩における囚人についてのイメージを喚起する文言である。

(6)プラトン『パイドロス』の「アナムネーシス(想起)」も『パイドン』の「死の練習」も『国家』の「洞窟の比喩」も感覚界から知性界への上昇を呼びかけるものと言ってよいだろう。

(7)前節の「私から聴講したこと=そのような言葉(言葉たちのそのような内容)」は五節「君には言葉によって励まし、かつまた説諭しなければならない」の「言葉(たち)」を受けているが、本節冒頭「ロゴスは語る」のロゴスはそれらの言葉たちを受けつつ、それらに具現される「理性」を併せ含んでいる。デ・プラセはこの「レゲイ・デ・ホ・ロゴス」を「哲学は教える」と訳している。

れており(1)」、最もよく神を知った者が［その神殿において］然るべき尊崇を神に捧げる。そして当然ながらそのように神を最もよく知るのは智者だけであり、智者は知恵によって神的なるものを尊崇し、知恵によってみずからの覚識のうちに聖所を整え、〈神が〉自身の似姿を刻み込んだ生ける像としての知性（ヌース）でもってその聖所を飾らなければならない。「なぜなら神は何ものにも不足せず必要とはしないが、智者はただ神のみを必要とするからである(2)」。じっさい善と美とを覚知することによらずには善にして美なる者にはなれぬであろうが、善と美は神から発出するものなのである。また魂を悪しき霊たちの棲家とするのでなくては悪霊に憑かれた人間になることはないだろう。「神は知恵ある人間に神の権能を授け給う(3)」。そして「人間は神を思念することによって浄められ(4)」、神から力を与えられることによって正しい行為を追求するのである。

一二 「あらゆる行ない、そしてあらゆる業《わざ》と言葉に対して神が見張りとも監督者ともなって臨在し給うようにせよ(5)」。そして「われわれの善き行ないすべての原因は神であると考えよう。だが悪しきことの原因はそれを選んだわれわれであって、神は責めを負わない(6)」。それゆえまた「神には神にふさわしいことを祈願すべきである(7)」。また「神以外の者からは得られないようなものを乞い求めよう(8)」。そして「徳と共にある労苦が先に立って連れてくるもの、それらが労苦のあとに生じるように祈願しよう(9)」。「なぜなら怠惰な者の祈りは空疎な言葉でしかないのだから(10)」。「いったんは手に入れながら保持できぬものを神から得ようと願ってはならない。何であれ神からの賜物は奪い返されるものではなく、したがって君が持ち続けることのないものを神はお恵みにはならぬだろうから(11)」。「君が身体から解放されたなら必要でなくなるもの、それらを蔑視しなくてはならない。そして解放されたなら必要となるもの、それらに向けて君が自身を鍛えるとき、その協同者となってくださるよう神に呼びかけなさい」[12]。「だから偶然によっても与えられ、しばしばまた奪われるようなものは何一つ君には必要ないだろう」[13]。然るべき時よりも先走って乞い求めるのではなく、正しい願いが君のうちに本性的に宿っているのを神が君に明示してくださる時に乞い求めなくてはならないのだ。

一三　何よりもそのようにしてこそ神自身もその姿が映し出されるのが本来であって、身体を通じても、

(1) パラレル…「ピタゴラス格言集」六六、「セクストス文章集成」一四四。
(2) パラレル…「ピタゴラス格言集」三九a、「セクストス文章集成」四九、三八二。
(3) パラレル…「セクストス文章集成」三六。セクストスの文では「知恵ある人間」がキリスト教化されてであろうか、「信仰ある人間」になっている。
(4) パラレル…「セクストス文章集成」九七。
(5) パラレル…「ピタゴラス格言集」一二六。
(6) パラレル…「セクストス文章集成」一一三および一一四。プラトン『国家』二・三七九C二—四「神は善きものであるから、人間にとってわずかな〈善き〉ことの原因ではあるが、多くの〈悪しき〉ことについては責めを負わない」。同書一〇・六一七E四—五「責めは選ぶものにあり、神は責めを負わない」。
(7) パラレル…「セクストス文章集成」一一二。
(8) パラレル…「セクストス文章集成」一二四。
(9) パラレル…「セクストス文章集成」一二五。
(10) パラレル…「セクストス文章集成」一二六。
(11) パラレル…「ピタゴラス格言集」三、「セクストス文章集成」一二八＋九二＋四〇四。ポルピュリオスのテクストの「君」はむろんマルケラを指すのであるが、「いったんは手に入れながら」という分詞はパラレルと同様、男性形になっている。引用元の文をそのまま引き写したものか。
(12) パラレル…「ピタゴラス格言集」一二一。「セクストス文章集成」一二七も参照。
(13) パラレル…「ピタゴラス格言集」一二〇。

悪によって暗い影を落とされた醜い魂によっても、見られはしない。清浄な美と、真理によって輝く命の光とが神のものであり、だが悪はすべて無知によって欺かれ、醜によって歪められているからだ。「だから神が欲し、神自身が現にそうあるところのもの、君はそれを欲して神に乞い求めなさい[1]」。そして「ひとは身体および身体と同族同列のものを渇望すればするほど、それだけ神を知らずにいる[2]」のであり、たとえすべての人にそれが神だと信じられようとも、彼は神を観ることから自身を暗い影で覆ってしまったのだということをよく弁えなさい。「また知恵ある人はわずかな人々にしか知られないとしても、あるいはあえて言えば、すべての人々に知られずとも、神によって知られるのである[3]」。そこで知性は神に随伴し、神に相似ることによってその姿が映し出され[4]、そして知性には魂が随伴するようにしなさい。だがまた魂には姿かたちが仕えるのであり、可能なかぎり、浄らかな魂に浄らかな容姿が仕えるようにしなさい。なぜなら容姿は魂の情態から汚れを受け、逆にまたその汚れを魂に向け返すのだから[5]。

一四　そして浄らかな身体のうちの神に愛される魂と神に愛される知性に、行為も言葉も付き従わせなさい。「君がでたらめに投げるなら言葉より石のほうがよい[6]」のだし、「欺いて勝つよりも真実を語って負けるほうがよい[7]」のだから。なぜなら「欺瞞によって勝つ者は人としての資質（エートス）においてすでに負けており、偽りの言葉は悪しき者の証人なのである[8]」。「同じ一人の人間が神を愛し、かつ快楽と身体を愛する者であることは不可能である。なぜなら快楽愛好者はまた身体愛好者であり、身体愛好者は全面的に金銭愛好者でもあり、金銭愛好者は必ずや不正であり、不正な者は神に対しても父祖に対しても不敬虔で、残余の人々に対して無法者である。したがってたとえ百牛の贄を捧げようと、万もの供物で神殿を飾ろうと、彼は

不敬であり[9]神なき者であり、みずから選んで神殿を荒らす者である。だからまたすべての身体愛好者は神な

---

(1) パラレル…「セクストス文章集成」一三四。このセクストスの文は「神もまた欲するであろうものを君は欲せよ」であり、ポルピュリオスではこれに「神がそうあるものを乞い求めよ」という文が付加されている。神への帰還・合一の道を意欲と存在の二局面で考えているということだろうか。

(2) パラレル…「セクストス文章集成」一三六。

(3) パラレル…「セクストス文章集成」一四五（「知者はわずかな人々にしか知られない」）。「ピタゴラス格言集」九二（「知者はまた神を畏れることによって神によって知られる。それゆえすべての人に知られなくとも振り向きはしない」）。

(4) 底本は写本の θεόν を θεοῦ に改訂して「神との類似によって」と読んでいる。この場合「その姿が映し出される」のは知性であるが、ウィカーは写本のまま、この動詞の方を中動相と解して「類似によって神の姿を映し出す」と読むことを主張している。本節冒頭の「神自身もその姿が映し出される」では明らかに受動相であった動詞を中動相とすることで、映し出されるのは同じ神の姿ということになる。

(5) 「そこで知性は」以下の行文は神—知性—魂というネオプラトニズムの原理的実在および身体（—質料）の階層構造に沿ったもの。「姿かたち・容姿」と訳した写本の「スケーマ」を、次節冒頭の文中の「ソーマ（身体）」に合わせて改訂する案（ナウク、ペチャー）もあるが、単に「身体」よりも「姿かたち」のほうが具体的な妙味もあるので、底本に従ってそのまま読む。

(6) パラレル…「ピタゴラス格言集」七、「セクストス文章集成」一五二。

(7) パラレル…「セクストス文章集成」一六五a。

(8) パラレル…「セクストス文章集成」一六五b、一六五c。「欺瞞によって勝つもの」の原語は冠詞、分詞ともに中性単数形であり、ペチャーはそのまま訳しているが、文意からして「もの」ではなく「者」であり、パラレルでは男性形になっている。続く文の「悪しき」という形容詞複数属格も男性と解する。

(9) 「無法者である。したがってたとえ……彼は不敬であり」という行文について、ペチャーはテオプラストス『敬虔について』（とくに「断片」八）との類似を指摘している。

き者、汚濁せる者として斥けられねばならない[1]」。

一五　また「その者の意見を用いることができないときは、生活も神についての言論もその者と共にしてはならない[2]」。「なぜなら謬見によって堕落した者たちと神についての言説を交わすことは安全ではないのだ。じっさい彼らの前では神について真実を語ることも虚偽を語ることも等しく危険なのだ[3]」。「また彼らのうちの誰にせよ、不敬な所業から浄められぬまま神について発言することもふさわしいことではなかった[4]」し、神についての言論をそういった者たちに聞かせたところで言論を汚すことにはならないと考えるのもふさわしいことではない。いや、「神についての言論は神の面前にいるつもりで聞きもし語りもする[5]」のが適切なのである。「だから神についての言論に先立って神に愛される業《わざ》を行ないなさい[6]」。そして「多数者の前では神についての言論は黙して語らずにいなさい[7]」。なぜなら神学[8]は魂の虚栄のためには最もふさわしからぬものなのだから。「神について言葉をでたらめに投げ散らすよりは黙っているほうが望ましいと考えなさい[9]」。「神にふさわしくないことは語りもせず、行ないもせず、それを知るのがふさわしいとは露も思わぬことが君を神にふさわしい者にするだろう[10]」。「そして神にふさわしい人間は神であるだろう[11]」。

一六　また「君が自分自身の精神を神に似せようとするなら、それは神を最良の仕方で崇敬することになるだろう。だが神まねびはただ徳を通じてのみなされるだろう。なぜなら徳のみが魂を上方、つまり魂と同族親近なるものへと引き上げるからだ[12]」。そして神のあとに続く大なるものは徳より他にはない。神は徳よりも大なるものである。「また神は人が美を行なうことによって人を堅固なものとする[13]」。「だが悪しき行ないを導くのは悪しき霊である[14]」。「だから邪悪な魂は神を逃れ、神の摂理が存在することを欲せず[15]」、すべて

（1）パラレル…「ピタゴラス格言集」一一〇。

（2）パラレル…「セクストス文章集成」三五〇。

（3）パラレル…「ピタゴラス格言集」五五、「セクストス文章集成」三五一＋三五二。

（4）パラレル…「セクストス文章集成」三五六。

（5）パラレル…「ピタゴラス格言集」一一二。

（6）パラレル…「ピタゴラス格言集」五六、「セクストス文章集成」三五九。

（7）パラレル…「セクストス文章集成」三六〇。『ピタゴラス伝』四二でも、「神々の像を指輪に刻んで持ち歩くな」という符牒の意味として同様のことが言われている。

（8）「テオロギアー（神学）」といっても、前後の行文で繰り返し見られる「ホ・ペリ・テウー・ロゴス（神についての言論）」の言い換えである。

（9）パラレル…「ピタゴラス格言集」一一五、「セクストス文章集成」三六二。

（10）パラレル…「ピタゴラス格言集」四〇、「セクストス文章集成」四、五。

（11）パラレル…「「ピタゴラス格言集」四、「セクストス文章集成」三七六a。「人間は神である」の「神（テオス）」を「神的な（テイオス）」に改訂する案（ペチャー）もあるが、これらのパラレルにおいても「神」であり、デ・プラセやウィカーの言うとおり、変える必要はない。一七節にも「（自分を神に似せることによって）神に嘉される者とも神ともする」とあるのと同様の表現である。

（12）パラレル…「ピタゴラス格言集」一〇二、「セクストス文章集成」三八一。デ・プラセによれば、「魂を上方、つまり魂と同族親近なるものへと引き上げる」という文言は、プラトン『ティマイオス』九〇A五―六「（魂の理知的部分が）われわれを天にある同族親近なるものへと引き上げる」やDK六四・C一・アリストパネス『雲』二二五―二三六を想い起こさせる。

（13）パラレル…「セクストス文章集成」三〇四。

（14）パラレル…「ピタゴラス格言集」四九、「セクストス文章集成」三〇五。

（15）パラレル…セクストス文章集成」三一三＋三一二。底本は「すべての……離反する」という行文も引用符の中に入れているが、三一三は「悪しき魂は神を逃れる」、三一二は「悪しき人間は神の摂理が存在することを欲しない」である。

の卑しきものを懲らしめる神の法[1]から全面的に離反する。「だが智者の魂は神に繋がれており、つねに神を観て、つねに神と共にあるのだ[2]」。「もし支配する者が支配されるものに喜びを感ずるのであれば、神もまた智者を心に掛け、その福利を図る。そしてそれゆえに、つまり神によって見守られているがゆえに、智者は幸福なのである[3]」。「神のもとで賞されるのは智者の舌（言葉）ではなく、その業《わざ》である。なぜなら知恵ある人は沈黙していても神を賞讃するからである[4]」。「無知無学な人は祈願していても捧げものをしていても神を汚している。だからただ一人智者だけが祭司であり、智者だけが神に愛される者であり、智者だけが祈りのすべを知っている[5]」。

一七　そして「知恵に励む者は神についての知識に励むのであり[6]」、それはつねに祈願しては捧げものをすることによってではなく、業《わざ》を通じて神への敬虔な奉仕に励むことによってなのだ。なぜなら人々の評判によってもソフィストたちの空虚な声によっても神に嘉される者にはなれないだろう。自分に固有の性状を不滅の至福者[7]に似せることによって、自分で自分を神に嘉される者とも神ともするのである。そして自分で自分を不敬虔で神に嘉されぬ者にするのは、神なるものはただ善をのみなすのである以上、神によって悪しき状態にされるからではなく、自分自身によって、とりわけ神について悪しき観念を抱くことによってなのである。神々の像の世話をしない人は「多数者の観念を神に押し付ける者[8]」ほどに不敬虔ではない。「だが君は神について、その至福についても不滅についても、けっして不当な理解をもってはならない[9]」。

一八　じっさいこれが敬虔の最大の果実なのだ。すなわち父祖伝来の慣わしに則って神を敬うこと。それは神がそれを必要として求めるからではなく、神のきわめて畏怖すべく至福なる威厳からその崇拝へと呼び寄せられることによってなされるのである。神の祭壇は聖なる儀式が執り行なわれても何の障りも与えず、なおざりにされたとて何の益も与えない。「だが神がそれを求めていると思って神を敬う者は気付かずに自分を神よりもすぐれたものであると考えているのだ」[10]。「だから神々が障害を与えるのは立腹したからではなく、人々が神々を知らないからなのだ。怒りは不本意な人々のところにあるが、神には何一つ不本意なことはないのだから、怒りは神々のあずかり知らぬものなのである」[11]。したがって人間の誤った思いなしで神性

(1)「神の法」は本篇ではここが初出。二五―二六節でやや詳しく論じられる。
(2)パラレル…「セクストス文章集成」四一六＋四一七＋四一八。
(3)パラレル…「セクストス文章集成」四二二＋四二三＋四二四。
(4)パラレル…「ピタゴラス格言集」一四、「セクストス文章集成」四二六＋四二七。「沈黙のうちの智者の祈り」については『肉食の忌避について』二・三四参照。
(5)パラレル…「ピタゴラス格言集」一五。
(6)パラレル…「ピタゴラス格言集」九四。
(7)「不滅の至福者」は直訳すれば「不滅性を併せもつ至福者」。エピクロス『メノイケウス宛書簡』一二三・六―七に「不滅性を併せもつ至福性」という語句が見られる。
(8)エピクロス『メノイケウス宛書簡』一二三・一一に見られるのと同一の文言。
(9)エピクロス『メノイケウス宛書簡』一二三・四―七「(神の)不滅性に違背することも至福性に似合わないことも何一つ神に付け加えるな。何にせよすべてその不滅の至福性を守ることのできることを神について思いなせ」。
(10)パラレル…「ピタゴラス格言集」二五。
(11)パラレル…「ピタゴラス格言集」八。エピクロス『主要教説』一(一三九)「至福にして不滅なるもの(神)はみずから悩み事をもつことも他に与えることもなく、したがって怒りとも悦びとも無縁である。すべてそのようなものは弱さのうちにあるのだから」。

を汚してはならない。なぜならあの永遠に至福なるもの、その不滅性からはいかなる障害も排除されているあのものを君が害することはないだろうが、しかし最も偉大で枢要な事柄を識別することに対して君は自分自身を盲目にするだろうから。

一九　また私がこのように述べるのは神を崇拝せよと督励しているのだと考えてはならない。そこに疑いの余地があるかのようにそれを督励するというのは滑稽だからだ。また神について何かあることを行なったり思いなしたりすることで立派に神を敬っているというのでもない。涙ながらの嘆願が神を動かすのでもなく、「犠牲の式をあげることが神を敬うことでもないし、捧げものの数が神を飾るのでもない。いや、神気に満ちた精神が立派に着座してこそそれは神と結ばれるのだ。なぜなら似たものは似たものへと進むのが必然だからである(1)」。「愚者の行なう犠牲式は祭壇の火を太らせる糧食にすぎず、彼らからの捧げものは神殿荒らしのための放埒の大盤振舞いなのである(2)」。だが君にとっては、すでに述べたように、「君の内なる知性が神の神殿となるようにしなさい。そしてそれを、神を迎え入れるにふさわしく整え、飾りなさい(3)」。またその整備装飾と受け入れの準備が一日限りのもので、またもや笑いと愚行と悪しき霊の居場所が戻るということであってはならない。

二〇　「そこで、君の魂が動き廻って身体を活動的にしているところでは君の意思と行動のすべてにおいて神が監督者として立っていることを、もし君がいつも忘れずにいるなら、君はその観察者たる神には忘れて見落とすことなどないのに畏怖を覚えつつも、その神を伴侶としてもつだろう(4)」。だからたとえ君の口が何か他のことについて言いわけがましいことを語るとしても、「精神は理知的判断と共に神に向けられているようにせよ」[5]。そうすれば君の言葉も神の真理の光に照らされ、より易々と進んで、神気に満ちたものとなるだろう。なぜなら「神を覚知することは言葉を短くする」[6]のだから。

二一　だが神を忘却するにいたった処には必然的に悪しき霊が住み込むのである。君も学んだように、「魂は神々や霊たちの居場所」なのだから[7]。そして神々が共に居られるときには、魂は言葉を通じても業《わざ》を通じても善をなすだろう。だが悪しき伴侶を受け入れたときは、すべてのことを邪悪を通じて行なうのである。

そこで悪しきことを悦び、行なっている者を見るなら、その者は心の内では神を拒否しているのであり、悪

(1)パラレル…「ピタゴラス格言集」二〇。「似たものは似たものへと進む」は「セクストス文章集成」四四三。

(2)パラレル…「ピタゴラス格言集」四一。

(3)パラレル…「ピタゴラス格言集」六六。「すでに述べたように」とあるように一一節で述べられたことの再言。ただし一一節では精神（ディアノイア）が神殿（ネオース）に、知性（ヌース）はその神殿を飾る神像に擬えられていたが、ここでは知性（ヌース）が神殿（ネオース）である。多少、語呂合わせを意識しているかもしれない。

(4)パラレル…「ピタゴラス格言集」二六。このパラレルに含まれる同様の行文が一二節にも見られた。一二節では「監督者（エポロス）」は同じだが、「観察者（テオーロス）」の代わりに「見張り（エポプテース）」という語が使われている。

(5)パラレル…「セクストス文章集成」五五b。

(6)パラレル…「ピタゴラス格言集」一六、「セクストス文章集成」四三〇。

(7)デ・プラセは「魂は……居場所」という文言のパラレルとして「セクストス文章集成」六一―六二を挙げているが、とくに指摘するほどのパラレルとも思われない。「君も学んだように」とあるように、すでに一一節で「魂を悪しき霊たちの棲家とするのでなくては悪霊に憑かれた人間になることはない」と言われ、一九節にも「悪しき霊の居場所」の文言があった。

しき霊の棲家になっていることを君は知らねばならない。神が存在し、万物を統御していることを信じる人々は理知と揺るぎない信念を通じてある賜物を獲得したのだが、それは、すべてが神の摂理のもとにあり、神から遣わされた神的で善良な霊たちが自分たちの行動を見張っていて、(1) その目を逃れるすべは到底ないことを自分たちが学び知っているという賜物である。そしてそれがそのとおりであると信じているために、神々の逃れがたい監視が彼らの眼前にあって、彼らは日々の暮らしにおいて転倒することのないように守られている。他方また、思慮深い暮らしを手に入れたなら神々を学び知るのであり、学び知った神々に認知されるのである(2)。

二二　だが神々が存在し、すべてが神の摂理によって統御されていることを信じなかった者たちは、神々も存在するし、万物もでたらめな運動によって統御されているのではないことを自身にも他の人々にも信認しないというその状態をこそ、正当な罰として蒙っているのである。彼らは名状しがたい危険のなかに自分たち自身を投げ入れながら、日々の暮らしに転倒を引き起こしがちなわけの分らない衝動に身を委ね、およそ掟に反するあらゆることを行なうのだが、それは神々に関して了解されていることを廃棄しようとすることによってなのだ。まことにその無知と不信心のゆえに神々は彼らから逃れ去るのだが、しかし彼らのほうは神々自身からも神々に随伴する女神ディケー(3)からも逃れられぬし、その眼を晦ますこともできない。彼らは悪しき霊に憑かれた迷妄の生を選んで神々を知らずにいるが、神々と神々から授けられる正義の裁きには知られているのである。

二三　またたとえ自分たちは神々を賛美し、神々の存在を信じていると思っていても、徳と知恵をなおざりにするなら、神々を否認し辱めているのである。正しく生きることを離れた理知なき信心[4]は神の意に適うものではないし、どのように神を讃えれば神に喜んでもらえるのかを学び知らずには、賛美しても神を尊崇することにはならないからである。なぜなら、もし神が献酒や贄を悦んで願いを聴き入れるというなら[5]、皆が同等の運を引き当てるわけでもないのに［神が］皆に同等の返礼を求めるのは正しくないだろう。だがもし神はそれらを等し並みにしか悦ばず、ただ精神の浄化だけを悦ぶのだとすれば、これは誰にとっても熟慮

---

(1)ヘシオドス『仕事と日』一二二―一二六「彼らは大神ゼウスの思し召しにより善き霊として地上に在って、死すべき人間どもの守護者であり、［ゆえに彼らは］靄に身を包んで地上を隈なく往来しつつ、裁きと悪行を見張り」、富を授ける」。

(2)「神を最もよく知るのは智者だけ」（一一節）「智者はすべての人に知られずとも、神によって知られる」（一三節）と言われていたが、ここではとくに「神を知るとともに神によって知られる」という同時性・相互性が強調されているのだろうか。デ・プラセはこの観点から『ガラティア人への手紙』四・九「あなたがたは今は神を知っているのだから、いやむしろ神によって知られたのだから、どうして……」という行文との類似を指摘している。

(3)底本はこの箇所の「ディケー」という語を普通名詞ではなく固有名詞（女神ディケー）として、本節最後の行のそれは、ペチャー、ウィカーらと同様、普通名詞（正義の裁き）として読んでいる。

(4)デ・プラセによると、この「理知なき信心（アロゴス・ピスティス）」は『キリスト教徒駁論』の断片（エウセビオス『福音への備え』一・一・一一・四、二・四・二―三）にも見られる文言である。

(5)「神が……聴き入れる」というのはプラトンが神についての間違った考え方とする三通りの不敬虔――「神は存在しない」「存在するとしても人間に関心をもたない」「持つとしても犠牲や祈願によって宥めることができる」――の三番目。『国家』二・三六五D―三六六A、『法律』一〇・八八五B、八八八C。

選好して得られるものなのだから、どうして正当でないことがあろう。だがまた神がそれら両面から奉仕されて悦ぶのであれば、贄の奉納によっては可能な範囲で、精神によっては力の限りを超えて、神を賛美すべきである。神に祈願するのは悪しきことではない。神への感謝を知らぬことが最も邪悪なのだから(1)。

二四 「いかなる神も人間にとって悪の原因ではなく、悪を選ぶ各人の知性が各人にとって悪の原因なのである(2)」。低劣な業とともになされる祈りは不浄であって、それゆえ神に受け入れられることはないが、美しい業とともになされる祈りは清浄であり、かつまた嘉納されるのである。

神に関しては何よりも四つの基本理念が堅持されねばならぬ。すなわち信仰と真実と愛と希望である(3)。なぜなら神への向き直り〔回心〕だけが救いの途であることを信じねばならず(4)、信じたなら神についての真実を知ることに能うかぎり最大の熱意を傾け、知ったなら知られたものを愛し、愛したなら生涯を通じて魂を善き希望(5)で養わねばならない。善き人々は善き希望によって低劣な人々に優っているからである(6)。そこで基本理念としてはそれらの、そしてそれだけの数のものが堅持されねばならぬ。

二五 また法はつぎの三つが区別されていなければならない。すなわち一つは神の法、また一つは死すべき自然の法、三つ目は民と国ごとに定められた法である。さて自然の法は身体が必要とするものの適度を定め、それら必要物のうちの必然不可避なものを示すことによって、無駄かつ過剰に熱望されるものを弾劾する。また諸国民のもとで協定に基づいて定められ整えられた法は、それらの法令への同意遵守によって国民

(1) ペチャーは、この節の文言や行文が彼の校訂したテオプラストス『敬虔について』に収載されたいくつかの断片を想い起させ

るという指摘を行なっている。

（2）六五頁註（6）参照。諸家は何も言っていないが、このセンテンティアは、訳者には、前後の行文とうまく繋がらず、前後の文脈を断ち切るように再使用・再挿入されているように見える。

（3）『コリントス人への第一の手紙』一三・一三「だが今このとき、残り続けるのは、信仰、希望、愛、これら三つである。そして愛は他の二つより大いなるものである」というあまりにも有名なパウロの言葉との類似ゆえに、このポルピュリオスの四つのストイケイアを巡っては、ライツェンシュタインのハルナック批判以来、多くの学者たちによる論究、論争が重ねられてきた。ペチャーはポルピュリオスとパウロの関係について、「それらの、そしてそれだけの数の」という強調に着目して、ポルピュリオスはパウロの三理念を批判して、四つの基本理念に改めた、この四つの基本理念という形はヌーメニオスに影響されたものかもしれないと結論付けたが、ポルピュリオスへの影響ないし刺激としてはパウロやヌーメニオスよりも『カルダイア神託』四六―四七の「信仰、真理、愛」および「希望」のほうが蓋然性が高いとして批判された。ウィカーのこの箇所への註記（p. 110）がこの問題の諸観点を簡潔に紹介し、穏当な結論に導いているように訳者には思われる。

（4）「なぜなら……信じねばならず」という行文は、ペチャーのように、「なぜなら神への向き直りだけが救いの途であるがゆえに、信じねばならず」と解することも可能である。その場合、信仰の対象・内容としては二一節で述べられた神の存在と摂理を信じるということが考えられる。本節後半の「神に関しては」からの行文は、一一節から縷々述べられてきた神への向かい方――神を信じ、神を知って神に知られ、神を愛して神に愛され、善き応報の希望をもつ――の結論的まとめであろう。

（5）この箇所の「善き希望（アガテー・エルピス）」は、プラトン『ソクラテスの弁明』四一C「あなたがたもまた死というものに善い希望をもたねばならない」や、『パイドン』六七C、一一四C（哲学に励んで魂を浄化した者がもつ死に際しての大いなる希望）を想い起こさせる。

（6）イソクラテス『デモニコスに与う』三四に「正しい人々は不正な人々より、他には何も多く持つことがなくとも、真摯な希望において優っている」という行文がある。同『平和演説』三三―三四も参照のこと。

相互の協和を強固にする。だがまた神の法は理知的な魂の救済のためにそれら［魂］の思念に即して知性によって整えられたのであり、それらにおいてなされたこと[1]の真実性を通じて見出されるのである。自然の法は、度外れな身体愛好のゆえに身体に耽溺する人々によって、空虚な臆見のために認知されず踏み外されるが、身体をさえも顧慮するがゆえに身体を超え出た人々によっては、見下されて踏み越えられる。また制定法は、別のときに別の法が支配者の権力による強制のもとに起草されて随時整えられ、違反して捕えられた者を懲罰に付するが、発覚を免れた者にも両者それぞれの犯行計画にも力を及ぼすことはできない。

二六　だがしかし神の法は、無思慮と放埒ゆえの不浄の魂によっては知られないが、不動心[2]と思慮を通じて輝き出る。そしてこれを踏み越えることはできない。人間にとってそれよりも上位のものは存在しないからである[3]。またこれを見下すこともできない。それを見下そうとするもののうちにそれが輝き出ることはありえないからである。単なる幸運よりも優れ、すべての多様な強制よりも強いのだから、その時その時の状況によって変えられることもない。ただひとり知性だけが自己探索の坑道を掘削することによってそれを知り、それが自身の内奥に刻印されているのを発見するとともに、そこから自身の身体ともいうべき魂に命の糧としてそれを授けるのである。知性の身体とは理知的魂にほかならないと措定すべきであり、知性がその魂を養うのだからである。すなわち知性が神の法の真理から取って刻印し刻み込んだ魂の内なる思念を、自身のもとにある光を通じて想起へと導くことによって養うのである。そして知性こそは教師、救い主、養育者、守護者、また上方への導き手となって、沈黙のうちに真理の声を発し[4]、魂が知性のほうに向きなおってはそれを凝視することによって魂の内なる神の法を読み解くのを許すのであり、神の法が永久の昔から魂のうちに刻印されていたことを確認するのである。

二七　そこで君はまず自然の法をしかと見定めなければならず、そこから神の法へと上昇しなければならない。自然の法を整えたのも神の法だからである。そしてこれらの法から勢いを得て進発するならば、君はもはや書かれた法を顧慮することはないだろう。「書かれた法は普通の慎ましい人々のために、彼らが不正を働かぬようにというよりは、不正を蒙らぬように定められている」[5]のだからである。「自然に則った富、すなわち真に哲学する者の富には限度があり、容易く手に入るが、空しい思惑の求める富は限りがなく、入手困難である」[6]。だから「空しい思惑にではなく自然に従う者はすべてにおいて自足している。なぜなら自

（1）写本の *πεπραμμένος* に対してペチャーは *πεφασμένων*, ウィカーは *πεπερασμένος* に改訂しているが、Mai の改定案 *πεπραγμένων*（なされたこと）を採る底本に従う。ペチャーの案は写本から離れすぎており、ウィカー案は訳者にはギリシア語の読みとして了解しがたい。「だがまた神の法は……見出されるのである」という説明は次節において知性を主体として再説される。

（2）ストア派哲学のよく知られた用語「アパテイア（*ἀπάθεια*）」。本篇ではこの一箇所だけで使われている。

（3）「そしてこれを踏み越えることはできない。……存在しないからである」については、『センテンティアエ』四〇「（みずからのうちで力において無限の永遠の有を）通りぬけて踏み越えることはないだろう」およびプロティノス『エネアデス』六・五・一二・七―一三参照。

（4）デ・プラセは「知性の身体とは……真理の声を発し」という長い文のパラレルとして、もっと短い文ではあるが、「ピタゴラス格言集」六七を挙げ、さらに『肉食の忌避について』四・二〇を指示している。

（5）エピクロス「断片」五三〇（Usener）。

（6）『肉食の忌避について』一・四九・一にほぼ同様の行文があり、これには「彼は言う（*φησίν*）」の語があって、エピクロスからの引用と見られる。『主要教説』一五（一四四）。

然にとって十分なことのためにはいかなる所有も富であるのに対し、限度なき欲求にとっては最大の富でさえ無であるからだ[1]」。じっさい「自然にとっての十全さに関して貧乏な人、そして空しい思惑に関して富裕な人を見出すことは滅多にない。思慮なき人は誰もが己の持つものに満足せず、むしろ己が持たぬものによって苦しむことがいっそう多いのである。ちょうど病状が悪くて熱に苦しむ人たちがつねに渇いていて、最も対極的なものを欲しがるように、魂の状態が悪い人たちもまたいつもすべてに窮乏し、貪欲によってさまざまな欲望の中に落ち込むのである[2]」。

二八　だから神々もまた肉食と性愛を差し控えることによって清浄を保つよう命じられたのであり、敬虔な暮らしを追い求める人々を、神々みずから定められた自然の欲求の埒内へと導かれたのだが、それは何ぴとも自然の欲求に反して十分以上を取るならば不浄であり死に捕らわれていると考えられてのことである。なぜなら「大衆は質素な暮らしを恐れ、その恐れゆえに却ってその恐怖を最大に仕立てる行為へと邁進する[4]」からである。そして「富を射止めても、結果として見出したのは災厄からの解放ではなく、代わりにもっと大きい災厄を得ただけという人々が多くいる[5]」。それゆえ哲学者たちは、必要不可避でないものをよく知ることとほどに必要不可避なことはなく、「みずから足りていることがすべてのうち最大の富裕である[6]」と言い、何ものをも必要とはしないことが気高く尊いと考えている。それゆえまた彼らは「何か必要なものをどのように調達すべきかではなく、調達されなくともわれわれがいっそう意気軒昂であるすべを修練するよう督励するのである[7]」。

二九　「また重大な害悪の原因として肉体を責めてはならないし、種々の困難の原因を事物に帰してもならないのであって、むしろ魂のうちにそれらの原因を探求し、束の間の儚いものへの空しい欲や望みをすべて切り捨て、われわれが全一的に自分自身のものとなるようにしよう[8]」。「なぜなら不仕合せな人は恐怖もしくは無制限の空しい欲望によって不仕合せなのだが、これらに馬銜をつけて制御するなら仕合せな思案推考を自身のために保全することができるのだから[9]」。「君がどれほどに窮しても、その窮状は君が自然を忘却しているがゆえのことである。果てのない恐れと欲望を自分自身に投げかけているのだから[10]」。「君にとっては藁の寝床に横たわって意気軒昂であるほうが黄金の寝台と豪奢な食卓を所有して心乱れているよりもよいこ

---

(1)エピクロス「断片」二〇二(Usener)。ただしナウクの改訂案に従って底本が「無である(οὐδέν)」としている文末をウーゼナーは「貧である(πενία)」としている。

(2)エピクロス「断片」四七一(Usener)。

(3)「差し控えること」と訳した「アポケー(ἀποχή)」は本篇ではこの一箇所だけに見られるが、ポルピュリオスが肉食を忌避すべきことを広範に論じた著作のタイトルが『ペリ・アポケース・エンプシューコーン(περὶ ἀποχῆς ἐμψύχων)』(『肉食の忌避について』)であり、二・三四・六、四四・二などにもある。「エンプシューコン」は字義どおりには「生き物」だが、とくに「動物」を指す。本篇では「ブローマ(βρῶμα)」が使われ、「食物」、とくに「肉」を指す。

(4)エピクロス「断片」四七八(Usener)。

(5)エピクロス「断片」四七九(Usener)。

(6)エピクロス「断片」四七六(Usener)。

(7)エピクロス「断片」四八一(Usener)。『肉食の忌避について』一・五〇・一にこれと同様の趣旨の行文がエピクロス派の説として語られている。

(8)エピクロス「断片」四四五(Usener)。

(9)エピクロス「断片」四八五(Usener)。

(10)エピクロス「断片」二〇三(Usener)。

となのだ[1]」。「弔歌にも似た痛ましい労働から多大の財産が積まれる一方で、惨めな人生が出来上がる[2]」。

三〇　「肉体が叫べば魂も叫ぶということは自然学的に不合理だなどと考えてはならない。飢えるな、渇くな、凍えるなというのが肉体の声である。そして魂がそれらを差し止めるのは困難ではあるが、しかし魂自身に備わっている自足の強さを通じて日々魂に勧奨する自然の声に耳を傾けないのは危うい[3]」。すなわち「自然は教えてくれる。遇運から生起するものごとを軽視し、そして幸運のうちにあって不運を知り分け、だが不運のうちにあっては幸運に恵まれている人々を重大視しないこと、そして遇運から生ずる良きものごとは騒がずに受け入れるが、遇運から生じて悪しく思われるものごとに対しては備えをしておくこと、なぜなら大衆の善はすべて束の間の儚いものでしかないが、知恵と知識はけっして遇運には関与しないのだから[4]」。

三一　「そのような束の間の幸運に恵まれない窮乏は苦労ではなく、むしろ空しい思惑ゆえの無益な労苦に耐えるほうがもっと苦労なのである[5]」。「混乱した苦しい欲望はすべて真正の哲学への愛によって緩められる[6]」。「人間のいかなる受苦の世話もしないような哲学の言葉は空しい。ちょうどもし医術が身体の病の世話をしないとすれば、それには何の益もないのと同様、もし哲学が魂の受苦を放逐せぬとなれば、哲学もまた無益であるからだ[7]」。自然の法はじつに以上述べたことやまたそれらと同様のことを勧奨する。

三二　だが精神のシミ一つない巻紙に書かれた神の法は「つぎのように」叫ぶのである。ちょうど母のおなかにいる胎児に胎膜が付着し、生育中の麦の穂に茎が付いているのと同じように身体は君に合着していることをもし君が忘却するなら、君は自分自身を知ることはないだろう。ほかの誰にせよ、そのように考えないなら、自分自身を知ってはいなかったのだから。さて胎膜や麦の茎は［胎児や麦と］一緒に生じはするが、どちらも成長すると投げ捨てられる。ちょうどそのように、魂が播種されたときに合着する身体にしても人間の部分ではないのだ。いや母の胎内に生まれるために胎膜が織り込まれたのであり、この地上に生まれるために身体が繋ぎ合わされたのである。ひとは死すべきものに向かえば向かうほど、自分自身についての認識を不死性の度合いに対して不釣り合いなものにしてしまう。そして身体への執着(8)から離れれば離れるほど、神の尺度へと近づくのである。「賢明で神に愛される人は、残余の人々が身体のためにあくせくすることの

(1) エピクロス「断片」二〇七（Usener）。パラレル…「ピタゴラス格言集」二九。

(2) エピクロス「断片」四八〇（Usener）。

(3) エピクロス「断片」二〇〇（Usener）。底本は、この断片中の「飢えるな……声である」のパラレルとして「ピタゴラス格言集」九八を挙げている。

(4) エピクロス「断片」四八九（Usener）。「そして遇運から……関与しないのだから」のパラレルは「ピタゴラス格言集」六〇。なお、底本は「……備えをしておくこと」のあとの καί をナウクに従って削除しながら、仏訳では削除しない訳をつけている。拙訳は底本のテクストどおり、καί を削除し、ὡς 以下を名詞節ではなく、副詞節として訳した。

(5) エピクロス「断片」四八六（Usener）。

(6) エピクロス「断片」四五七（Usener）。パラレル…「ピタゴラス格言集」五〇。

(7) エピクロス「断片」二二一（Usener）。

(8) 「プロスパテイア（προσπάθεια）」という語は、『ガウロス宛書簡』四・九、『センテンティアエ』二八、二九、三二、『肉食の忌避について』一・三〇・四などにも見られる。フェステュジエールらが指摘するように、身体およびその情動・情念への魂の合着を指すポルピュリオスの術語といってよいもの。「身体の」を目的語的属格ととって「身体への執着」と訳す。デ・プラセは主語的に「身体の誘引力（l'attirance du corps）」と訳している。

すべてを、魂のために熱意をもって骨折るであろう」[1]。「聞き知ったことを記憶するだけで十分だとは思わず、聞き知ったことを手掛かりとして進むべきところへ進む修練を積むことによって」[2]。

三三　「何ものも纏わず裸で送り出されたのだから、送り出した者の名は裸になって呼ぶだろう。〔送り手である〕神は、見知らぬ他人の荷を負わされていない者の声だけを聞く」[3]のであり、死滅を免れた清浄なる者たちの上方に在〔って彼らを見守〕るのである。自然のうちに縛られていながらも縛ったものを縛るということ[4]は君にとって幸福な生への大きな助力なのだと考えなさい。というのも、私たちは私たちに掛けられた自然の縛め、すなわち腸《はらわた》や生殖器や咽喉やその他の身体部分、そしてそれらの働きによる便宜や快感、またこれらをめぐる恐怖によって縛られたのだ。そこでもしそれらの詐術を追い越して上昇し、その謀略の罠を見張るならば、私たちは私たちを縛ったもの[5]を縛ることになるのだ。そしてそうなると君が男であれ女であれ、あれこれと身体の世話を焼くこともないし、自分自身を女として見なくともよい。私もまた君をそのようなものとして気遣っているのではないのだから。あたかも君が男の身体を纏って持っているかのように、魂からすべての女々しいものを遠ざけなさい[6]。処女の魂と青年の知性とから産み出されるものが至福のものだからである。浄福なるものは汚濁腐敗なきものから生じ、身体が産むものはすべての神々にとって穢れたものと見做されたのだから。

三四　「じっさい身体を統御することが大いなる教養なのである」[7]。「人々はしばしば生存のために身体の一部を切除するが、君は魂のために身体全体を切り捨てる覚悟がなければならぬ」[8]。「それのために生きたいと欲するもののためには死ぬこともまた躊躇ってはならないからだ」[9]。「されば理性をしてすべての衝動の導き手とせよ。理性は暴慢にして神を畏れぬ主人たちを私たちから追い出す[10]」のであり、また「情念に隷従するのは暴君に隷従するよりもっと耐えがたい[11]」のだから。「情念に打ち負かされている者が自由であることは不可能である[12]」。「なぜなら魂を捕らえている情念の数だけ、それだけ多くの残忍な主人たちを魂は持つの

(1)パラレル…「ピタゴラス格言集」九五、「セクストス文章集成」三〇一。

(2)パラレル…「ピタゴラス格言集」七五。

(3)パラレル…「ピタゴラス格言集」一七。

(4)「自然のうちに……縛るということ」という行文について、デ・プラセは『センテンティアエ』八を指示している。「自然が縛ったものは自然が解き、魂が縛ったものは魂が解く。だが魂は身体を魂のうちに縛り、自分自身を身体のうちに縛ったのだから、自然は身体を魂から解き放つが、魂は自分自身を身体から解き放つ」。合着と解脱における魂の自発性、主導性に重点がある。

(5)「縛ったもの」とは何か。写本のテクストは、前註で取り上げた行文中のそれと同様、*τὸν δήσαντα* という男性単数なので、「自然」（女性）でもなし、「身体」（中性）でもなし、はて？ ということになる。だが叙述の流れから直前に言われた身体諸部分およびその情動・情念を指すことは明らかなので、中性の *τὸ δῆσαν* に改訂まではしないが、そのように理解すべきであろう。

(6)『肉食の忌避について』四・二〇に「内なる男性が女性化される」という文言がある。魂の情動・情念が知性を女性化するということ。

(7)パラレル…「セクストス文章集成」二七四a。

(8)パラレル…「セクストス文章集成」一三、二七三。

(9)パラレル…「ピタゴラス格言集」一二三、「セクストス文章集成」四七二。

(10)パラレル…「セクストス文章集成」七四。

(11)パラレル…「ピタゴラス格言集」二一、「セクストス文章集成」七五a。

(12)パラレル…「ピタゴラス格言集」二三。

だから(1)」。

三五　召使たちに不正な仕打ちをせぬように努めなさい。また腹立ちまぎれに罰してもならない。罰しようとするときはその前に彼らに弁明の機会を与え、彼らのためを思って罰するのであることを納得させなさい。頑固な性格の召使を買い入れるのは固辞して避けるように。多くのことを人の手を借りずに自分でするように修練しなさい。自分でやるということは面倒がなく融通が利くものだし、自然は他のものを必要とはしないが、人間は手足その他の身体各部を自然がそれらを形成した目的に沿って使用しなければならないのだから。なぜなら「自分のものを用いないで他人のものを濫用する者たちは負荷が倍になる(2)」のであり、それは身体諸器官を与えてくれた自然に対して恩知らずなことになる。「ただ快楽だけのために身体諸器官を使ってはならない(3)」。「放埓のために魂を闇で覆うくらいなら死んでいるほうがずっとよい(4)」。［……欠落……］自然の悪を正して［……欠落……］そういったものを召使たちと共有するときはより優れた者たちに賞讃を分かち与えなさい。じっさい人間に不正を働きながら神を敬う術はないのだから。いや「君が敬神の礎石として考えねばならぬのは人間を愛すること(5)」および［……以下欠落……］

（1）パラレル：「ピタゴラス格言集」七一、「セクストス文章集成」七五b。
（2）パラレル：「セクストス文章集成」三三五。
（3）パラレル：「セクストス文章集成」二三二。
（4）パラレル：「ピタゴラス格言集」一〇三、「セクストス文章集成」三四五。
（5）パラレル：「ピタゴラス格言集」五一、「セクストス文章集成」三七一。ナウクは「ピタゴラス格言集シリア語版」四四や「セクストス文章集成」八六との比較から「ピラントローピアー（人間を愛すること）および」のあとに「エンクラテイア（節制、禁欲）」という語を推定したが、多くの反論が出されてきた。

# ガウロス宛書簡——胎児はいかにして魂を与えられるのか

# 第一章

一　動物を産むために魂が身体に進入することについての学説は、ガウロスよ、われわれだけでなく、先導してその探求に従事した人々をも多くの難題で満たした。胎児は動物（ゾーオン）であると考えねばならぬのか、それともただ植物的に生きている（ゼーン）だけだと考えるべきなのか、自然学者たちもほとんどすべての医者たちも共に困惑したのである。

だが動物の特性は感覚と衝動において成立し、植物のそれは感覚と衝動から離れた栄養摂取と成長増大の能力のうちに観察される。それゆえ、胎児はずっと表象と衝動なしに過ごし、成長増大と栄養摂取の面においてのみ維持養育されているのだから――生起する事実がこの両方の働きの証拠である――植物あるいは植物に似たものであることに同意しなければならない。胎内から出ると動物になろうとするのだから動物だと考えるのはおそらく拙速であろうし、無批判に多数の意見に従うことに慣れた者のすることである。

二　だが胎児が動物の魂を分け持つと考えた者たちは彼ら自身のあいだでもまた意見が対立している。それは胎児が現実態においても動物であると推考するべきか、それとも現実態ではなく可能態においてのみそうなのかに関してである。すなわち可能態においてあるものの一方はその力をまだ受け取ってはいないが受け取ることのできるもののことであり、読み書きの技術について子どもがそうであるのと同様である。だが他方はすでに受け取ってはいるがそれによって活動していない場合のものであり、すでに読み書きのできる子どもが他のことをしていたり眠っていたりして書きも読みもしていないようなものであった。

だが胎児が可能態において動物であると言う者たちは、胎児が魂を受け取る用意ができているという意味で胎児が可能態にあると述べているのではなく、すでに魂を受け取ってはいるがその活動を休止しているものの意味でそれを語っている。用意ができているという意味で可能態においてあるということは胎児が未だ動物的魂を分け持っていないと考える人々によっても同意されているだろうからである。

三　するとそれはちょうど昏睡状態において、その状態が解除されるなら明らかなように魂はそこにあるとしても、感覚能力と衝動能力[3]の活動は差し止められているように、あるいは冬眠する動物が冬眠する期間、植物的な活動はわずかな動きを伴うが、感覚的衝動的活動はまったく休止しているように、胎内の胎児につ

(1) 名詞 *εἴσκρισις* と動詞 *εἰσκρίνεσθαι* は魂が身体に「宿る」「入る」ことを意味する術語として使用されており、少ししっくりしないが「進入」「進入する」と訳す。
(2) ガウロス（*Γαῦρος*, Gaurus）という人物については何も知られていない。
(3) デュナミスではなくプシューケーを補って「感覚的魂と衝動的魂」としてもよい。

いても同様に、胎外に出た後と同程度に魂はそこにあるものの、昏睡や冬眠に似た状態が内在するのであろうか。それとも魂自身も活動はしているが、弱々しく、徒歩で散歩するようなものなのだろうか。赤ん坊でもそのようなことはまだできず、だが表象に基づいて身体を動かしたり、膝を曲げたり、歩いてではないが場所を変えたりはするけれども。[1]

四　すなわち前者であれば胎内のものは可能態にある動物であるが、しかしそれは持前の能力〔ヘクシス〕をもつが休止しているものが可能態にあると言われる意味においてである。だが後者であれば現実態においてもあるのである。だがまた胎児は植物的にのみ養われ、衝動的な魂にも感覚的な魂にも与ってはいないと考える人々によれば、もし胎児が可能態において動物と呼ばれるなら、それは動物を作る魂を受け取る用意ができているという意味においてであって、すでに受け取ってはいるが働かないという意味ではけっして言われないだろう。

## 第二章

一　さて、動物と動物でないものとの差異は感覚と衝動の有無にある以上、もし胎児は現実態にある動物ではないことが証示され、またすでに魂を受け取っているものが感覚と衝動の両方の活動を休止しているという意味での可能態にある動物でもないことが証示されるなら、[2]〔魂の身体への〕進入の必然とその時期はプラトンにとって問題なく受け入れられるものとなる。というのも明らかに、胎児はたしかに現実態にある動物でもなく、持前の能力を受け取ってはいるが休止しているものという意味で可能態にある動物でもない。本来固有の意味で動物の魂と言われる魂を受け取って、そのとき初めて感覚能力と衝動能力のあるものとなるのだが、その受け取りの用意ができていることによって可能態にある動物と言われるのだから、魂が進入することも進入の時も争わずに認めなければならないのである。そしてそれは自然本性によって起こる胎内からの分娩の後に生起するのでなければならない。

二　だがもし、胎児が［感覚および衝動の］持前の能力をすでに受け取っているという意味で可能的に動物である、あるいはさらに現実的に動物であったなら、進入の時を定めることは厄介であり、どのような時が画定されようと、信じがたい拵えごとを多くもつことになるだろう。

ある者はその時を種子（精液）が射出される時に割り当てている。魂自身が外から入って自然的融合を成し遂げるのでなければ、［種子が］子宮のなかで保全されて実を結ぶことはできないだろうからというのである。この中で重きをなすのはヌーメニオスであり、ピタゴラスの奥義の解釈者たちであって、彼らはプラトンにおける「アメレス川」、ヘシオドスとオルペウス教徒における「ステュクス」、ペレキュデスにおける

（1）カルプフライシュの *καὶ* 〈*μήπω*〉 *προελθόντων* という改訂案を取らず、フェステュジエールの *καθ᾽ ὃ προελθόντων* という案を採るウィルバディングに従った。

（2）*τοῦ συναμφοτέρου* という単数形は「魂と身体の合成体」を指すとも考えられるが、複数形と互換的に使われるので、「感覚能力と衝動能力両方」の活動（エネルゲイア）と解するほうがよいと思う。

「流出」は種子を指すものと解釈した。(1)

だがまたある者は魂の進入を胎児が最初に形成される時に置いて、ヒッポクラテスが説くように、雄の場合は（受精後）三〇日、雌の場合は四二日で胎児が分化形成されるとし、(2)別のある者はまた進入の時を胎児が初めて動く時に定めているが、ヒッポクラテスはその時についても、「胎児の身体の先端が外に生え出て、爪や髪が根付いたら、その時にまた動きもする。そこに至る時間は雄では三ヵ月、雌では四ヵ月である」と言っている。(3)

三　だが私は以前ある人がわれわれに対してつぎのように力説するのを聞いたことがある。交尾の際の雄の熱情と子宮の共感とが、生起する呼吸を通じて周囲の大気から魂を奪い取り、魂に特有の引き寄せる力を借りて、(4)種子の先導役であった自然を［魂に］変える。だが［魂は］水路のように雄を通って種子と共に跳び出し、子宮に受胎の用意ができると子宮内の熱情によって再びつかみ取られ、そしてそのことのゆえに両者は混じり合うというのである。(5)両者によって魂が縛り付けられ閉じ込められるからであり、そこで起こることが鳥の捕獲に似ているのでその状態は懐胎と言われるというのである。(6)

だがこれらのお話をそのとき私は笑ったのを覚えているし、記憶に値すると思ったのはその拵え話が何か語るに値するものを持っているからではなく、もし人が魂の進入を母親からの産出より後に置くことを避けて、生起する事象をまだ胎内にいるものとそこでの不明瞭さへと連れて行く場合には、そのようなやり方は無数の逸脱を露呈し許すことになるからである。

四　さてプラトンがそのように言っていると思う者たちにとっては、魂が進入する時を定めることは厄介な問題である。魂が賦与されるのは外からであり、自然と同様、魂もその部分が種子と一緒に投下されるのは父親からではないことを示そうと試みるとしても、もし魂の賦与がその投下と同時(7)［だと主張する］なら、

（1）ヌーメニオスは二世紀後半に活動した新ピタゴラス派の哲学者。ビュデ版のデ・プラセによるヌーメニオスの断片集はこの二節冒頭からここまでの行文を断片三六として採用している。「ピタゴラスの奥義の解釈者たち」はやはり新ピタゴラス派を指すのかとも思われるが、ウィルバディング（五七—五八頁註一三）はプロクロス『プラトン「ティマイオス」註釈』における言及からとくにロンギノスが念頭に置かれていると指摘している。「アメレス川」も「ステュクス」も冥界にある川。プラトン『国家』第十巻六二一A五、ヘシオドス『神統記』三六一、三八三以下、七七五以下など。オルペウスについてはケルンによる断片集の断片一二四が「この中で重きをなすのは」以下の行文を採用しており、この同じ行文をDK七・B七がペレキュデスについて採用している。

（2）ヒッポクラテス『子どもの自然本性について』一八・一以下。この文書の著者が説いているのは胎児の分化形成に要する日数についてだけであり、魂の進入の時期の問題は含まれていない。ポルピュリオスもそのように理解しているようである。

（3）ヒッポクラテス『子どもの自然本性について』二一・一。

（4）「魂」の属格を主語的属格と解する。ウィルバディングのように目的語的に解すると「魂を引き寄せる特性の力を借りて」ということになる。交接時の雄の激しい呼吸を通じて大気中から魂が取り込まれ、種子の統御役が自然から魂に変わるという基本線にこの句をどう繋げるかが問題である。

（5）魂に随伴統御される種子と子宮とが混じり合うというのか、雄と雌が交接するというのか、両様に取れる文だが、直接には前者かと思われる。

（6）ここで懐胎と訳した「シュレープシス」には捕獲という意味もある。受胎と訳した「クラテーシス」も同様である。

（7）底本のテクストは「魂の賦与はその投下による」であるが、クロルの提案を採って *ἅρα* を *ἅμα* と読む。

彼らには依然として少なからぬ論争が生じるだろう。だがもし胎児が形成された時かあるいは最初に動いた時に魂が進入するのならば、どうして母親の魂の部分は投下されないのだろうか。というのも身体上の類似点は両親からも身体的に何かを受け取っていることを告げているが、同様にまた魂のうえでの類似性についてもそれはどこから取得されたのかを述べなければならないのである。(1)

五　そこでわれわれとしてはまず先立って、胎内に抱懐されているもの（胎児）は現実態にある動物でもなく、すでに魂を受け取ったものという意味で可能態にある動物でもないことを明らかにするだろう。それに続いては魂の進入が分娩のあとに起こることが論じられる。そして胎児自体は可能態において、あるいは現実態においてさえ動物（生き物）であることを［仮に］承認するとしても、魂の進入はたしかに父親からも母親からも起こりえず、ただ外部からだけであること、このようにして魂の進入についてのこの論説がプラトンのために斥けられもしないことを述べるであろう。

## 第三章

一　では最初に明白な事実そのものを証人として呼び出して植物と動物との種的差異を目の前に置き、続いて胎児において起こることはより多く何に近接しているのか、つぎのように考察するのが至当である。すなわちもしそれが動物についての事実に近似していることが明らかなら、懐胎されているものは動物であることを表明し、他方もし植物についての事実に似ているなら、動物になるのは胎外に出てからだとしても驚かないのが至当である。それはちょうど、どうして種子は父親から切り離される前は自身の内に留まって、射出後に子宮を探し当てれば行なうはずの仕事を行なわないのか、われわれが驚かないのと同様である。

二　さてそこで植物的生命と植物の特性は口を通さず、根に内在する力によって栄養を摂取することであり、その力は地中にある周囲の栄養水を吸い寄せ、自分のもとで養われるものが然るべく成長し、栄養を摂取するように割り当てるのである。他方また肉の身体をもつ死すべき動物のほうの特性は、口を通して食物を取り、自分自身の内部でまさにそのために本来固有の自然によって形成された臓器を用いてそれを消化することである。

三　動物のうち鼻で呼吸するように生まれついているものも空気の吸い吐きを鼻を通して行なうことが特性である。すなわちそれを妨げられるとただちに窒息して死滅し、続けて呼吸するのを妨げるものに対して一瞬たりとも抵抗できない。だが植物は［茎や葉の］髄と呼ばれるものによってのみ呼吸する。果実もちょうどそこからそれが垂れ下がっている柄と呼ばれる部分を通してのみ養分と空気を供給されるのであり、熟して造作の頂点への最後の仕上げを迎えるとじつにまたその部分から離れ落ちる。そしていたるところに水が溢れた中では陸上動物は死滅するが、［植物の］種子は水が周りに注がれたり、傍らにあったり、土から吸い寄せられたりして芽を出すのである。

四　そこでもし胎児も口を通して栄養を摂ったのであり、種子に内在する力によってではないとしたら、

（1）テクストは「父親たち」であるが、「父親と母親、両親」と解する。

――この力は、子宮の内部で種子のために運ばれて周りに注がれる血をちょうど植物が地中から栄養水を引き寄せるように引き寄せて、その一部は胎児の成長と栄養摂取のために割り当て、一部は余分のものとして捨てるのであるが（ただし、それもまた成長し終えた胎児が抵抗なく［胎内から］滑り出るのに役立つことになる）――あるいはもし胎児は胎内から出た後と同様、鼻で呼吸し、臍を通してではなかったとしたら――そしてこの臍から、中間部分（臍の緒）も根や柄のように垂れ下がって胎膜と繋がっており、またもや果実と似た仕方で、成熟すると押し出されて地上に落下するのだが――あるいは水分がいたるところから周りに注がれていなくともわずかな時間なら胎児は持ちこたえることができたとすれば――これとは反対に陸上動物は生まれた後は周囲すべてからの注水のもとにはわずかの時間も留まれないのだが――いやしくももし私が今言ったように胎内での胎児の養育が動物のそれに近似していて、だが植物のそれには全然似ていないのだとしたら、生起する事実から確信を得て、胎児は動物だと考える者たちに同意する余地もあっただろう。[1]

五　だがそのような養育のありかたを胎児は自分に合わない他人事として固辞し、他方、それによる養育が最も自分に親近固有だとする養育のありかたは、胎内から進み出た後で動物の魂を迎え入れたときの養育のありかたとはほとんど正反対なのだから、なぜわれわれは生起する事象の明白さをなおざりにして易々と自分自身を欺かねばならないのだろうか。

出産と同時に動物［としての嬰児］に出会って、胎内でも動物であったのだと推測するからなのだろうか。いやつまり、そこからして胎児は動物のようにではなく植物のように養育されているのが見出されることになるあの事実を斥けるべきであるか、あるいはもし明白な事実に逆らうことはできないのなら、そしてそれが神的な自然の仕事ではなく、明らかに了解しがたい逆説だと思う人たちがもしいるのなら、植物から動物への転化の諸原因が探求されるべきである。だがしかし、胎内にいるものは、動物としての魂を賦与されるまでは動物と同等には動けないのだから、動物ではないということは認めるべきである。

## 第四章

一　しかし彼らは、プラトンはこう言っていると主張する。すなわち種子のうちに内在する自然は魂の第三の部分である欲望的部分の一部であり、だが欲望的部分は快と苦を通じて導かれ、食物と栄養を欲求し、また快と苦は感覚であるか、少なくとも感覚へと伝達される動きであり、欲求は衝動であると言っていると主張し[(2)]、それゆえ動物と動物でないものとがその有無によって区別された感覚と衝動に与っているのだから、

(1) 写本の冠詞の複数形をカルプフライシュの示唆に従って単数形に改める。

(2) ポルピュリオスは彼らの主張を、あとの四節で引用される行文に依拠するものとして扱っている。「今われわれが言っているものは先に横隔膜と臍の間に座を占めるという話のあった魂の第三の種類を分け持っているのである。それには臆見や勘考や知性は何一つ備わっておらず、欲望を伴った快と苦の感覚しかない。」

どうして胎児が動物でないことがあろうかと言うのである。
二　だがそんなことを言う者は、植物もまた魂の欲望的部分の一部であった自然によって養われているのだろうと考えて、知らないまま植物をも動物にしているのであるが、もし彼らが胎児は本来固有の意味で言われる動物（ゾーオン）にではなく、植物に近似したかたちで生きていることに同意してくれるなら、われわれにとってはそれで十分なのである。もし彼らがまたもや明白な事実に抗い、さらに大きい心得違いのなかで眼前の探求に向かうことによって植物と動物の差異を本気で破棄するとしても、それはプラトンがいかなる意味で魂の植物的部分が欲望的部分の一部であると言うのかを彼らが理解せず、いかなる理由で植物がゾーオン（生き物）であると言うのかを真剣に知ろうとしないからである。
三　というのもプラトンは、他の人々が動物と動物でないものを感覚と衝動［の有無］によって区別するように、彼自身もそれらによって動物は動物でないものとは異なるとするのを適切だとは考えていない。生命と非生命との差異を適切に立てたうえで、植物もすでに生きてはいるだろうという理由で動物とともにひとまとめにしているのである。だがしかし本来固有の意味で動物と呼ばれ、自動的な魂を分け持つものとの関係において共通のものを［植物に］与えるのは［ゾーオン（生き物）という］呼び名までのことである。
四　彼によって語られた言葉そのものが提示されれば、彼自身の考えと彼らの見当違いを明らかにしてくれるだろう。というのも彼はつぎのように述べている。(1)

死すべき動物のすべての部分と四肢が一体となって形成されると、それは必然的に生命を火と空気のなかで維持しなければならなくなり、それゆえそれらによって溶かされ空洞化されて弱っていったので、神々はそれの助けとなるものを考案した。すなわち人間の自然本性と同族の自然を他の形態や感覚と混ぜ合わせ、別の生き物となるように植えつけたのである。これらが現在栽培されている樹木であり植物であり種子なのであり、農夫の技によって育てられ、われわれに対して従順なものになっているが、昔は栽培されるものよりも古い野生の種族しかなかった。というのも何であれ生きること（ゼーン）を分け持つものはすべて生き物（ゾーオン）と呼ばれるのが至極正当に法に適うことであろう。じっさい、今われわれが言っているものは先に横隔膜と臍のあいだに座を占めるという話のあった魂の第三の種類を分け持っているのである。それには臆見や勘考や知性は何一つ備わっておらず、欲望を伴った快と苦の感覚しかない。終始ただあらゆる作用を被るだけで、自分のなかで自分の周りに自分で向きを変えながら、外からの動きは押しのけ、親近固有の動きは利用して、自分に属する何事かを見て取って勘考するということはその生成にあたって本性上許されなかった。それゆえそれは生きていて生き物以外の何ものでもないのであるが、自分自身による動きを奪われているために、じっと動かずに大地に根を生やして固着している。[2]

五　これがプラトンの語っていることなのだが、プラトンに依拠して胎児は動物である、すなわちわれわれが今それか否かを探求している意味での動物であると考える者たちは概してこの哲学者のことを何も理解していないおそれがある。というのも、もし生きているということに沿ってゾーオン（生き物）と呼ぼうと

(1) 以下の引用はプラトン『ティマイオス』七六E七―七七C五。バーネットのテクストとの違いは四箇所、ごくわずかで些細なものであり、意味の違いは生じない。

(2) プラトン『ティマイオス』七〇D七―七一A三。

するなら、われわれは同意する。だが［胎児が］生まれた後にもつ自動の魂を［胎内で］もっているということにはプラトン自身もけっして同意しないだろうこと、また植物が生き物であるのと同様の意味で［胎児は］生き物であることをわれわれは断固として主張するのである。

六　では植物のもつ感覚と欲求とは何なのか。それは同名異義的なものであり、本来固有の意味で動物と呼ばれるもののそれと同じものではないとプラトンは言っている。すなわち同名異義的なものを提示しようとして彼は「人間の自然本性と同族の自然を他の形態や感覚と混ぜ合わせ、別の生き物となるように」栽培される樹木や種子を「植えつけた」と言ったのである。じじつ植物は人間とは別の感覚や欲求を享受しており、人間とは異なる意味で生き物である。それゆえプラトンによれば、胎児は感覚をもち欲求をもち、動物と言われるとしても、しかしそれらをもち、動物と言われるのは同名異義的にであり、植物とは同義的になのである。彼自身が明らかにそう言っているのをわれわれは示すだろう。

七　じじつ植物が分け持つと彼が言うのは「先に横隔膜と臍のあいだに座を占めるという話のあった魂の第三の種類であり、それには臆見や勘考や知性は何一つ備わっておらず、欲望を伴った快と苦の感覚しかない」。しかし植物はそれらに与ってはいるが、みずからを動かす魂に与るものが動物であるように動物であるのではなく、[2] ただ受動的な自然だけを分け持つのである。その自然を彼らはためらわずに魂と呼び、それによってそれのもとにある身体に運ばれる動きを、自動的魂からの動きとは同名異義的に生命（ゾーエー）と呼んでいるのだが、ちょうどそのように胎児もその同じ力に与っているので、彼によってゾーオン（生き物）ともエンプシューコン（魂をもつもの）とも呼ばれ、感覚と欲望を分け持つ。だが自動的魂を所有するものと同じ意味でゾーオン（動物）なのではない。そしてこの自動的魂がどの時点で進入するのかをわれわれは今探求し始めたのである。

八　だが同名異義ということに混乱して道を見失ってはならない。いや植物が昔は野生のものしかなかったのが農夫の技によって育てられ、われわれに対して従順なものになっていると［プラトンが］言っても、そのために教育や従順さや野生の荒々しさが本来はそこに結び付けて語られる知性や勘考や性格をわれわれはそれらに認めることはない。ただ比喩的あるいは同名異義的に受け取るのだが、そのようにまた「胎児の」感覚も欲求も欲望も自動の魂から与えられるものではなく、類比的あるいは同名異義的に言われていると聞き置かねばならない。そしてその自動的魂の進入についての論究は、これとは異なった意味で言われる魂、すなわち衝撃と受動的情態のもとに置かれ(3)、植物もそれを分け持っているところの魂を、胎児もまた分け持つのであり、たとえ植物的な感覚と快にこの上なく多く与っているとしても、胎外に出る前に自動的魂

(1)「［胎児が］出まれた後にもつ」と訳した ἣν κυηθὲν ἴσχει という関係詞節の κυηθὲν をどう解するかが問題である。κυεῖν は「懐胎する」という意味だが、「産む」という意味の用例もあるようで、ウィルバディングは κυηθὲν というアオリスト受動の分詞は「生まれた後の嬰児」を指すとしている。本篇にはもう一箇所（一〇・一）でアオリスト受動分詞が使われており、一見明らかに「胎児」ではなく「嬰児」を指すように見える。また底本は写本の ζῷον を κυηθὲν に変えているのだが、写本のままだと「動物がもつ」自動の魂となり、なぜ変えたのかよくわからない。

(2) クロルに従って、写本の οὐκέτι ではなく、οὐκ ἔστι と読む。

(3)「これとは異なった意味で……もとに置かれ」はカルプフライシュの推定に従って、λεγομένης を ἑτέρως の後に移し、代わりに ὑποκειμένης を入れて訳した。

に与えることはプラトンに依拠しても認められないというわれわれの同意のうえで始まったのである。

九　というのも概してこの人は、彼自身も他の人々のように［魂が身体に］合着した時に感覚器官を通じて魂のうちに生じる印象として感覚を位置づけるのではなく、植物も分け持つ身体的な動きを感覚と呼び、身体の動きに繋がれた魂の動きを思いなし（判断、臆見）と称して、感覚器官の動きではなく彼が感覚と呼ぶ理知なき受動の動きと、他の人々が魂の受け取る印象だとしている思いなしとの両者から、感覚対象の把捉が成立すると考えているように見受けられる。そしてそれゆえ、感覚対象を規定しようとして、「理知なき感覚を伴った思いなしによって把握されるもの」と言うのである。[1]

一〇　じっさい彼の言う第二の魂すなわち臆見的魂が受ける衝撃は理解も認知も表象もされないが、この衝撃を認知手段に結びつけて植物のうちに置くことによって、[2]植物が感覚を分け持つと彼が言うのはもっともなことである。彼は臆見的であるとともに勘考的でもある自動的魂および他の人々が主張するような感覚的かつ衝動的な魂を植物は分け持ってはいないことに議論の要点を収斂して、植物は「終始ただあらゆる作用を被るだけで、自分のなかで自分の周りに自分で向きを変えながら、外からの動きは押しのけ、親近固有の動きは利用して、自分に属する何事かを見て取って勘考するということはその生成にあたって本性上許されなかった」と言うのである。

一一　だがその同じことが胎児についても言えるだろうし、彼が植物についてさらに付加して言うことについては、胎児にも同様にそれは備わっているのだから、なおもっとそうである。彼は「それゆえそれは生きていて生き物以外の何者でもないのであるが、自分自身による動きを奪われているために、じっと動かずに大地に根を生やして固着している」と言っている。すなわち胎児もまた臍から根を生やして胎内に留まっていて、生きてはいるので生き物（ゾーオン）と呼ばれるが、自動的魂には未だ与ってはいないのである。

## 第五章

一　だがしかし胎児は場所移動的に動くし、母親の腹部が浴室で高温の空気に囲まれると高い熱を感知して跳ねもすると彼らは主張する。またある者たちはさらに大胆に胎児には奇妙な欲望もあると措定して、母親はそれ以前にはそんなことを経験するに至ったこともなく、出産時にもそれと同様の状態に陥ることもないのに、懐胎の時期にはその欲望に捉われるのだと言う。そしてそれらの欲望を満たせば毀損なく子を産むが、欲求されたものを得られなければ難点のある子を産んで、希求されたものが不足したことの痕跡を子の

(1) プラトン『ティマイオス』二八A二―三「理知なき感覚を伴った思いなしによって思いなされるもの」、五二A七「感覚を伴った思いなしによって把握されるもの」。

(2) 底本の *ἀφαντάστους* と *τῆς δοξαστικῆς ψυχῆς* の間の部分を、カルプフライシュの提案を採用し、*τῆς τρίτης κατ᾽ αὐτὸν* と読んで訳す。これでも「第三の魂すなわち臆見的魂」「認知手段に結びつけて」というのが不審だが、受けた衝撃の理解でも認知でも表象でもない何らかの認知的受容がなければ感覚だとも言えないのではないかとも思われる。ウィルバディングのドラスティックな改定案は、「理解も認知も表象もない衝撃を臆見的認知的魂の判断には結びつけないで、前者だけを植物のうちに置く」と読もうとするもので、これなら納得できるが、たしかに大幅な改変になる。

身体にもたらすことからそれは明らかだと言うのである。

三[1]　また何よりも分娩という事態が胎児による衝動的魂の分有を告げているとも主張する。というのも死んでしまった胎児は分娩のために自然と協働して衝動力を与えることはないだろうから難産になる。また雌の胎児は動きが緩慢であろうから［分娩へと衝き動かす力も雄より］不活発である。[2]生まれてくる子からも一緒に衝動力が与えられるのでなければ、[3]胎児を外部へと押し出す母親の衝動力は十分ではないと言うのである。

四　私としてはもし一度は馬鹿げた話にも付き合わねばならぬというのであれば、胎児は表象と臆見に携わる魂を分け持つだろうから母親と共に表象と臆見をもつのだと言うところまでは彼らを助けて一緒にやっていけるだろう。というのも動物の多くが、いや人間の女たちにしても交接時に自分と同じ種族から表象によって形相を胎内に取り込むと、その形相に最も似た子を産むということはすでに同意されているからである。それゆえわれわれは形相の美として仕上げられた近似像を馬や犬や鳥や、だがまた女のもとに置くのであり、交接中の雌はその形姿を眺め、記憶の内に取り込むことによって近似したものを産むのである。

五　じっさい、もし種子が表象に携わる魂に与っていなかったとしたら、そのことは起こらなかっただろうということは進んで言える。なぜならあるものが表象をもつとき、表象に与っていない別のものがその表象をもつものの情態によって動かされるということがどうしてありえようか。それは君が何かの情態にあって、私はその情態にはないのに、同じ部屋のなかに、お望みなら君に繋がれてでもよいが、閉じ込められているために私がその情態になるというのと同じだからである。

# 第六章

一　だがしかし、このような説はすべて言論の力による偽りの申し立てであり誑かしであって、言論の力はこういったものをいくらでも容易に捻り出し、もっともらしい見せかけによって真実をさえ駆逐することができるのである。たとえば、最後の〔表象に関する〕論点から始めることにして、もしわれわれが表象によって描き出す像を自分の身体に拭い取〔って転写す〕ることができると仮定するなら――というのも言論はすでに勢威を揮って、神霊たちがそのようにして自分たちと共にあるか傍らにある空気状の気息（プネウマ）のなかに表象像の形を顕現させるように仕向けており、神霊たちはけっして手で触れることなく、名状しがたい仕方で、表象によって現われる像を、ちょうど鏡に映し出すように、周りの空気によって顕現させると言うのであるが[4]――〔もしわれわれにそれができたとしたら〕種子に内在する魂のもつ表象力が自分自身で身体を形成するのだと推測することができただろう。

---

（1）カルプフライシュの節番号は二を抜かして三に跳んでいる。
（2）本篇二・二でも胎児の肢体の分化形成および最初の動きまでの時間について、雌は雄より長くかかると言われていた。
（3）カルプフライシュの示唆に従って、*συνεκδιδομένης* を *συνενδιδομένης* に変える。
（4）ポルピュリオス『センテンティアエ』二九や『ニュンフたちの洞穴』一一には、死後の冥界での魂について、表象像をプネウマに転写して影像を作るという同様の記述がある。

だがわれわれは、実体的存在としてのわれわれの外にある他のものに対しては表象に基づいて形を与えることが可能だが、自分自身に対してそのようなことはできないのであり、それゆえ胎児に固有の魂が自身のもとにある身体の特質的形態を造作した作り手だということはないだろう。いや、母親の魂にしても自身に固有の身体の作り手ではなく、いやしくも他のものの場合にも表象像を拭い取って外部のもののうちに［転写することが］可能だったのだとすれば、［母親の魂も］自分の中の別のものや自分の存在の外のものの作り手なのである。

二　だがつぎのこともさらに進んで述べられるならプラトンに合致していると知るべきである。というのも彼によれば何かの実体的存在から生まれたものは産んだものたち[1]から力と実在性において下方に降下したのであり、産んだものたちと同等の存在であることはできないが、産んだものたちにどうにか付き従うものとなり、彼らによって十全なものとなるのである。[2]すなわちそのように、ディアノイア（悟性的思考）はヌース（直観的知性）から生まれたものであるから、自分を産んだヌースからは実在性において下方に位置するが、みずからヌースへと向き直り、ヌースが直知するものを、ヌースのように推考過程なしに一挙に把握することには与っていないとしても、[3]理解することができるのである。さらにまたロゴス（思考）と接する非理知的部分はロゴスから生まれたものであるから、実在に即した理知的計算を欠いてはいるが、ロゴスに即して導かれる。[4]自分に固有の実在性に基づいて理知的に動くことはできないものの、ロゴスによって十全なものとなるのである。

三　そこでプラトンによれば植物的魂は非理知的部分、概していえば欲望的部分から生まれたものであるから、これは実在性において臆見的表象的魂よりは下方に位置する。だが表象と臆見とに与ってはいなくとも、表象的魂によって維持統御されることが可能であり、植物は農夫の技によって育てられ馴らされるということもそのような意味で言われているにちがいない。それは表象によって農夫の声を聴き取ることができるからではなく、受動的変化に手を引かれるようにして先導者に導かれ統御されることができたからである(5)。

四　すると雌の植物的魂が種子の力と一緒になり、母親の魂の表象的部分に付き従って共通の表象像の形を受容するというのは何ら驚くべきことではない。というのも感覚的な情態は受動的なありかたのものに固有なものであったが、理解とそれに基づく覚知は自動的魂のものだとわれわれは言っていたのである。造形されるものの形は受動情態と受容された印象に基づくのであって、理解や覚知によるのではない。

(1) 写本の ἄξια をミュナスの改訂に従って ἀπό に変えて読む。
(2) ウィルバディングによると、この新プラトン哲学特有の発出の考え方を新プラトン主義者はプラトン『ピレボス』二六E—七Aに見られると見做していたらしい。そこでは「作るものは本性上つねに主導し、作られるものはかのものに付き従って生成する」ということが言われているが、そこでなされているのは第四の類として「原因」を析出することであり、結果として生じたものが原因より劣った下位のものだというようなことは言われていない。
(3) 写本の ἄμοιρος ではなく、底本どおり ἔμμοιρος と読む。
(4) カルプフライシュの提案に従って、λέγεται を ἄγεται に変えて読む。
(5) 農夫が剪定したり肥料をやったり覆いをかけて光や風を遮ったりするようなことを言っているのであろう。

# 第七章

一　また臍から根を下ろして固着している胎児にとって、その場所的動きはむしろ腸の蠕動とか気息が取り込まれる器官の〔収縮拡張による〕振動とかに似たものであるのに、どうしてそれらが衝動や表象によるものでありえようか。

二　われわれにおいても何らかの場所的動きは表象を伴うことなく無数に生じているのである。じっさい栄養物の変動がどのようなものかについての説もすでに伝えられている。腹部が栄養物を受け入れる際には歯から喉までは共感覚が伴うが、そこから後は、それが消化される過程で有用な部分を肝臓に送り出し、不要の部分は腸や腹腔の他の場所に送り出すのだが、そのときも、また不要な水分を膀胱に運ぶときも、けっして共感覚は生じない。また肝臓で作り変えられた血液を、滓状のものは胆汁の中に分離したうえで自然が心臓にまで回送する様子も、心臓が血管を通してそれを輸送し、それらの血管が筋肉を潤す様子も表象的に意識されることはなかった。〔自然が〕その〔血液の〕一部を受け取り、自身の形成原理を生成物に複製することによって精液に変える様子も感覚できない。

三　しかしそれらすべては場所的な動きではあるが、衝動によってなされるのでも表象によってなされるのでもないのであり、胎児の動きもまたそうではないのである。さてそこで快と苦は拡散と収縮であったが、その拡散や収縮は植物が渇きのために干からびたり水分を与えられて芽吹いたりする際にも観察される。じじつ植物は表象的意識なしに渇いたり充足したりすると言われるのである。そしてちょうどある植物は太陽の方を向いて、太陽の軌道との角度に合わせて後を追いながら一緒に体を回すように、またある植物は月に向かって咲き綻び、きわめて大きな嵩の空間に咲き広がるように、またすでに添木のほうに手を伸ばすみたいに蔓を伸ばしている植物もあるように、そのようにまた熱に対して自然に体を震わせる植物もある。

## 第八章

一　またそもそも母親は胎児も欲求することを欲求するなどと言うのは、まったくもって、子宮が原因で妊婦の身に起こることを知らない者たちのすることである。いや、胎内にいるものが嘔吐するから妊婦が嘔吐するとも、胎児の船酔いのゆえに船酔い状態になるとも言うべきではないように、胎児が欲するから［母親が］妙なものを食べたがるなどとも言ってはならない。そういった症状はすべて子宮の動きに原因があるとしなければならないのであって、［子宮の］欲求が満たされない度合いに応じて胎児への衝撃という状態変化をもたらすのもこの動きなのである。

二　だが言うまでもなく、この動きは（子宮に）固有の衝動に基づいて統御されていると［プラトンは］考えており、産出される子への父親からの寄与分とほぼ同等の働きをこれに帰している。彼は『ティマイオス』において文字どおりにはこういうことを言っている。

神々は交合への愛欲を一つはわれわれ〔男〕の内に、また一つは女たちのうちに、魂をもつ生き物として組み立て、作り出した(1)。

彼が「われわれのうちの生き物」と言うのはそれらを通じて生殖がなされるところのもの、つまり雄の一部〔である生殖器〕と女の子宮であり、ただ植物のように生きているからというだけでなく、自動の魂に聴従するものであることからも生き物なのである。というのも彼はこう言っている。

性器という代物は不従順で専横でまるで言葉を解さない動物みたいなものに生まれついていて、狂騒的な欲望によってすべてを支配しようと企てる(2)。

すなわち「専横的」というのは性器の動きが衝動に従うものになっていることを示しており、生起する事実もたしかにそのことを示している。それは表象によって誘導されるのであって、衝動に従う他の部分もそうなのである。

三　またプラトンは子宮についてこのように書いている。

女たちにおいてもメートラーとかヒュステラーとか呼ばれるもの（子宮）は〔男の性器と〕同じようにして作り出された。それは女のうちにあって子作りを欲求する生き物として、もし時機を逸して実りのないまま長期間に及ぶと、扱いがたい苛立ちをもたらし、身体中のいたるところを彷徨しては気息の出口を塞いで呼吸を許さず、甚大な苦境に陥れ、他にもありとあらゆる病を与える(3)。そしてそれが止むのは、〔子宮と男性器〕それぞれの欲望と愛欲が〔両者を〕結合させ(4)、ちょうど樹木から果実をもぎ取って耕地に落とすように子宮の中に、微小さのために眼に見えず形を成さぬ生き物を播き落とし、それを再び分化形成して胎内で大きく育て、

そしてその後に光のもとに引き出して生き物（動物）の誕生を仕上げるときなのである。(5)

四　そこでプラトンによれば子宮も欲望をもつ生き物であり、苛立って扱いがたく、身体中いたるところを彷徨するのであり、それは［女を］甚大な苦境に陥れるとプラトンが明言しているのに、どうしてそれがまさにさまざまな欲望と動きの原因でないことがあろうか。するとまた胎児の錯綜的欲求も動きも子宮から生じるのである。

## 第九章

一　だが理解力のある人々がプラトンの見解を知るためには、すなわち子宮内での胎児の養育は(6)プラトンによれば植物的［養育と同様］であり、胎児は未だ自動的魂には与っていないということを明確に知るため

(1) プラトン『ティマイオス』九一A一―三。バーネットのテクストとは「神々は」の位置と「交合」の綴りの一字が異なるが意味の違いはない。

(2) プラトン『ティマイオス』九一B五―七。底本には引用符が付されていないが、明らかにプラトンのテクストからの引用である。

(3) 底本の περὶ をバーネットのテクストの παρὰ に変える。

(4)「子宮が身体中のいたるところを彷徨する」というのは奇妙だが、「子宮［の動きがもたらす動き］が」といったような意味であろう。

(5) プラトン『ティマイオス』九一B七―D五。

(6) カルプフライシュに従って、この「養育（διοίκησις）」に冠詞 ἡ を付けて主語であることを明確にする。

には、両親の生殖器官に内在する欲望の力が種子を樹木から果実をもぎ取るように取って、それを耕地に播くように子宮に播くのだと彼によって言われた[1]ということで十分であろう。

二　しかしどうして彼は「動物（ゾーオン）を播く」と言ったのかと彼らは言うのである。だがこの者たちは重大なことを放擲してみずからを迷わせている。というのも彼はただ単に「ゾーオンを播く」と言ったのではなく、彼がそう言ったとしても、われわれは少し前に彼が植物をゾーオンと言ったのを聞いて理解した[2]のと同じ意味で聞き取ることが可能なのである。

だが彼は何と言っているのか。「微小さのために眼に見えず形を成さぬゾーオン（生き物）を播き落として」である。形を成さぬものは未だ動物ではない。そして［胎児が］形成され養育されたとしても[3]、その形は身体（物体）に固有のものであったし、養育は植物的な力によってなされるのであって、それとは別の魂、すなわち本来的に動物であるものの魂によるのではない。「そしてその後に光のもとに引き出して生き物（動物）の誕生を仕上げる」と彼は言う。動物（生き物）になることが可能であるものを仕上げて誕生させるのである。このように自動的魂が賦与されるのをプラトンが明確に認めるのは胎児が母胎から光のもとへ進み出た後であることがわかる。

三　しかし彼が［テクストの］どこかで魂の苦難を縷々述べながら、「いやしくも魂が取り置かれて、胎内に抱かれるものの所有となるならば[4]」と言ったのはどうしてかと彼らは主張する。だがこういうことを言う者たちは「懐胎されている」ということと「懐胎されているものの所有となる」ということはそれぞれ別のことであるのを知らない。というのも一方は何かそれ自体が懐胎されることを言い、他方は懐胎されるものののうちに住まわされることを言っているからである。ちょうど死すべきものの所有となることが魂の苦難であると言われる場合、魂が死すべきものになるのではなく、死すべきもののうちに住まわされることを言っているのと同様で、「懐胎されているものの〔所有となる〕」ということもまさにそのように、懐胎されている死すべきものの種族のうちに生じるという意味で聞き取らねばならない。だがそれは、〔死すべきものが〕懐胎されるその同じ時に〔魂〕自身もそれらと一緒に懐胎されるということではない。

**四**　同様にまた彼らは彼が『パイドロス』においても「最も多くを観た魂が、誰か美を愛し学芸に秀でた人のゴネーに入る(5)」と言っているのを正しく聞き取っていない。この「ゴネー」は、種付けをするものの種子ではなく、これから懐胎されることになるものの生成が指示されることになるように、「種子」ではなく、「生成」の意味に解さねばならない。なぜなら彼は〔魂が〕誰か美を愛する者の〔射出した〕種子に到達して住み着くと言っているのではない。産む父親ではなく生まれる子が美を愛する人になるように「美を愛する人の生成へ」と言っているからである。

**五**　プラトンによれば魂が住み着くのは胎児が身体の出来上がった後に母胎から光のもとに出たときであ

(1) 本篇八・三の引用文の中で言われていた。
(2) 本篇四・五―六。
(3) 底本の ἐκθρέψωσιν はウィルバディングに従って受動形の ἐκθρέψωνται に変える。
(4) これと同じ行文は現在のプラトンのテクストには見出されない。
(5) プラトン『パイドロス』二四八B二―四。

るということは『ティマイオス』でも言われている。彼は全体が仕上げられた身体に魂を連れてきている[1]。だが『パイドロス』においても[2]、また魂が身体を捕捉してそれら両方から成る生き物（動物）を作り上げるのだと彼が言うほとんどあらゆる箇所でも同様である。

## 第十章

一　そしてプラトンを離れて事象そのものをそれ自体として考察し、胎児の生成過程すべてが能うかぎり植物のそれに似てはいないのかどうかを片手間でなく沈思しなければならない。つまり父親は種子を射出し、母親はその養育に協力するのだが、それは単に耕地のようにして栄養物を供給するだけでなく、嬰児にミルクだけを与えるようにしてでもない。それはむしろ接ぎ木あるいは接ぎ芽されるものに似たやり方でなされるのであり、子宮に宿る力[3]が種子と一緒になり、その力によって、自分自身の自然本性をもつ土台と、やはり固有の自然本性をもつ接ぎ穂とが何らかの混合をなして、接ぎ木されたもの［全体］の一つの自然本性になるのである。

二　さて生まれるものの維持養育は［台木ではなく］接ぎ穂のほうで行なわれ、下の台木から自然的にもたらされるものは、これを受け取ったほうがそれ自身の自然本性に基づいて世話をする。そしてある時は台木のほうの性質が優勢になるが、ある時は接ぎ穂のほうの性質が全体を取り押さえる[4]。

三　しかしその養育のありかたは植物においても植物的な子宮においても似たものである。すなわち種子に内在する力がただちに、ヒッポクラテスが言うとおり、[5] 膜状の凝固物を外側からその周囲に形成し、それはちょうど［接ぎ穂が］実［をつける前］の場所に花と鞘を作り上げるようなものであるが、[6] その鞘［にあたる膜状の凝固物］が胎膜になる。そして［種子に内在する力は］その中央から腸に似た細い管を根や柄のように伸ばすのだが、ここから胎児は根付けされてぶらさがりながら呼吸し、またとくに栄養物を多く供給されるのであり、この部分は臍（臍帯）と呼ばれている。[7]

そして種子が球状に巻き畳まれている状態から長さと広さ方向に［種子に内在する力が］それを揺り動かして外側にまた別の膜［を作り］、この膜は造形されるもの（胎児）を外部のものから守る障壁となる。そしてまた産出までの残りの時間、内側のすべてを造作し、しっかりしたものにするのである。じっさいもし［胎児が］未熟なまま子宮から無理やり引き離されるなら、たとえ出産に近い時期であって、［胎児としての］造

---

（1）プラトン『ティマイオス』四二E八―四三A六。

（2）プラトン『パイドロス』二四六C二―六。

（3）カルプフライシュの示唆に従って *ἐν τῇ μήτρᾳ δυνάμεως* の前に冠詞 *τῆς* を入れる。

（4）ウィルバディングは、接ぎ木における台木と接ぎ穂の関係について、ポルピュリオスの理解はテオプラストスの見解とは異なるものであることを指摘している。テオプラストスによれば台木の役割は土壌のようにただ養分を接ぎ穂に供給するだけなのだという。ポルピュリオスは接ぎ穂の成長において両方の形質が現われるとしている。

（5）ヒッポクラテス『子どもの自然本性について』一二・六。

（6）「作り上げる」という動詞 *ἀποτελοῦσιν* をカルプフライシュに従って *ἀποτελούσης* という分詞形に変える。

（7）「オンパロス」は腹を外から見た時の「臍」であるが、「臍帯」を指しても使われる。

形がそこにあり、外からの囲いが編み上げられているとしても、内側のものは固まらず分解されやすい状態であることが見出されるだろう。

四　胎内での時間のすべては造作と強固化のために費やされる。それは船の建造と同様で、船大工が船を造り終えて海に進水させるやただちに舵取りがその船に住み着くのである。だがもし君が私の意を汲んで、船大工もまたつねに船に携わっており、船が陸から海に引き下ろされて舵取りが乗り込んでも船から離れるわけではないと勘考してくれるなら、動物の出産における造作の比喩として恰好のものをもつことになるだろう。(1) むろん他にも多くの点で自然の造作は船大工の製作とは異なっており、とりわけ違うのは船大工のほうは製作物と舵取りから離れていることができるのに、自然は自分が作ったものから離れられず、つねにずっと自分の作物のなかに内在することを欲するという点である。

五　それゆえまた自然自身は時に応じて異なる舵取りのところに赴き合同するのである。というのも種子が父親のなかにあるあいだは、父親の植物的能力、およびこの植物的能力と息を合わせて製作仕事をする父親の上位の魂とによって養育の世話をされる。だが父親から母親のなかに投下されると、［自然は］母親の植物的能力および母親の［上位の］魂と合同するのであるが、この合同するということをそれらが共に滅びる（自己同一性を失う）とか、混合されたもの(2)が要素に分解されるとかいう意味で聞いてはならない。そうではなく、それらがかの神的で不可思議な混合という生き物に固有の力を失わずに保持するということなのである。そしてそれらは混合時に消滅するもののような仕方で適合物と一体化するが、再びまた、混合せず自分だけで離れているもののように自身に固有の力を保持するのである。(3) そしてこのことはまたそれらが物体で

# 西洋古典叢書

月報 149

2020＊第4回配本

アテナイのアスクレピエイオン（アスクレピオスの聖域）
【聖域東寄りの祭壇跡から主神殿の（東側）入口方向を見る】

目次

アテナイのアスクレピエイオン……1
ポルピュリオスの樹　西村洋平……2
連載・西洋古典雑録集(23)……6
2020刊行書目

2021年4月
京都大学学術出版会

# ポルピュリオスの樹

西村洋平

私がまだ院生だった二〇〇七年一月、フランスの古代プラトン主義研究の大家リュック・ブリッソンが来日して講演やセミナーを行なった。当時、フランス国立科学研究センター（CNRS）で氏はポルピュリオス『センテンチアエ』研究グループの責任者を務め、校訂・翻訳・註釈書を出したばかりであった。その後も同センターで、本訳書に収められている『ガウロス宛書簡』研究を主導し、精力的に活動をしている。

私が所属する大学の先生が招聘に関わっていたため、院生の私はブリッソン一家（そのときは奥様とご令嬢が一緒であった）を日光東照宮に案内する機会があった。とはいえ、マダム・ブリッソンが観光スポットで分厚いガイドブック（ロンリープラネットのフランス語版だったと思う）の記事を読み上げるので、ガイドの役目は全く果たせなかった。またサンスクリット研究にも通じていたブリッソン氏は、私よりもはるかに仏教の知識に詳しく、「これは菩薩だな」などと言いながら終始まじめに鑑賞していた。しかし陽明門のところでマダム・ブリッソンが逆柱の解説をすると、氏は「ギリシアのパルテノン神殿と同じだ」と言って大喜びし、私と一緒に写真を撮ろうとまで誘ってくれた。

日光に向かう列車のなかでブリッソン氏と新プラトン主義研究について話す機会があった。私はプロティノスを読み始めたばかりで、ギリシア語が読みにくいと伝えると、「プロティノスはたしかに読みにくいが、ポルピュリオスはもっとひどい（terrible）。そしてイアンブリコスは悲惨だ（catastrophique）」と言って、にやっと笑ったのを覚えている。その後、ポルピュリオス『センテンチアエ』を指導教授と翻訳する機会があったが、「ひどい」の意味がわかったような気がした。

そうした「ひどい」ギリシア語が原因ではないだろうが、多作で知られたポルピュリオスの著作のほとんどは失われた。『キリスト者論駁』の著者であり、「異教」を代表する知識人としてキリスト教の敵とみなされた影響もあるだろう。それでも、アリストテレス『カテゴリー論』への導入の書『エイサゴーゲー』は、六世紀にボエティウスによってラテン語に翻訳・註釈され、読み継がれてゆく。その冒頭の但し書きが中世普遍論争の発端となったのは有名であろう。

もう一つ有名なのが、西洋中世の論理学に登場する「ポルピュリオスの樹（Arbor Porphyrii / Arbor porphyriana）」という図である（図1）。ポルピュリオスは『エイサゴーゲー』で類と種の関係を説明する具体例として「実体（οὐσία）」のカテゴリーを取り上げる。まず他のものの種となることができない最高類が「実体（Substantia［図のa］）」で、他のものの類とならない最も下位の種が「人間（Homo［e］）」である。その中間に、下位のものの類となったり上位のものの種となったりする「物体（Corpus［b］）」「生物（Vivens［c］）」「動物（Animal［d］）」がある。この類・種という幹が種差によって分割・構成される様を枝葉としたのが「ポルピュリオスの樹」である。

この図や表現の初出は、知られている範囲では、十三世紀前半のペトルス・ヒスパヌスという人物によって書かれた『論理学論集』にある。多くの大学で教科書として使われたため、同書の現存する写本は四〇〇を超える。「ポルピュリオスの樹」の図も、装飾工が改良を重ねたり工夫を凝らしたりしたのか、写本によってさまざまに描かれていて（描かれていない場合もあるという）、オリジナルがどのようなものであったかは知られていない。

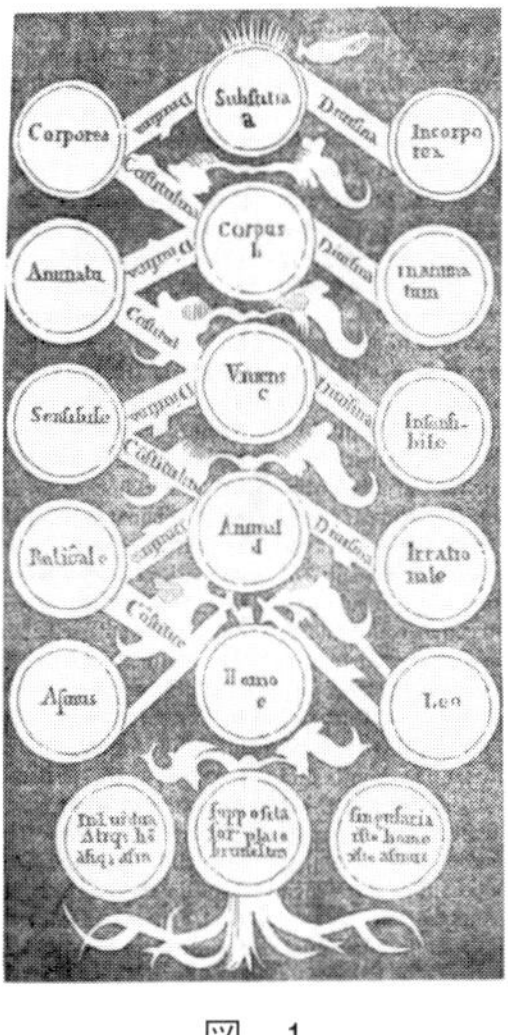

図 1

『エイサゴーゲー』には樹形図を示唆する表現は見られない。しかし、ペトルス自身が「ポルピュリオスの樹と呼ばれる図」と述べているように、この図の「元ネタ」がどこかにあったのだろう。ボエティウスの『「エイサゴーゲー」註解』には「枝分かれ（ramosas）」という表現が見られるので、これが「樹」というイメージを生んだとも言われている。しかしボエティウス自身が図を示すわけではない。図1は、ミーニュ編纂の「ラテン教父全集（Patrologia Latina）」に収められたボエティウスの註解に挿入されたものであるが、この元ネタの写本も不明である。

しかしこの樹の幹と枝のつながりは何か不自然である。写本によっては「樹」の姿に近づけるために、内容を無視して描いたものもある。それでもわざわざ「樹」として描かれたのは、こうした樹形図が物事を記憶するための一つの形式として定着していたからだとされる。類と種だけではなく、樹形図化することで種差もついでに覚え、さらに他のこと（分割と総合といった方法論）なども関連づけやすいように可視化したものだと考えられる。十二—十三世紀には異なる分野でも樹形図が盛んに使われていた。きっとデカルトの知恵の樹も、そうした伝統の延長にあるのだろう。ただしデカルトの樹の根っこや幹、枝葉と収穫される果実といったメタファーは、デカルトが説明しようとする学問の構造をよく表わしている。それに比べてポルピュリオスの樹はやはりぎこちない。

さて「樹」という図式化は、論理学初学者のための「あんちょこ」という役割から離れて、新しい見方を提供することになる。この図は形而上学的な存在階層を表わしているのだとか、根の位置にある「個」が根源を表わしているのだといった見方である。また『エイサゴーゲー』を仏訳した中世思想研究家アラン・ド・リベラは、その訳註で「実体（οὐσία）」をボエティウスがsubstantia（subは「下に」、stantiaは「立つ」）と訳しているが、それは樹のイメージに反するものだと述べている。樹では実体は下ではなく上にあるからである（なおリベラはessenceという訳語を選択するが、その理由は他にある）。さらにウンベルト・エーコは、「ポルピュリオスの樹」を槍玉にあげ、それが物事を定義しようとする西洋の思考の典型例（そして失敗例）だと批判している。これも「ポルピュリオスの樹」という図式化ゆえに生まれた、一つの（バイアスのかかった）見方であろう。

古代論理学研究の第一人者で『エイサゴーゲー』の註釈を書いているジョナサン・バーンズは、図2のようにこの樹を描くのが正しいとしている。そして「主よ、松の木に

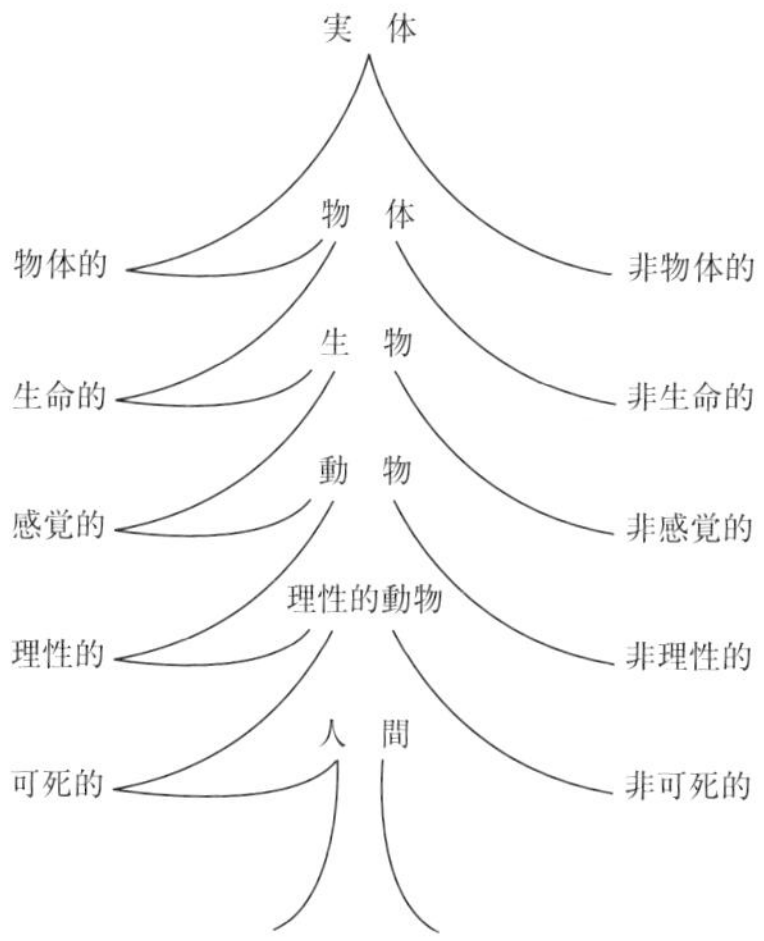


図 2

そっくりだ（Very like a pine tree, my Lord）」と述べている。私はバーンズのウィットが好きだが、かつてはこの意味がよくわからず素通りしていた。松の木とは、知恵の樹を象徴して飾られるあの有名なツリーのことであり、ポルピュリオスの樹を広めたのも中世のキリスト教の思想家たちだった。そう、ポルピュリオスはキリスト教徒の敵だったのだけれど。

　さて有名な『エイサゴーゲー』と「ポルピュリオスの樹」に焦点を当ててきたが、もちろんそこにポルピュリオス哲学（そして西洋の思考）のすべてがあるのではない。余談ではあるが、ブリッソン一家は日光観光のあと東京に戻ってきた。そして夕飯をめぐって夫婦喧嘩が始まった。氏はいつもの物静かで穏やかな学者といった雰囲気とは異なり、感情を表に出して口論し、別の家庭的な（？）姿を見せてくれた。本訳書に収められた、妻マルケラに宛てられた手紙に、ポルピュリオスの家庭的な一面が見えるかというとそうではない。むしろ、哲学・宗教的な修練を説く生真面目なものである。またプラトン主義的な魂論から生殖を説明する『ガウロス宛書簡』は、古代末期にこうしたジャンルのものがあまりないという点でも、貴重な資料である。これらの作品が、キリスト教徒の敵や論理学者という一面、さらに「ポルピュリオスの樹」が生み出すイメージとは異なる、別のポルピュリオス像を提示してくれるだろう。

（図1）Jacques-Paul Migne, *Patrologiae Latinae*, tomus LXIV, Paris : Garnier-Migne, 1891, 41–42.

（図2）Jonathan Barnes, *Porphyry. Introduction*, Oxford: Clarendon Press, 2003, p. 110 に基づいたもの。

（西洋古代哲学・兵庫県立大学環境人間学部准教授）

## 連載　西洋古典雑録集 ⑶

### 書物の功罪

今日では書店には新刊書が溢れかえっているが、紙の書物はいずれなくなって、本は完全にデジタル化するだろうと言う人もいる。書物の媒体となるものの歴史については、箕輪成男『紙と羊皮紙・写本の社会史』（出版ニュース社、二〇〇四年）がメソポタミアの粘土板から筆を起こし、丹念に紹介している。いわゆるハンムラビ法典は前一七五〇年に公布されたものだが、石碑だけでなく粘土板としても作られ、配布されたらしい。古代ギリシアの世界にも粘土板はあったが（線文字時代）、やがてエジプトからもたらされたパピルスが重用され、ロール状に巻き取られた巻子本が流通する。その後、言い伝えにすぎないが、エジプトのアレクサンドリア図書館と、小アジアのペルガモン図書館が蔵書数を争い、アレクサンドリア側がパピルスの輸出を渋ったために、ペルガモン王エウメネス二世が代替物として動物の皮を加工した羊皮紙（パーチメント、すなわちPergamena charta［ペルガモンの紙］）を発明したとされる。一方、中国では当初竹簡が使用されていたのを、製紙法が発明され、後漢の宦官である蔡倫はこれを改良し、実用的な紙の普及に貢献をしたことはよく知られている。実際のところは、竹簡と紙が併用された時代が続いたようだが、その利便性から紙が最も重視されていく。この紙が西洋世界に伝えられるのは、ずっと後のことだが、十五世紀の活版印刷の発明に伴い、紙を材料にした印刷物が登場し、今日に至っている。こうした文字を載せる材料の発明のおかげで、知的遺産であるデータは容易に保存され、人間は記憶という脳に書き込んだデータを保持する努力をしなくても、簡単に閲覧が可能となっていく。大昔は、ユダヤ人の聖書であれ、わが国の記紀が伝える歴史であれ、膨大な量の情報を記憶することを専門とする人間がいた。しかし、その後は特別な役割をするこのような人間がいなくても、その代替物として書写されたものが製造され、今日では紙の本の代わりに、機械が膨大な量のデータをその内部に格納できる。

前回のコラムでは、古代における読書形態について紹介した。古代では普通であった誰かが朗読するのを聞くという読書形態が廃れて、黙読が主流になっていく。その本質的な違いは、人が朗読したものを聞くだけの読書では、その音がすぐに消えてしまうために記憶が重要になるが、書かれた文字のほうは、紙であれ機械であれ、その情報をいつまでも手許に置くことができるところにある。われわれは紙に書き込んだり、コンピュータに保存したりすることで、なにかの媒体に残せたと安心する。けれども、こうしたかたちで蓄積された情報ははたして知識と言えるものであるのかどうか。このことに関して、警鐘を鳴らしていたのが哲学者のプラトンであった。プラトンの作と伝えられる書簡が一三通現存しており、その真偽に関しては今なお議論されているが、それはともかくとして、『第二書簡』において、プラトンは次のようなことを言っている。「むしろ、真剣な事柄は、その人がもつ最も優れた場所（心の内奥）に置かれている。しかしその事柄がその人によって本当に真剣に取り組まれたものであるのに、これを文字に移したとするならば、……神々ではなく死すべき身の人が、みずから分別の心を追い出してしまったということを知らねばならない」（三四四C―D）。

この書簡は偽作の疑いもあるが、対話篇の『パイドロス』にも同様のことが言われている。「彼はその知識の内容を本気で黒い水（インク）で書くようなまねはしないだろう。葦の茎を使って自分を弁護することも、十分に真実を教えることもできないような言葉を用いてその種を蒔くようなまねはね」（二七六C）。ここで種と言っているが、アドニスの園と呼ばれる植木鉢に種を蒔いて、八日目で成長するのを喜ぶという例を挙げて、なにかを書くということは、このアドニスの園に種を蒔くのと同じで、「たわむれ（パイディア）」にすぎないのだ、と言っているわけである。別の箇所では、文字にされた言論は、すでに知識を備えている人が「思い出す手がかり」（二七八A）として役に立つにすぎないとも言われている。

文字として書き込まれたものはいつでも再読が可能である。今日では書物の流通形態だけでなく、文字を載せる媒体もさまざまに変化した。右に述べたように、デジタル化の時代を迎え、小型の軽量な機器でいつでもそうした文字資料を再生することができる。けれども、その分だけ私たちが賢くなったと思うのは誤解なのかもしれない。ソクラテス風に言えば、知識を所有することと所持することは違っている（『テアイテトス』一九八B）。前者はその知識がデータとして格納されていることを、後者はいま現にそれを了解していることを意味する。古代人はいつもこの点に注意していた。保存された知識を目の前に再生することはいつでも可能だが、それを心に書き込まれたかたちで所持できるとはかぎらないからである。

（文／國方栄二）

# 西洋古典叢書

## ［2020］全5冊

★印既刊　☆印次回配本

●ギリシア古典篇

クセノポン　ソクラテス言行録　2☆　内山勝利 訳

ポルピュリオス　ピタゴラス伝／マルケラへの手紙／ガウロス宛書簡★　山田道夫 訳

●ラテン古典篇

オウィディウス　変身物語　2★　高橋宏幸 訳

ヒュギヌス　神話伝説集★　五之治昌比呂 訳

リウィウス　ローマ建国以来の歴史　6★　安井　萠 訳

---

●月報表紙写真――神アスクレピオス信仰のギリシア本土における中心地はエピダウロスであったが、前四三一年に始まるペロポネソス戦争期には、疫病の大流行の影響もあって急速に盛んになり、アテナイ市内にもアスクレピエイオン（アスクレピオスの聖域）が開かれた（前四二〇／一九年）。聖域はアクロポリス南壁の下、ディオニュソス劇場の最上段西側に隣接した一帯にあり、当初は木造であったが、今日確認される遺構は、前四世紀に整備された石造建築のものである。写真の神殿（アスクレピオスと健康女神ヒュギエイアを祀る）を中心に、祭壇、治癒祈願者が滞在するための列柱堂（アバトン：写真右側に一部が見える）、接待用列柱館などが東西約五〇メートルに亘って並んでいる。（一九九〇年四月撮影　高野義郎氏提供）

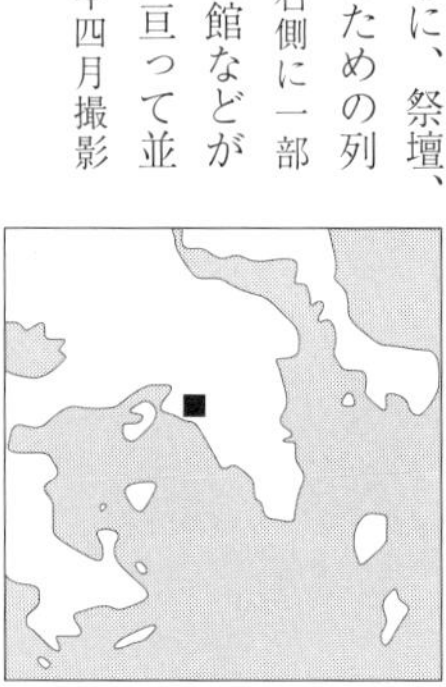

はなく、物体の存在様態に依存して存在するものでもないことを告げている。

六　だが要素が共に滅びることのない全面的な混合についてはまた別の神聖な書物において然るべき長さの論述を提示する用意がある［ので、それは措くとして］[4]、［その混合が］もはや母親の世話のもとになく[5]、その混合をばらばらに切り離そうとするものから母親がそれを掩護しようともしないとき、かの混合の力もまた自然の掟によって闇から光へ、水と血のなかの居場所から空気の満ちた空洞へと運ばれる。そしてそこにお

---

（1）魂と身体の関係を考察する手がかりとしての船乗りもしくは舵取りと船の比喩についてはアリストテレス『魂について』二・一・四一三a九、プロティノス『エネアデス』一・一・三・二一―三、四・三・一七・二一―三一、二一・五―二一などを参照。ポルピュリオスのこの箇所の比喩は三項で、船大工が自然、舵取りが魂、とくに自動の魂、船が種子や胎児や嬰児の身体である。

（2）ウィルバディングは否定辞の μή を挿入して「混合されなかったもの」としているが、採らない。

（3）アリストテレス『生成と消滅について』一・一〇の混合（ミークシス）論を念頭に置いているのではないかと思われる。そこでは「混合するものは、それ以前に離存していたものが一緒になって成立していて、また再び離存することの可能なものである」「どちらか一方、あるいは、両方が消滅することもない」と言われている。むろん『生成と消滅について』の物質論とは異なり、ポルピュリオスは非物体的な力の合同を混合という概念を使って説明しているのであり、またミークシスではなく、クラーシスという語を使っている。

（4）これがポルピュリオスのどの著作を指すのかについて、カルプフライシュは『諸探究雑録（シュンミークタ・ゼーテーマタ）』第二論からネメシオスが保存した一節を取り上げて紹介しているが、これが「神聖な書物」にあたるのかどうかなど、賛否両論がある。「用意がある、つもりだ」と言っているだけなので、果たして実際に書いたのかどうかもわからない。

（5）カルプフライシュの示唆に従って μὴ κατ᾽ αὐτὴν τὴν を μὴ ⟨κέτι ἦ⟩ κατὰ τὴν と読む。

いてもまたすぐに、全体を統括する始元の摂理によってそこに居合わせる舵取りを外から得るのであるが、この始元は動物たちにおいて舵取りなしに植物的魂が生じることをけっして許さないのである。だが父親たちは［種子がなかにいるとき、種子の］植物的魂が一緒に居てその仕事をするのを強化するだけであり、他方母親の魂は［胎児に対して］父親たちと同様、外から息を合わせて植物的魂の仕事に力を与え、人間の魂が自身の自然に固有の仕事を舵取りするように、その仕事の舵取りをするのである。(1)

# 第十一章

一　自然がその作物（嬰児）とともに先立って光のなかへやって来ると舵取りが乗り込むが、これは必然強制によってではない。私も劇場で観たとおり、プロメテウスを演じる俳優たちは扮装が整うと魂をその身体に没入させせなければならない。おそらく古人たちがこの話を通じて提示したいと思ったのは［魂の］進入が必然強制ではなく、ただ単に魂の賦与は分娩のあと、身体が造作されたのち［に起こる］ということを指摘しているのである。ヘブライ人の預言者もまたこのことを言い表わそうとして、人間の身体が造り上げられ、すべての身体上の造作を受け取ってしまうと、神はそれに気息を吹きかけて生ける魂にしたということを述べているように思われる。(2)

二　じっさいみずから動く魂は強制によって身体に進み入るのでもなければ、ましてや［入口となる］口と鼻を探し求めながらでもない。こうした戯言《ざれごと》は口にするさえ恥ずかしいようなものだが、プラトン主義者たちのなかにはこれに依拠して尊大な態度を取っている者たちもいる。というのも魂の賦与は自然的なものであり、総じて［魂と身体をはじめとする二つのものの］接合は接合されるものの接合可能な度合いに応じた協調に基づいてなされるのである。

すなわち眼もまたそのようにして見るのであって、瞳からの円錐が天にまで伸びることによってでもなく、見られるものへの光線の放射が屈折によって角を作ることによってでもなく、見られるものから見るものへ

（1）「だが父親たちは」からの四行はいろいろな読みの可能性があるが、父親たちと母親の魂の対比ではなく、フェステュジエールのように、子どもが生まれる前の両親の魂と生まれた後の子どもの自動の魂との対比として読むこともできるだろう。「父親たち」は第二章四においてと同様「両親」の意味であり、*ἡ δὲ ἔξωθεν* は生まれた子どもの自動の魂を指し、あとのほうの *ἔργον* は「仕事」ではなく「作物、制作物」であると解すると、「だが両親は［種子や胎児がなかにいるとき、その］植物的魂が一緒に居てその仕事をするのを強化するだけであり、他方外からの［自動の］魂は両親［が種子や胎児にしたのと］同様に母親の作物（子ども）に息を吹き込んで力を与え、人間の魂が自身の自然本性に固有の仕事を舵取りするように、その作物の舵取りをするのである」というようなことになる。だがウィルバディングが指摘するように、最後の行文は人間の自動の魂は自分の仕事の舵取りをするということを繰り返して言うだけのものになる。

（2）旧約聖書の『創世記』二・七。モーセ五書の一書であり、預言者というのはモーセを指すと思われる。テクストの *ἐμφυσῆσαι ..... αὐτῷ εἰς ψυχὴν ζῶσαν ..... τὸ πνεῦμα* を「それ（身体）の生ける魂に気息を吹き込んだ」と訳すのはおかしいと思うので、*ἐμφυσῆσαι αὐτῷ τὸ πνεῦμα* を「それ（身体）に気息を吹きかける」と解し、*εἰς ψυχὴν ζῶσαν* はその目的ないし結果と考える。「生ける魂にするために」あるいは「生ける魂とした」。

と影像が流れ出ることによってでもない。[1] 適切な仕方で接合されることによって一方は見、他方は見られるということが起こるのである。またそのように、接合されたものが接触せずとも相互に共感し合うことを妨げるものが何もない場合、ナフサも、点火された火によって点火されると、中間の場所を経由することなく［その火と］接合されるのである。[2] 磁石にしても自然本性上の親近性によって鉄を引き寄せ、また［琥珀は］木屑を引き寄せる。魂の舵取りのために接合されるものもまた、接合されるものに適合する魂を引き寄せるのである。意欲も希求も選択も［魂の］臨在のためには何の役にも立たない。［魂との］調和的接合が解かれたなら、それらのいずれも魂が離れ去ることを押し留める力はなかったのだから。

三　たしかに［死に際して］道具としての身体が不適合なものになったなら、たとえ誰かが一万回また一万回と［材料を］投下して口や鼻やその他の身体の空所を塞ごうとも、また［魂が］留まってくれることのほうを望み、無理強いし、懇願しようとも、適合しないものが適合しないものと協和する巡り合わせをけっして許さない自然の必然によって、［魂は］離れ去るのであるが、［誕生に際しても］まさにそのように［身体を道具として］用いることになる魂は、身体が［それを］受容するのにふさわしいものとなったなら、そこに臨在するのであって、少しずつ植えつけられたり何らかの身体部分から進入したりする必要は毫も無い。

魂の臨在も離去も突如として起こり、時間をかけて生成の過程を進むことも消滅の過程を進むこともないのである。雷光にしても生成の過程を通って少しずつ成立するのではなく、在るか在らぬかのどちらかであって、生成と消滅の持続時間などは受け入れないのと同様である。また鳥が窓を通って家の中に入り込むように空気中を飛行する魂が口か鼻を通って飛び込むというのでもない。いやそうではなく、この自然世界に内在するがゆえにアイテールか気息か空気かそれらの混合物から成る何らかの物体を引き連れるにせよ、それらを伴わずとも［受容の］用意のできている動物に臨在することができるにせよ、太陽が昇ると地の果てから果てまで、そしてまた太陽の下に見られるすべてに、光線を行き届かせるのに時間を要しない(3)ように、魂の進入は基体となる身体とともに全体にわたって起こるのである。

四　また同調された弦が互いに遠く離れていても、それらの上に、そしてまた近接する弦の上に――ただし近接する弦のほうは同調していないとせよ――木屑が置かれ、同調する弦の一本が弾かれるなら、［同調する他の弦は］揺すられて木屑は振り落とされるが、近接する弦のほうは同調していないためにじっと動かず、何の作用も被らないままであって、協和同調するものが間隔の離れているために同じ作用を被るのを妨げられることは全然なかったし、協和同調しないものが近接しているために一緒に作用を被ることのないよう無理強いされたのでもなかった。ちょうどそのように、ふさわしい魂に接合された道具としての生き物はただ

---

(1) ウィルバディングによると、これらの視覚説のうち、光線の放射の屈折云々を含むのはプトレマイオスやガレノスの説であり、見られるものから見るものへの影像の流出はエピクロスの説である。

(2) 底本どおり *ὁ νάφθας ἀφθεὶς ἀφθέντι πυρὶ ἐξάπτεται οὐ διὰ τοῦ μεταξὺ τόπου* を読む。ディールスやウィルバディングはこのままでは接触なき接合というポイントに反することになるというが、そんなことはない。「点火され［て燃える］」火によって点火される」のは接触してではなく距離を取ってと解すればよく、「中間の場所を経由することなく」というのは直接接触してというのではなく、一挙にということである。「接合される」が取るべき属格の *πυρός* は *πυρί* のあとで省略ないし *πυρί* に吸収されている。

(3) ウィルバディングに従って、*ἄχρι* を *ἄχρονος* に変える。

ちに、（自分を）使用する魂を同じ作用を被る共感者としてもつのである。またこの共感は、まさに前世からの定めなのかあるいは万有全体の渦動が似たものを似たものへと導くからなのか、いずれにせよ他の身体ではなくまさにこの身体との共感という仕方でなされる。

# 第十二章

一　そこでもし胎内の未成熟な状態のもとでもすでに身体は調律されているのだと証示できる人がいるなら、使用されるにふさわしいその身体を使用する魂が胎内に生じていると断定するのが彼にとっては必然である。だがもし身体が未だ胎内に抱かれているときには弦が緩んでいて、弾き手ではなく、弦造りや調弦師がまだ必要なのだとしたら、われわれはどうして、懐胎期間を通じて魂が進入するのが見られないことから胎児はすでに魂を事前に受け入れて前屈姿勢を取っているなどと臆断し、実際の事象を考察することをなおざりにして理に適わぬ奇異に自分自身を委ねたりするだろうか。知性にしても胎児は［生まれ出たあと］幼年期になってもこれを保持しているのは見られないとわれわれは主張するのであり、じっさい知性は年齢が進んでから進入するのである。

二　だが私としてはこのことを奇妙なこととして提起したうえで[1]承認を求めるのではなく、他に何事を確言するにせよ、まずもってこれを承認してもらいたいと思う。そしてこの説の証人としてプラトン、また彼と共にアリストテレスをも召喚したい。知性が人間に備わるのは遅くになってからであり、それもすべての者にというわけではない。その魂が知性と共にあることにふさわしいものになる人は稀なのである。

三　だがもし魂が自分自身へと向き直って知性がそこに臨在しているのを見出すとしても、だからといってまた魂ははじめから知性を保持して身体に進入したわけではけっしてない。というのも場所的に制御されることも身体的に統御されることもないものはこれを受容する側の適合性と類似性とに同調して生じるのであって、場所も時間も他のどんな強制力にも支配されないのである。不適合性は弛緩させて妨げるが、適合性は制御し凝集させるのであり、同調すればするほど統御力は強まる。それゆえまた神を知る者はみずからに臨在する神を保持し、知らぬ者はいたるところに臨在する神に欠如している。

また知性が子どもたちから奪われると非難されるのを恐れる必要もないのであって、(2)プラトンもこの知性は老年に達した者によって享受されるのであり、(3)魂は翼を失くしてから誕生へとやって来る(4)のだと推考したし、アリストテレスも知性はそれが内に生じる人には外から生じることを論証した。(5)推論と選好と所信は魂が最初から保持してやって来るが、まだ子どもでいるあいだは人間は未完成なのである。

(1) カルプフライシュの示唆に従って εἰς を ὡς に変えて読む。彼はさらに ἀναδειξάμενος を ἀποδειξάμενος とすることも考えているようだが、これは採らない。

(2) カルプフライシュの改定案 καὶ οὐ δέος μή τις μέμφηται τὸ τὰ παιδία ἀφαιρεῖσθαι の τὰ παιδία をさらにクロルの τῶν παίδων に変えて訳す。

(3) カルプフライシュはプラトン『ラケス』一八八Bを指示しているが、適切ではない。ウィルバディングはプラトン『法律』第二巻六五三Aのほうが合致するとしている。

(4) プラトン『パイドロス』二四六C二―六、二四八C七以下。

(5) アリストテレス『動物発生論』七三六b二七―八。

四　また胎内にある生命活動は若盛りと比較した場合の子どもの未完成には似ておらず、まったく別の異なった様態のものである。すなわち時が経つにつれて子どもは水分の少ない固形の食物を摂取するだろうが、乳児期は乳で養われる。だが乳は食物の類から外れたものではなく、その栄養補給は他でもない、もっぱら口を通じてなされるのである。しかし胎内での栄養補給は独特であり、口を通じてではない。いやしくも臍帯によってであるなら、口とは別のものによるのであり、この栄養補給のありかたは動物よりも植物に特有のことである。

また乳児が口から発するのは定かならぬ意味不明の音声だが、しかし自分に苦痛を与えるものを〔表情やしぐさなどの〕見え姿や泣き声によって表わす。だが胎児の場合、その生の様態は声もなく、姿かたちも見えないものであった。またその他の点についても、再び同じことを剝き出しにするのを避けて〔簡潔に〕言うなら、胎児がまだ胎内にいるときの養育成長は動物の生よりも植物の生により多く近接しているのである。

五　さて乳児にも魂の理知的部分が何らかの仕方で内在している。理知的部分もそれを通じて現実活動へと呼び覚まされるところの感覚的部分がまた内在しているからである。だがまたそれが現実活動に達するためには、共に暮らすものたちと外部のすでに現実態においてある理知的部分とからの多大の承認協力が必要なのである。他方まだ胎内に抱かれているもののうちには感覚的部分の痕跡すらない。感覚の働きがそれを通じてなされるところの感覚器官もなければ、感覚の起こる場所も間隔もまだそこにないからである。

六　だが鼓動は、重複受胎されたもの[1]にも少なからずあり、また胎児にあるような向きの移動がそれらにもあるので、産婆も、また産みの苦しみのうちにある妊婦自身も、その動くものは生きて生まれるものではないかと欺かれることがしばしばなのである。また石臼（石胎）(2)と呼ばれる症状も同じ鼓動や向きの移動を提供するのであって、その動くものが胎児であるのかどうか長いあいだわからないほどである。だがそれが妊娠期間を超えて続いたので〔胎児ではなかったと〕判明したのであり、それら〔重複受胎されたものと石臼〕が魂のないものであるのは承認済みのことである。しかしながら自然に与らぬわけではない。ちょうど怪物もそのようなものであって、自然から外れているとはいえ、理に適った生成物を射損なう自然には与っていたのである。

七　この場合は胎児を増大させ形成する養育的自然の働きが必要だったのであり、感覚力や判断力が進入することは余計であり邪魔であった。じっさい今もまた、もし自然が胎児を育て上げて本来の仕事を邪魔されずに成し遂げようとするなら、感覚は差し止められ、睡眠時には減退するのであり、そして眠りが夢も見ず、表象を伴わぬものであればあるほど、それだけいっそう自然は活動的なのである。一方の働きは他方の活動によって締め出されるのだから、眠らず、不安を抱える人々は栄養摂取できないのである。だがもし太陽の光が外から射し込まないときには明かりが必要であるように、感覚能力の反響もまた必要だとしても、

（1）重複受胎（ἐπικύημα, superfetation）はすでに懐妊中でまだ分娩していない状態でさらなる受胎がなされること。アリストテレス『動物発生論』四・五、ヒッポクラテス『重複受胎について』など参照。

（2）石胎（μύλος, mole）は女性の胎内に生じる固い形成物。アリストテレス『動物発生論』四・七、ヒッポクラテス『女性病』一・七一、二・一七八など参照。

母体という感覚能力をもつ基体において［胎児の］形成が完了されるならそれで十分である。

## 第十三章

一　胎児が現実態にある動物ではなく、現実態において臨在する自動的魂を分け持ってもいないことについては以上で十分に証示された。だが可能態にあるということが持前の能力を確保してはいるが休止していて現実活動していないという意味に解されるなら、胎児は可能態における動物でもない、ということは続いて証示される。持前の能力を取り込んではいるが現実活動せず可能態のうちに休止しているものは、形相の点では十全なものになっていて、ただじっと休んでいるだけであった[1]。だがもし形相の点で不完全であるのに、それについて「可能態においてある」ということを言うのなら、それは明らかに可能態の意味をまた別の意味に置き換えているのであり、十全な形相のもとに置かれていないながら活動せず休止のうちにあるだけのものに対しては可能態の意味として身を退くように求めているのである。

二　じっさいこれと同様に……[2]船から投げ出された櫂について可能態にあるということを述べる人は、それが船を進めてはいないがゆえに、その持前の能力に関しては可能性として十全ではあるが現実活動からは離れて本来の可能性のうちに休止しているということを意味しているのが看取されるし、他方また櫂に作り上げられるのに適した木材について可能態にあるということを適用する人は、その木材には櫂の形相はまだ観察されないが、船大工の技術によって櫂になることは可能なので、まだそこに櫂の形相が全然内在していないことは認めるが、可能態にあると呼ぶことによってそれが櫂になる可能性をもつということを言おうとしているのである。つまり後者は櫂の能力を取得する能力があるという意味で、前者はすでに具有している櫂の能力のうちに留まって休止しているという意味で、可能態ということが言われている。

三　さてそこで睡眠中の者は諸感覚のもとでの活動においては不活性であり、胎児もまたそれらにおいて不活動であるのだから、種子あるいは種子から作られるもの（胎児）は活動を休止して眠っている者、さらに言えば昏睡状態の者に似ているのかどうか[3]、そしてまだ櫂の形相を取り込んでいない木材ではなく、活動を休止して船を進めない櫂に似ているのかどうかを考察しなければならない。

四　じっさいまた真実を探求する者にとっては、胎児は分娩時までは未だ十全に形成されてはいないと見られるだろう。動物の身体というのは外側の造作だけのことではなく、形相もけっして身体を外から囲う形姿ではなくて、造作されるもの全体にわたる完成態のことである。外側の形姿や［内側の］臓器や、腱、骨、動脈、静脈といったその他すべての部分の十全な形成のことなのであり、すべての器官形成の完成態として観察されるのである。ちょうど果実[4]の場合に熟成していることが完成していることと重なるように。だが胎

---

（1）カルプフライシュの示唆に従って、*ἤρεμον μὲν ἦν* の *μὲν* を *μόνον* に変えて読む。

（2）カルプフライシュによれば、*οὕτω γὰ(ρ …)*、*ρει μὲν* とある欠損部を *ἐν τριήρει*（三段櫂船において）と読むには字数が多すぎるとのことである。

（3）本篇一・三参照。

（4）原語 *ἀκρόδρυα* の原意は「樹の最上部のもの」ということであるが、木の実、果実一般を指し、ここでもとくに樹の最上部に実るという含意はないだろう。

児の場合は、果実が樹木から落果するように母親の体内から自然本来の仕方で生まれ落ちるものが熟成したものである。(1)

したがって［生まれ落ちる前の］胎児は持前の能力を受け取っているという意味では未だ感覚能力をもってはおらず、そのような意味で可能態においてあるのでもない。なぜなら十全に形成されていない感覚器官のうちには感覚能力は未だ存在しないからであり、それは櫂の形相が木材のうちに存在しないのと同様だからである。だから胎児が可能的に感覚能力や欲求能力や思考能力をもつのは、それらの能力を具有していてその能力のうちで休止しているものとしてではない。胎児は睡眠中の者に似ているわけでもないからである。そうではなく、それらの能力を受け取る能力はあるが未だ十全に形成されていない［ので受け取ってはいない］ものという意味においてである。

六　プラトンもまた魂を区分してその指導的部分を頭部のあたりに、気概的部分を心臓のあたりに、欲望的部分を肝臓のあたりに割り当てる際には、(2)その見解に依拠している。頭も心臓も肝臓もまだ出来ていない所に、どうして魂が生じる場所を持つことができようか。だがもし神はもとより自然もまた何事もでたらめにはなさず、必ずや何かを目的としているのなら、どうか言ってくれたまえ、どうして自然は、将来の目的を目指すものであるのに、胎児がまだ用いることのできない器官を提供したりしただろうか。自然は胎児を作り上げることに十分な力をもち、また母親の魂も胎児の形成に十分寄与するのだが、［その胎児の身体組織を］現実に発動させるところの自動の魂は自然の仕事のためには［つまりその段階では］働かないというのに。

七　だがこれも無論、理解の届かない者たちの了見違いだったのである。魂がどのようにして身体に臨在し、どのようにしてまた離去するのか、そして魂の臨在も離去も場所的なものではないことを彼らは理解していない。魂は身体への適合性と調和に則って、内在もしくは臨在する、すなわち協調するのであり、あるいは離在する、すなわち同調しないのである。だがこちら［胎児の身体］のほうはまだ自然の規定どおりに調律されてはいない。すると［調子を合わせること以外の］他の仕方ではそれに臨在することはできないのに、どうしてまだ調律されていないものに臨在するのか。というのももし場所に臨在することを承認する人がいるとしても、しかし動物を形成するための臨在は場所的に生じるのではなく、身体器官とその器官を使用するものとの協調によって生じる。器官が十全に形成されていないためにまだ協調することができない場合、たとえ他の仕方での臨在を認める人があろうとも、(3) その器官を使用するであろうものは［まだ］離れているのである。

(1) 底本のテクストの節番号は四から六に跳んでいる。ウィルバディングが言うように、五節を入れるなら四節をここまでにすればよい。

(2) プラトン『ティマイオス』四四D三—六、七〇A七—B三、D七—E二、七三B一—E二。ただし気概的部分については「横隔膜と頸のあいだ」、欲求的部分については「横隔膜と臍のあいだ」としていて、「心臓」「肝臓」に特定しているわけではない。

(3)「他の仕方で」というのは「場所的に」ということで、「もし場所に臨在することを承認する人がいるとしても」という前の文の繰り返しである。『ティマイオス』のプラトンのように、ということであろう。

# 第十四章

一　そうだ、だがしかし種子は歯の形成原理をもつが、歯を生え出させるのは分娩後であり、髭や精液や月経についても同様だが、そのようにまた衝動と表象と感覚の形成原理も内在していて分娩後にそれらの発現があると彼らは言うのである。

二　だがこのようなことを言う者たちは明白な事実からは何一つ必然的なことを導出せず[1]、もし内在していなければ後になって生じることもないだろうといった思い込みからもっともらしい憶測を持ち出しているだけだということはもとより明らかである。彼らは功名心のためにそれとは知らず魂を種子的なものとし、植物的魂を自動の魂より優れたものだと表明している[2]。

三　しかしこれ[3]は下から上に向きを変えて、あえて劣等なものから優等なものを生じさせるストア派の謬見なのである[4]。すなわち彼らはあらゆるものにその実在と実体性を質料の側から賦与し、ピュシス（生育力）をヘクシス（保持力）からの生成物とし[5]、感覚的衝動的魂を自然から、さらにまた理知的魂をそれらの魂から、そして知性を理知的魂から生成するものとしている。つまりはさまざまに異なる動きの付加によってすべてを下から上に生じさせているのだが、本当なら上方から下方へ、優等なものから劣等なものへと導かねばならないのであって、それは、自分自身の実体によって産むものはすべて本性上、自分より優れたものではなく劣ったものを産むのだからである。それゆえまたわれわれのうちの植物的魂は自分より劣ったものとして種子を産んだのであり、種子は現実態のもとでの動きに欠けることになり、その動きを母親の自然と胎内環境から取って補うのである。すべてにおいて現実態にあるものが可能態にあるものの先導者となるからである。

四　だが表象と衝動の形成原理が種子に内在し、それらをまた自然が現実活動へと導く、すなわちクリュシッポスの考えによると分娩時に［胎児に］降りかかる空気が自然であり、この自然が動かされて魂になるというなら、この論ほど魂のない（物質主義的な）考えは他にないだろう。神を否定し、あえてより劣悪なものからより優れたものを導き出すものだからである。

(1) カルプフライシュの示唆に従って *διαφέρουσι βιαστικῶς* を *προφέρουσι βιαστικόν* に変えて読む。

(2) 底本のテクストは節番号三をとばしているが、カルプフライシュは「補遺および訂正」においてここまでを二節としてここから三節を始めるように指示している。

(3) カルプフライシュに従って *ἄρα* を *ἀλλά* に変える。

(4) 以下四節前半までのストア派の説とその批判については、クリュシッポス『初期ストア派断片集』Ⅱ・八〇四―八〇八（西洋古典叢書）参照。断片八〇四はプロティノス『エネアデス』四・七・八（三）から採取したものである。ストア派説として、自然（ピュシス）としての気息（プネウマ）が冷却・希薄化されて魂（プシューケー）になるという基本線に加えて、前段階のヘクシス（保持力）からのピュシス（生育力）の生成にも言及していて、重なるところが多い。断片八〇六dはポルピュリオスの断片二四九（スミス）である。

(5) このピュシス（生育力）とヘクシス（保持力）については『初期ストア派断片集』Ⅱ・七一四―七一六や一〇一三（西洋古典叢書）など参照。「石は保持力（ヘクシス）を分けもち、植物は生育力（ピュシス）を分けもつ」（七一四）、「石をまとめて保持しているのは保持的な気息であり、動植物を養っているのは生育的な気息であり、魂をもつものにおける気息は魂的なものである」（七一六b）。

だが魂は［身体から］生え出るものではないが、身体のうちに捕らわれているというなら、そのような捕囚の芝居もまったくの拵えごとであり、けっして知識ある人のもの[1]ではなく、やはりまた魂が手や鎖やあるいは檻によって捕えられるかのように捕えられはしないことを知らない人のものである。魂を捕捉することは身体的物質的な手段によるのではまったくなく、ただ［身体との］適合性によってのみなされるからであり、火にしても鎖や手によって捕まえておくことはできず、ただ燃料の適合性によるだけなのと同様である。

## 第十五章

一　だが子宮に付着させられ、これにしがみ付いて、あたかも根を通してのように臍帯を通して栄養を摂取しているものが、後に動物となったならその中では生き残れないところの羊水の中にいてすべての通路が塞がれているために感覚器官は閉じられ、内臓は十全に形成されていないにもかかわらず、感覚し、衝動をもち、表象する準備が整っているなどということは、もし他の馬鹿話をしようというのでなければ、ひとはこのことを証示しなければならない。

二　なぜなら、魂は認知的な動きのうちにこそその実在性をもち、もし臨在するなら、それがそこに臨在するそのものを何としてでも認知的に仕立てるのだということを私はあえて言わないが、それは誰かが昏睡や深い眠りについて、そのとき動物は表象してはいるがその表象像を忘れているだけだということも知らずに、その昏睡や深い眠りを何か意味のある（反証となる）ことだなどと思うことがないようにするためである。[2] だが胎児は感覚能力において現実活動するものではなく、感覚からその印象が表象へと拭い取られることもないのだから、表象することもできないのである。

三　またもし、魂はそれ自体としては種子に内在しているときも表象し、欲求するのであるが、動物すなわち［魂と身体の］合成体の魂としてはもはや［表象も欲求も］しないのであり、それは動物が魂と種子から出来ているのではなく、魂とその道具としての身体から成るものだからだ、と言う者がいるなら、彼が言うのは他でもない、魂はまだ自分自身による活動を胎児に分け与えてはおらず、それ（胎児）には魂による衝動も表象もなかったといってよいのだから、魂はまだ胎児には臨在していない、ということにすぎないのである。

**四**　またプラトンをはじめ、魂がこの動物の身体を離れてもそれ自身で存続することを認め、何らかの感覚や欲求が魂に関して存在することを否定しないすべての人々は、魂は全体として見、それゆえまた[3]全体として欲求し、自分を一つに統御するのであって、動物の身体のなかに生じる時のように区割りされた特定の部分や開口部を介してではないと主張する。じっさい、この動物の身体がまだ十全に形成されていなくとも、

---

（1）γιγ...ρίστ(..., π)άλιν をウィルバディングの案に従って γνωριστικῶν πάλιν と読む。

（2）昏睡状態は、本篇第一・三では、胎児が可能的動物であるという説における可能態の例として、認知的魂は臨在しているが、認知的活動はまったく休止している状態とされていた。認知的魂が臨在していればつねに認知的活動が行なわれるとポルピュリオスが言えば、昏睡状態などの例が反論として出されるだろうということか。

（3）カルプフライシュの示唆に従って ὅτε を ὥστε と読む。

魂は自身に固有の感覚をもつのだが、身体が十全である場合にそれと協働する感覚をどうして［胎児が］行使できるだろうか。

五　また、身体における不足や過剰は植物的魂にとっては何の妨げにもならない、いやそれどころか身体が切られたり切除されたり肉が付きすぎたりしても自然に即した働きは全然妨げられないが、それと同様、魂の諸能力においても道具的器官の変異は何ら問題にならないのかといえば、けっしてそうではないということを彼らは知らない。じっさい、わずかな水液が漏れて広がることで視力は妨げられて消失し、少しの胆汁が髄膜に浸潤するだけで表象能力は変容し、他の能力の場合も同様に、少しのことで魂のいろいろな動きを大きく妨げることになるのである。だが胎児は全体として粘土、けっして固くはなくて水にも比されうる粘土に似ている［ので感覚や表象の能力は欠けている］[1]。

## 第十六章

一　そこでもし植物的能力を魂と呼びたい者がいるなら、種子は魂をもつとしてもよい。父親から分け取られたか産み出されたかした魂をもつとしてもよいし、また母親からは後に栄養ないし力さえも、あるいはまた養育と成長を担うその魂と共通一体の気息をもつとしてもよい。ヒッポクラテスもまた昔からの慣わしに従って植物的能力を魂と呼んでいるように見えるからである[2]。だがしかしみずからを動かす魂が種子や胎児のうちに内在しているのを証示することはできない。種子に固有の自然がその仕事のために取り込まれて

郵便はがき

料金受取人払郵便

左京局
承認
4109

差出有効期限
2022年11月30日
まで

6 0 6-8 7 9 0

(受取人)
京都市左京区吉田近衛町69
京都大学吉田南構内

京都大学学術出版会
読者カード係 行

▶ご購入申込書

| 書　名 | 定　価 | 冊　数 |
| --- | --- | --- |
| | | 冊 |
| | | 冊 |

1．下記書店での受け取りを希望する。

都道 府県　　市区 町　　店 名

2．直接裏面住所へ届けて下さい。

お支払い方法：郵便振替／代引　　公費書類(　　　)通　宛名：

送料　ご注文 本体価格合計額　2500円未満:380円／1万円未満:480円／1万円以上:無料
代引でお支払いの場合　税込価格合計額　2500円未満:800円／2500円以上:300円

京都大学学術出版会
TEL 075-761-6182　学内内線2589 / FAX 075-761-6190
URL http://www.kyoto-up.or.jp/　E-MAIL sales@kyoto-up.or.jp

お手数ですがお買い上げいただいた本のタイトルをお書き下さい。

（書名）

■本書についてのご感想・ご質問、その他ご意見など、ご自由にお書き下さい。

■お名前

（　　歳）

■ご住所

〒

TEL

■ご職業

■ご勤務先・学校名

■所属学会・研究団体

■E-MAIL

●ご購入の動機

A.店頭で現物をみて　B.新聞・雑誌広告（雑誌名　　）

C.メルマガ・ML（　　）

D.小会図書目録　E.小会からの新刊案内（DM）

F.書評（　　）

G.人にすすめられた　H.テキスト　I.その他

●日常的に参考にされている専門書（含 欧文書）の情報媒体は何ですか。

●ご購入書店名

都道府県　　市区町　　店名

※ご購読ありがとうございます。このカードは小会の図書およびブックフェア等催事ご案内のお届けのほか、広告・編集上の資料とさせていただきます。お手数ですがご記入の上、切手を貼らずにご投函下さい。

各種案内の受け取りを希望されない方は右に○印をおつけ下さい。　案内不要いるので、自動の魂は必要ないからである。

二　というのも良好な産出は(3)非理知的な働きによるのであって、あの(4)極小の体液を九ヵ月であんなにも大きい嵩にまで導き、形成し、固めようとする自然が(5)旺盛に活動して妨げられないことが必要だからである。だが一つの能力が旺盛に活動すると他の能力の妨げになり、良好な産出は自然の働きであるように、徳が魂の働きなのである。(6)だからもし［良好な産出に］魂が必要であったとしたら、最善の出産をしようとする夫婦は、常の慣わしのように身体を鍛えるのではなく、徳に関して鍛錬しなければならなかっただろう。だがもし身体の鍛錬が自然による良好な産出にふさわしいものであるなら、徳に熱心な人は、誰かが言っていたと思うが、子作りのためには駄目な農夫（種播き人）である。徳をその固有の働きとする魂(7)は胎児の産出には必要ないのであり、徳を他人事としてそれ自身の活動を旺盛に維持するところの魂が必要なのである。

三　要点を述べるとしよう。もし認知的魂が身体作りの仕事をするのだとすれば、そしてその魂が身体を

---

(1) この文は部分的に損傷があったのを推定によって復元したものだが、趣意がはっきりしない。器官がしっかり形成されていないので認知能力がないというだけでなく、水や体液の浸潤によって認知機能を失うものに似ているという含みもあるのかもしれない。

(2) ウィルバディングは典拠としてヒッポクラテス『食養生について』一・二八を挙げているが、はっきりと特定するのは難しいようである。

(3) カルプフライシュの示唆に従って *εὐτονία* を *εὐγονία* と読む。

(4) カルプフライシュの示唆に従って *κενοὶ* を *ἐκεῖνο* と読む。

(5) カルプフライシュが挙げているディールスの改定案に従って *τῇ μελλούσῃ* を *τῆς μελλούσης* と読む。

(6) カルプフライシュに従って *καὶ ἀρετὴ φύσις* を削除する。

(7) カルプフライシュの示唆に従って *ἴδρῃ* を *ἴδιον ᾗ* と読む。

形成し養うから、われわれはその魂によって成長増大し養われるのだとすれば、個々それぞれの魂も〔父親から〕分け取られたもののうちにあるのが必然だということに同意すべきである。だが胎児にとって必要なものに関しては、すなわち形成され養われ成長増大し、認知的活動ではなくてそのような次元で生きる必要については、母親の魂が種子のために十分な働きをするのであるから、植物的魂と、生きている（動物の、すなわち母親の）子宮の中での造作とで十分なのである。

四　すると〔自動的魂は〕もはや母親から来るのではなく、胎児は母親から魂を取り込むことによって維持養育されているわけでもないというのに、(1)いったいどうしてわれわれは、自動的魂がどこから来るのか解決がつかないとか外部から来るとは信じられないなどと言って問題を紛糾させることがあろうか。というのも、すでに述べたように(2)〔自然（胎児の植物的魂）は〕感覚的な欲求から生まれ、感覚に服従するものであるがゆえに、たとえそれ自身は感覚に与ってはいないとしても、つねに感覚的な力から生気を吹き込まれる必要があるのだが、〔胎児が〕その自然に不足するときは母親から〔それを与えられる〕のである。それは魂の非理知的部分が、たとえ理知的に活動することができなくとも、理性によってよき律動を与えられるのと同様である。

五　しかしながら非理知的な身体的存在については、これは出生時には〔舵取り役としての魂との〕連繋一体を欠いているので、個々固有の魂がただちに臨在するという仕方で万有がこれに供給し補充するのであり、この魂は生まれたもののために時宜にかなって(3)魂となり、魂を受け入れる用意のできている道具的身体と協調するような魂なのである。

またカルダイア人が唱えるところでは、永遠から発する神的で可知的な流れが天（天球）の東側の部分に生じて、この流れが宇宙を動かし回転させ、宇宙の内のあらゆるものにそれぞれ固有の魂を送り届けてそれらを生けるものとする。そこでその東側の場所の周りに来るすべてのモイラ（度）[4]は、この場所が魂の門であり万有の吸入口であるから、力を強められるのであるが、その場所はまた「中心（ケントロン）」とくに「時の見張り（ホーロスコポス）」と呼ばれている。[5]そして母親［の胎内］から這い出てくるもの、あるいは他の仕方で生命を賦与される準備のできているものすべてはつぎつぎにやって来る見えない流れに繋がれ依存しており、生きることへと進むためにその流れから自分自身の魂の流れを引き入れるのである。それゆえまたその東側の中心は生命の場所とも呼ばれるのだが、まさにその時を好機として胎児は誕生の際に植物的な

---

（1）フェステュジエールの改定案を採って ὅταν ἀπὸ τῆς μητρὸς μηκέτι μηδὲ τὸ ἐν ᾧ を ὅταν ἀπὸ τῆς μητρὸς μηκέτι (sc. ἥκει ἡ αὐτοκίνητος ψυχή), μηδὲ τὸ ἔμβρυον ᾖ と読んで訳す。

（2）本篇六・三。

（3）フェステュジエール、ウィルバディングと共に、κ……ν を〈ἦ〉 κατὰ καιρόν に修復して読む。

（4）セクストス・エンペイリコス『学者たちへの論駁』五・五。カルダイア人は黄道帯（獣帯）を十二のゾーディオン（宮）に分け、各ゾーディオンを三〇のモイラ（度）、各モイラを六〇のレプトン（分）に分けた。

（5）セクストス・エンペイリコス『学者たちへの論駁』五・一二―一三。「中心（ケントロン）」は黄道十二宮のうちカルダイア人の星占いの基礎となる四つの宮の共通の呼び名で、ちょうど誕生のときに東の地平線に昇ってくるのが「時の見張り（ホーロスコポス）」、これを含めて四つ目が「天頂（メスーラネーマ）」、これから四つ目の、「時の見張り」の真向かいに来るのが「入没するもの（デューノン）」、さらに四つ目の、「天頂」の真向かいが「天底（アンティメスーラネーマ）」あるいは「地の下（ヒュポ・ゲーン）」である。

世話から投げ出されて大気の中へ進み出たのである。

そして彼らは種付けの時期を知る徴《しるし》もそこから得られるとしているが、しかしその時にも生命の流れが進入したというわけではなく――じっさいどうして［種付けの時に進入したはずがあろうか］[1]。それ（生命の流れ）は赤子が出生の痛苦から這い出たそのときに初めて魂を賦与したのである――赤子が魂を受け入れる準備ができていたがゆえにその流れは赤子と連繋一体化したのである。だがもしちょうどその時に赤子の身体的基礎が据えられていなかったなら、赤子は［魂を受け入れる］準備状態にはなかったであろう。

六　だがしかし、私が彼らを引き合いに出したのは彼らの教説をすべて信ずるに足ると考えてのことではなく、ほぼ万人に共通の思想動向を示そうとしているのであって、それによれば魂が宿るのは胎児が出生の痛苦から這い出た後のことだと昔から信じられていたのである。そして宇宙万有は自分自身とも自分自身の諸部分とも一致同調していることを考慮して、ちょうど［音階を構成する］諸音において付加音が中央音（メセー）と協和していれば、それによってすべての音の間の協調を保全するが、［付加音の弦が］緩められたり、あるいは引き締められたりしても（＝付加音が低くすぎても高くすぎても）二対一の比（オクターブ）が失われるように[2]、そのように胎児の小さな身体が胎内にあって魂に対して調律されるとき、魂との調和の十分な様式を得るまでは魂をもつことはなく、協和状態になればただちに身体を使用する魂がそこに臨在するのだということを、だが調和が不足しているかぎりは、たとえ宇宙にもろもろの魂が満ちて凝集しているとしても、臨在はしないということを、否認してはならない。

七　なぜなら冷却なり熱なりあるいは何らかの過剰や不足が目の調和を弛緩させたり解いたりするとただ

ちにその感覚力は可能態においてさえ消失するように――片目であるという意味で調和を欠いている者が見る時にはもう片方の目に調和があったことが明らかになるのだが(3)――同様にまた調律された道具としての身体全体を用いる魂は、いま述べたように万物が魂に包まれているとしても、その身体がまだ不完全で未調整であるかぎり、それには臨在しないからである。

八　じっさいわれわれもまたそのように、万有が魂に包まれているからといって、生きているあいだに本来の思考力を保持する三つなり二つなりの魂のものになるすべはないのである。それは［われわれの身体が］一つの魂に調律されているからであり、そしてその調和が解かれるなら身体は芋虫やうじ虫のような他の魂

---

（1）セクストス・エンペイリコス『学者たちへの論駁』五・五五―五九参照。カルダイア人の星占いの基本となる「時の見張り」にあたる宮の把握のためには人が誕生する時を知らねばならないが、この誕生の時を知る彼らの方法として、セクストスは種付けと懐妊からか、あるいは分娩からかという二途を挙げている。

（2）四弦琴による四音音階を重ねてオクターブを作る場合、最初の四弦琴の一番高い音と二つめの一番低い音を重ねると七音の音階が出来て、「中央音（メセー）」は四番目の五度（6：9）の音であり、中央音に対して四度（9：12）の音程をもつ最後の音が「付加音（プロスランバノメノス）」なのだろうか。それともウィルバディングが説明するように、二つの四弦琴で八音音階を作り、さらに二つの四弦琴による八音音階を重ねて一五音にし、この八音目が中央音で、二つ目のオクターブを完成するための一六音目は新たな四弦琴によって付加されねばならないから付加音なのだろうか。プルタルコス『音楽について』（一一三一B以下）には「付加音」というのは見られない。

（3）「片目である」および「調和を欠いている者」は、ウィルバディングの提案に従って欠損部分に ἑτερόφθαλμος および ἀνάρμοστος をあてたものである。

を受け入れるものとなるが、(1) われわれ本来の調和をもつ魂からは引き退いたのである。

九　そこでもしもろもろの魂の……全体にわたってではなくその力を位置づけたなら、外から……からも上……焦がす……むろん造作する自然は全面的に停止するのを気にかけないのと同様に。だがもし全面的になら、使用する［魂も］……［まだ］生じていないものの。魂がもっぱら本来的に、外からではなくそれ［胎児］の上に据えられ、その全体を用いるというのなら、すでにそれが本来的に全体としてあるときにどうしてそれに臨在しえようか。(2)

# 第十七章

一　だが以上のように述べても君は承服せず、胎児は栄養摂取的かつ成長増大的自然ではなくて自動の魂を分け持っているのではないかと疑うなら、私としてはそれに対しても策は講じてあり、魂が外から身体に入ることはプラトンもこれを否認しなかったと主張する。だがその進入の時がいつなのかは明らかでないとしておこう。また魂を賦与するのは父親でも母親でもないことは他の何事にも劣らずその是非が争われることになるだろう。両親からでないのなら外から入ったことは明らかだからである。

二　［その進入が］種子が播かれたときなのか、［胎児の］形が出来上がったときなのか、最初に場所的に動いたときなのか、出生の痛苦から進み出たときなのかは、もしよければ、議論が割れるところであるとしよう。(3) だがしかし認知的魂は両親から引き裂かれ［て与えられ］るものではなく、部分相互が同質なもののようにであれ、非同質的なもののようにであれ、また部分を分与するものの目減りを伴うのであれ、さまざまな力のように目減りせずにであれ、けっして分割されはしないということ、このことを信じない人々を説得することはつぎのようにすれば果てのない仕事にはならない。

まずプラトンのために闘う人々を支える[4]ことのできる議論を提示する。彼らはみずから進んでか、あるいはどうしたわけかプラトンの考えを知らないために、真理から外れ落ちてしまった人々である。

三　というのも小麦から小麦が、馬から馬が生じるように、人間からも同様に人間が生じるというのではなく、人間からは人間の道具［となるもの］が生まれるというのはどうしてなのか、おそらくひとは困惑するであろう。すなわち植物的能力は人間の道具なのであり、人間のほうは、動物としては、身体と理知的魂とが合わさった何か両合成的なものなのである。要するにもし種子が可能態において人間であるのなら、だがわれわれはそれを可能態においても魂をもってはいないと言うのなら、どうして種子は魂を分け持っていないのに可能態における人間でありえようか。

---

(1) プロティノス『エネアデス』三・四・六・四〇―四五参照。

(2) 九節は最後の文を除いて三行が大きく破損している。参考のために、残っている語句に訳語を置いてみたが、読解困難である。

(3) 以上の四つの選択肢については、本篇二・二―四参照。

(4) カルプフライシュの改訂案の *τὰ δυνάμενα ἐλέγχειν τοὺς ὑπὲρ τοῦ Πλάτωνος μαχομένους* の *ἐλέγχειν*（論駁する）を、ウィルバディングの提案を採って、*ἐπικουρεῖν*（支える）に変えて訳す。続いての記述は、ウィルバディングの言うように、プラトンを誤解している論敵たちを論駁するというよりは、彼らの主張を紹介するもののようである。

四　続いては、彼らは生成に二通りあるのが見られると主張するだろう。一つは似たものからの生成であり、一つは似ていないものからの生成である。すなわちこちらの火に接着して燃えたこの火は似たものから生じたのであり、［火打ち］石や大茴香《おおういきょう》［のような硬い木切れ］を擦り合わせたために、あるいは光線が木屑に落ちることによって生じる火は発火の原因を似ていないものから得ている。すると似たものから［生じるもの］は[1]……ものから……適合したものとして生じたものに適合したもの……動物になる。そして泥や腐敗物から……無精卵も種子からではなく……外から強く凝集して……似たものが似たものから生じるように自然が強制することによって。

五　すると石と石のぶつかり合いから［の発火］は外から［の発火］であったのだから灯心が火に接着して発火するのも外から起こったことだ、と主張する人は場違いである（おかしい）が[2]、それと同様、種子を射出するものは魂をもつものであるから、種子から生じるものが魂を賦与されるのも、種子から生じるのではないものと似た仕方で、外から生起するのだと無理押しにわれわれを説得しようとする者も［場違いだろう］。あるいはいやしくも人間に魂が賦与される仕組みがもし芋虫やうじ虫や無精卵[3]の場合と同様の、外から生じることが同意されるべき仕組みによるのなら、いったい何のために人間の自然本性は優位に立つと彼は言うのだろうか。

六　いやたしかに人間が産むのは身体だけでなく魂――ひとがそれを原理、あるいは力、あるいは［生命の］部分とか起源とか呼ぼうとするにせよ――その魂をも有する動物なのである。種子に固有な特性は、つねに何らかの道筋と順序をもって前進すること、すなわちこれのつぎにこれが先導するということである。

そして［赤ん坊が］歯を生やし、時間が進むと髭や陰毛を生やすのは分娩のあとだからといって、そのようなものは種子から生まれたのではないということにはならない。栄養摂取と成長増大の面での動きも種子が胎内にあるかぎり本来的に種子から生じ、胎外に出ると感覚の面で、さらにおとなの年齢に入ると理知的思考の面で、のちには英知的直観の面で動くのであり、それは何らかの魂の働きが外から補充されたということではけっしてない。

いや、ちょうど果樹が実を付けるときのように、すべてが同じところに流れ込んでいるのである。小麦の場合のように、たとえいくつかの形成原理が別の時機には分かれ出るのだとしてもそうなのである。小麦の茎や葉や根の形成原理はそれらが分かれ出る以前は一つになっている。だがしかし小麦や果実のみならず、

（1）テクストのここから六行はひどく破損している。だがウィルバディングは大体の意味は修復可能だとして、つぎのように推定している。すなわち火から火のように似たものから似たものが生じる場合は、生じたものの実体的形相もしくは魂は外からではなく先に在ったものから来る。外から来るのは似ていないものから生成する場合であり、ポルピュリオスは破損箇所においてその例を二つ挙げる。泥や腐肉からの生成と無精卵の生成であり、これらの場合はその生命の源は外部から与えられる。だがこれに対して人間の生成は似たものの似たものからの生成であり、その魂は外から来るのではないと彼らは主張している、というものである。だがこのウィルバディングの読みは続く五節のカルプフライシュのテクストにも疑念を生じさせることになる。

（2）カルプフライシュのテクストでは、五節の最初の五行（すると石と石の……［おかしいだろう］）が四節とも五節最後の三行（あるいは……言うのだろうか）とも整合的に繋がらないのは確かなので、ウィルバディングの提案の一部を採って、一行目の οὐκ ἄτοπος の οὐκ を削除する。

（3）カルプフライシュの示唆に従って、ᾠῶν ὑπη)νέμων を欠損部分に充てる。

動物もまたその形成原理は種子のなかで一つになっていて[1]、後になって分け出されるのである。

七　すなわち顔を出したばかりのハシバミの実には目の詰んだ黄緑色のかたまりのなかにすべてが一緒にあり、後になってそれの外殻と外殻の下の骨状のものとが分かれ出て、その骨状のものの下の薄膜と薄膜のなかの実そのもの、そして実の内部を通り抜ける骨状のものも別々の時に分かれ出るのだが、実のなかにはハシバミの形成原理全体がつねに内在しているのである。

ちょうどそのように［人間の］種子のなかにはすべての部分が一緒に流れ込んでおり、その渾然一体のところからこそすべての部分は分かれ出て、それぞれ固有の仕方で別々の時に[2]登場して新たに形作られ、そのつどつねに時宜に適ったものが他のものより先に分かれ出るのが必然だと彼らは主張する。それゆえ懐胎時でまだ衝動や表象の必要がないとき、それらの能力の形成原理は、小麦の場合の茎や葉の形成原理と同様、全体の嵩のなかで静止しているが、諸能力のそれぞれが進出する時機はつねにその必要性に歩調を合わせるのだと言うのである。

## 第十八章

だが[3]［彼らによれば］種子はわれわれのうちの植物的魂だけによって作られるものではなく、感覚的魂と表象的魂と衝動的魂の働きにもよるのであることは以下のことから明らかである。すなわち種子の射出は表象との関係によって引き起こされるのであり、その動きの全体は接触と身体的快楽を通じて仕上げられるということ、つまり種子は何らかの感覚から発して投下されうるということである。時として若盛りの姿を見るだけで種子（精液）が流れることがあるように、たしかに感覚は十分な力をもつのだと彼らは言う。夢で見る表象像にしても他のものは動かさずにおくが、種子となるとこれを切り離すのである。したがってそのように、［種子は］植物的魂だけの作物ではなく、表象的魂の作物でもある。もし栄養摂取と成長増大を司る魂だけの作物であったなら、それがまた栄養摂取と成長増大の能力をもつのは当然である。だがそのような魂だけの作物であるのに、性愛的な表象のうちに現われる表象能力やそれらの表象に随伴する欲求や衝動をも、その魂から［取得して］もつということはけっしてないだろう。するとどうして種子は表象をも衝動をも司る魂から出来たものではないなどと言えるだろうか。だから驚かないようにしよう(4)……

（1）「果実のみならず、動物もまた」「種子のなかで一つになっていて」はフェステュジエールの *καρπῶν μονὸν, ἀλλὰ καὶ τῶν ζῴων, ἥνωνται ἐν σπέρμασι* という欠損修復案による。

（2）「別々の時に」はフェステュジエールの *κατὰ διαφόρους καιροὺς* という欠損修復案による。

（3）底本のこの章には節番号は付されていない。

（4）ここからの五一行は二行を除いてすべての行のほぼ半分が壊れているので、訳出はせずに割愛する。そしてこれに続く部分は完全に失われている。最後の五一行の内容を残された語句から推測する試みとしてはウィルバディングの訳註二五六（八〇―八一頁）参照。

# 解説

## 一　ポルピュリオスの生涯と著作

ポルピュリオスはテュロスで生まれた。地中海の東の突き当りを南北に延びる海岸の中ほどに位置する古代フェニキア人の都市である。生年は後二三二―二三四年と想定されている。彼がローマに来て初めてプロティノスと交わったのがガリエヌス帝の統治十年目の年で、その時彼は三〇歳だった（『プロティノスの生涯と著作の配列について（＝プロティノス伝）』四）ということから逆算したものである。ガリエヌス帝の統治第十年は後二六二年から二六三年にかけてであり、単純に三〇年を引くと二三二／三三年となるが、さらに年齢の数え方によって二三四年も想定可能である。J・ビデやE・R・ドッズ（OCD）は二三二／三三年とし、R・ボイトラー（PW）は二三四年としている。O・ノイゲバウアーという学者は、四世紀の占星家であったへパイスティオンという人の著作中にポルピュリオスの天宮図の一部を見出し、これによって二三四年十月五日という誕生日を算定した。(1) ビュデ版の『肉食の忌避について』や『ピタゴラス伝・マルケラへの手紙』の解説はこの誕生日をそのまま採用し、同じくビュデ版の『アネボーへの手紙』の解説も二三四年としている。

彼の名は父祖の言語（シリア語）では父親の名と同じ「マルコス」であったが、プロティノスの学校ではその最も古くからの弟子であったアメリオスがこれをギリシア語に置き換えて「バシレウス（王）」と呼んだ（『プロティノス伝』一七）。「ポルピュリオス」という名もギリシア語で、濃紫・深紅色（パープル）の意味をもち、王や皇帝の紫衣との関連から、あるいはテュロスがその染色技術で知られたことから名付けられたのではないかと思われる。ポルピュリオスより一〇〇年余り後の人で、彼について最初の、現存する唯一の伝記的記事を書いたエウナピオスによれば、マルコスの「王」という意味を衣装の色に移し変えてこう呼んだのはロンギノスであった。[2] だがエウナピオスの独自情報は概して信憑性に乏しく、俄かには受け入れがたいので、この呼称が使われ始めた時期や経緯は明らかではない。しかし『プロティノス伝』では「私ポルピュリオスは（*ἐγὼ ὁ Πορφύριος*）」という表現が頻出し、プロティノスの授業の様子を紹介する或るエピソードでも、プロティノスは彼を「ポルピュリオス」と呼んでいる（『プロティノス伝』一三）。『プロティノス伝』執筆に際して彼みずから名乗り、その膨大な著作を通じて後世に広く知られたのは「ポルピュリオス」という名である。

すでに触れたように、ポルピュリオスは三〇歳のときにプロティノスの学問に接するべくローマに赴いたが、それまではアテナイにいた。祖国テュロスは西方のギリシア・ローマ、そしてユダヤ・エジプトなどオ

---

（1）O. Neugebauer, *A History of Ancient Mathematical Astronomy*, Pt. 2, Berlin 1975.

（2）エウナピオス『哲学者およびソフィスト列伝』戸塚七郎・金子佳司訳（西洋古典叢書）。

リエント諸地域と盛んに交易して栄えた港湾都市であったから、彼は幼少期からさまざまな言語、宗教、学問文化に接し、相当な学問的素養を蓄えていたと思われる。だがやがてアテナイに遊学して、とくにロンギノスのもとで研鑽を積んだ。エウナピオスによれば、ロンギノスは「生きた図書館」「歩く博物館」であり、「当代において学術全般にわたり抜きんでて高名で、数多くの著書が広く読まれ、大いに賞讃された」大学者であった。ポルピュリオスもロンギノスの書簡と著書を引用しながら、彼のことを「最もすぐれた批評家」「批評において第一人者」と呼び、彼がプロティノスの哲学をどれほど高く評価していたかを紹介している（『プロティノス伝』二〇—二一）。プロティノスと同様、アンモニオス・サッカスのもとで哲学を学んだ人であり、プロティノスの思索と著述について深い関心を持っていたことが、そしてポルピュリオスにもそれを伝えていたことが、ポルピュリオスのローマ行の機縁になったのかもしれない。後年、ローマに対抗してシリアに君臨したパルミュラの女王ゼノビアに仕え、パルミュラがローマに征服されたとき刑死したが（二七三年）、彼とポルピュリオスとの交流は、著作や書簡の交換などによって最期まで続いていたようである。

プロティノスのもとにいたのは足かけ六年という短い期間であった。だがプロティノス自身がローマに来て三年目という早い時期に彼と師弟の交わりを結んでいたアメリオスとともに、ポルピュリオスはプロティノスの最も親しい友（弟子）であった。彼らはプロティノスの哲学にみずからの立脚点を見出し、「その足跡を追うようにして」あるいは「プロティノスを手本にして」研究執筆活動を行なったのであり（『プロティノス伝』二〇—二一）、自分たちの信ずるプロティノスの思想をもっと「記憶に便利なかたちで所有し」、「プロティノスの名においてもっと全体的に知らしめるべき」だと考えていた（『プロティノス伝』一七）。そしてポルピュリオスはプロティノスからその著作集の校訂・編纂をいわば正式に依頼され、師と友人たちに対してそれを約束したのである（『プロティノス伝』七、二四）。

だが二六八年、詳しい事情は明らかでないが、ポルピュリオスが「自分自身を人生から連れ出そう（自殺しよう）」と考えていたのをプロティノスは鋭く察知し、それは知性的な原因ではなくある種の気鬱病によるのだと言って転地を勧めたので、シケリアのリリュバイオンというところに移った[1]。プロティノスは（『エ

（1）リリュバイオンはシケリア島の西端にあった。そこにプロボスという人がいたからと言われているが、この人については何もわからない。また『肉食の忌避について』三・四・七にはポルピュリスがカルタゴに滞在し、山うずらを飼い馴らしたという記事があり、おそらく海峡を挟んで最短距離のリリュバイオンから渡航したのであろうと思われる。
　ポルピュリオスのシケリア行はエウナピオスによるとこうである。ポルピュリオスはプロティノスに会うとたちまち魅了されて献身的な弟子となったが、やがて師の教えの威力に圧倒されて肉体と共にある人間の生を憎悪するようになり、リリュバイオンへと逃避し、食を絶って横たわっていた。プロティノスは彼を追跡してリリュバイオンで見つけ出すと、肉体を去ろうとしている彼の魂を呼び戻すために説諭するとともにその肉体を癒したので、ポルピュリオスは立ち直ってローマに戻ったという。そしてプロティノスはローマに戻るとこのときの説諭を書物にしたし（これに該当しそうなものは『エネアデス』のなかには見出せない）、ポルピュリオスもこのことを記録に留め、公表したというのである。

　エウナピオスは『プロティノス伝』も『マルケラへの手紙』も直接手に取っているかのように言いながら、このようにポルピュリオス自身の説明とは大きく異なるドラマチックな話を仕立てたり、「神のごときポルピュリオスは、プロティノスの弟子となって、全生涯を、あるいはその大部分を彼の下での研究に費やしてきたと語っている」などと言ったり（「彼の下で」というのが、文字どおり「彼の身近で」というのではなく、「彼の思想に随従して」という意↖

ネアデス』五四篇のうち）ポルピュリオスのローマ来到以前に二一篇、ローマ滞在中に二四篇の論文を書いていたが、ローマ退去後に書いた九篇をシケリアのポルピュリオスに送り届け、二七〇年、六六歳で死去した。ポルピュリオスがどれほどの期間シケリアにいたのかはわからない。彼の失われた著作として有名な『キリスト教徒駁論』や現存著作の『肉食の忌避について』『イサゴーゲー』などはシケリア滞在中に書かれたとも推定されるので、かなり長期に及んだのかもしれない[1]。だがやがてローマに戻って研究と著述の活動を続け、エウナピオスによればローマで死んだ。

ポルピュリオスが『エネアデス』の序文として『プロティノス伝』を執筆したのは六八歳の時、三〇一年前後であったと考えられ、したがって彼の没年はそれ以降である。その他に晩年のポルピュリオスについて知られるのは、彼が友人の寡婦であり七人の子の母であったマルケラと結婚したということである。彼は「老年へと向かいつつあり」、彼女とともに一〇ヵ月暮らしたあと、「ギリシア人のための責務」として「神々もこれを督励する」旅に出なければならず、旅先から彼女を教え励ます手紙を書いた。現存著作の『マルケラへの手紙』である。これがいつ書かれたのかは確定しがたいが[2]、三〇三年に始まったディオクレティアヌス帝によるキリスト教大弾圧のための会議に参加したときではないかという推測が妥当だとすれば[3]、死没年は三〇二―三〇三年以降ということになる。そしてディオクレティアヌス帝の時代まで生きたという『スーダ辞典』の記述から、この皇帝が退位した三〇五年までには死去したのではないかと推定されるが、三一〇年ぐらいまでを考える人もいる。

ポルピュリオスの著作は数も膨大であり、またその内容も多岐にわたっている。『スーダ辞典』に列挙さ

れたり、古代の諸文献に引用・言及されたりした著作のタイトルを洗い出して、ビデ（一九一三年）は七七点、

↙味だとしても、「全生涯、あるいはその大部分」というのは誇張である）、マルケラを七人ではなく、五人の子の母であるとしたりするなど、彼の独自情報は概して信用しがたい。エウナピオスの報告のほうに捻りを加えて、ポルピュリオスは『範疇論』の評価解釈をめぐってプロティノスと対立し、袂を分かってシケリアに去ったなどという推測（H. D. Saffrey『アネボーへの手紙』解説）には首を傾げるしかない。

(1)プロティノスが二七〇年にカンパニアで亡くなったとき、ポルピュリオスはシケリアにいた。プロティノスの死を看取ったエウストキオスからその様子を聞いたのがいつだったのかはわからない。知らせを受けてただちに駆け戻ったのかどうかもわからない。またロンギノスがシケリアにいるポルピュリオスに手紙を書いてプロティノスの著作を携えてフェニキアまで来訪するよう要請したのは（『プロティノス伝』一九）、プロティノスが亡くなる前だったのか後だったのか、あるいは二七三年のロンギノス自身の死に近い時期であったのかどうかも確定しがたいが、いずれにせよ、ローマに完全に引き上げるまで、少なくとも三―四年はシケリアにいたであろう。

シケリア滞在中の著作については、アンモニオスによる『イサゴーゲー』の註釈にシケリアで書かれたとの記事があるとか、『肉食の忌避について』の執筆中にポルピュリオスはシケリアからカルタゴに渡航したらしいとか、『キリスト者駁論』は二七一年頃書かれたらしいとか、その他いろいろに論じられるが、確かなことはわからない。

(2)「老年へと向かいつつある、（あるいは、老年へと舵を切った）」というのを仮に六〇歳頃と想定すると、二九三年頃であり、『エネアデス』編纂の仕上げとして『プロティノス伝』を執筆したときよりかなり以前ということになる。他方、マルケラとの結婚のためのトラブルを処理し、ギリシア人のための責務としての旅に出ていた頃に『エネアデス』編纂の仕事が並行して行なわれ、完成に近づいていたというのは考えにくい。だが『エネアデス』編纂の終了後だとすると七〇歳前後となり、マルケラとの結婚は肉体による子作りのためではないという言葉が（そう欲すれば可能だし自然だという含みがあると思われるので）どうもそぐわない感じがする。

(3)だがこの推測が妥当かどうかは確定不可能である。五五頁註（1）参照。

ボイトラー（一九五三年）は六八点、A・スミス（一九九三年）は七五点をリストアップしている。ビデのリストを基にして作成されたボイトラーの六八点は重複する四点をあらかじめ別にした数字であるが、そのうちさらに一一点には偽作や誤ってポルピュリオスに帰されたなどの疑いがあるとして疑問符が付されている。これを除くと、ポルピュリオスの著作は五七点ということになる。ボイトラーはこれらの著作を、①プラトン・アリストテレス・プロティノスの著作への註釈、②歴史・伝記に関するもの、③形而上学・魂論・倫理学における理論体系の構築に関するもの、④宗教批判や神話解釈に関するもの、⑤文法・修辞に関するもの、⑥数学や占星術に関するもの、⑦雑纂（雑多な問題）、といった項目を立てて整理しており、これらを眺めてもポルピュリオスの学問の幅の広さがよくわかる。そして『スーダ辞典』のリストのあとに「その他非常に多数」とあるように、引用や言及の跡も残らず、タイトルも知られずに消失したものが数多くあったであろう。

これらのうち著作そのものの写本が存在し、それが校訂されて刊行されたものは、『ニュンフたちの洞穴』『範疇論への案内（イサゴーゲー）』『問と答による範疇論入門』『プロティノスの生涯と彼の著作の配列について（プロティノス伝）』『英知界への出発（センテンティアエ）』『ピタゴラス伝』『肉食の忌避について』『マルケラへの手紙』、『プトレマイオス音楽学への注釈』、そしてボイトラーは疑問符を付しているが、『ガウロス宛書簡――いかなる意味で胎児は魂を賦与されるのか』であり、これらのうち全体が欠けることなく保全されているのは『ニュンフたちの洞穴』『イサゴーゲー』『プロティノス伝』だけである。また今日の学者が断片を収集し、再構成して刊行したものは、ビデによる『神々の像について』『魂の帰還について（*de regressu animae*)』、ハルナックによる『キリスト教徒駁論』、ビュデ版のポルピュリオスのテクストとして一番新しい『アネボーへの手紙』など一〇点ほどであり、復元の度合いはさまざまではあるが、概して限定的である。

本書には『ピタゴラス伝』『マルケラへの手紙』『ガウロス宛書簡』が収載される。上記の分類に当てはめると、『ピタゴラス伝』は哲学史ないし伝記的著作、『マルケラへの手紙』は倫理学的著作、『ガウロス宛書簡』は魂論に関する著作ということになるだろう。だが『ピタゴラス伝』はアスケーシスの勧奨（asceticism）を基調としつつ形而上学的原理を望見するという内実において『マルケラへの手紙』と親近性があり、その倫理的宗教的教訓の雰囲気を多分に共有している。これに対し、『ガウロス宛書簡』は胎児の魂はただ植物的魂としてのみ捉えるべきだとの特定のテーゼを周到な議論によって主張する学術論文の印象が強い。ポルピュリオスの学者・批評家としての一面がよく表われた著作である。

## 二 『ピタゴラス伝』

『マルケラへの手紙』や『ガウロス宛書簡』とは異なり、『ピタゴラス伝』の写本は数多くある。だが校合の基本となる最良写本はオクスフォード大学ボドリアン図書館所蔵のB写本（Bodleianus misc. gr. 251, nunc Auct. T. 4, 13, fol. 171 ro-185 vo）で、十一世紀末か十二世紀始め頃に作られたと見られる。一六一〇年のリッテルスハウゼン以来多くの校訂本が出たが、現在、標準的テクストとして用いられるのはナウクによるトイプナー叢書の *Porphyrii philosophi Platonici Opuscula Selecta*, 1886 に収載されているもの（ちなみに『マルケラへの手紙』もこの本に入っている）、および本訳が底本としたビュデ版のデ・プラセ『ポルピュリオス「ピタゴラス伝」「マルケラへの手紙」』一九八二年であり、デ・プラセはアパラートゥスでB写本以外に六つの写本を取り上げている。テクストは六一節まであり、この節の途中からあとの部分が欠落している。

このテクストは彼が書いた『哲学史（ピロソポス・ヒストリアー）』四巻の第一巻に含まれていたものであり、だがこれ以外の部分はわずかな断片を除いてすべて消失し、これだけが「（マルコスもしくはバシレウスによる）ピタゴラス伝」というタイトルとともにわれわれのもとにまで届いたのだと推察されている。エウナピオスは、ポルピュリオスがプラトンとその時代までを扱った哲学の歴史を書いたと言っており[1]、エウセビオス、テオドレトス、キュリロスなど四、五世紀の護教家たちも『哲学史』の一、三、四巻に言及あるいはそこから引用している[2]。とくにキュリロスの『ユリアノス駁論』第一巻では『ピタゴラス伝』の四八―五〇節の行文、第九巻では四二節の行文がポルピュリオスの『哲学史』第一巻に書かれている行文として引用されており、そして『スーダ辞典』のポルピュリオスの著作リストには「哲学史四巻」のタイトルが挙がっているのである。そこで『ピタゴラス伝』が『哲学史』の一部分であったなら、『ピタゴラス伝』の執筆時期についても、『ピタゴラス伝』自体にはそれを推察させる手がかりは皆無であるが、『哲学史』についての証言や残存断片が推測材料として使えるかもしれない。

『哲学史』の執筆時期については、ポルピュリオスがプロティノスのもとに来て彼のプラトン解釈を受け入れる以前、おそらくはアテナイのロンギノスのもとに居た時期の著作であろうというヴォルフやビデの想定に従う人が多かったのであり、デ・プラセもわれわれの底本の解説においてビデの想定を肯定的に紹介している[3]。しかしこれに反対する意見もある。スゴンは底本に付された『哲学史』の証言と断片の解説におい

(1) エウナピオス『哲学者およびソフィスト列伝』戸塚七郎訳(西洋古典叢書)。

(2) われわれの底本の巻末には A-Ph. Segonds による『哲学史』の証言および断片の解説と仏訳が補遺(付録)として収載されている。

(3) 底本一〇頁。

てビデの想定を斥け、『哲学史』はプロティノスに入門して以降の著作であると論じている[1]。彼によればビデの主張はじつはあまり積極的なものではなく、その論拠も「断片一六にはプロティノスのそれとは異なるプラトニズムが認められる」と註記するのみである。だがこれは全然妥当ではなく、断片一六は『エネアデス』のV・一などの論文やポルピュリオスの他の著作との比較によれば、ポルピュリオスがすでに確固たるネオプラトニストであることを窺わせるものだというのである。

スゴンはまた断片一六のほかに、『哲学史』がプラトンで終わっていて、それ以後のプロティノスまでの哲学者を取り上げなかったことの意味を詮索し、ポルピュリオスはプロティノスの解釈したプラトンこそが真の完成された哲学者だとするネオプラトニストの視点からプラトンに至るまでの『哲学史』を書いたのだという推測を論拠にしている。しかしこの推測も断片一六の読解も、プロティノスとの出会い以前か以後かの判定に関してただちには首肯しがたい解釈の可能性にすぎない。

いずれにせよ、現存の『ピタゴラス伝』にはそれが『哲学史』のなかに連なる一項であったことを窺わせる記述は一切なく、またそれが『哲学史』の一部であったとしても、『ピタゴラス伝』がいつ書かれたかについて、『哲学史』についてのわずかな証言や残存断片からは確かなことはわからないと言うしかない。

そこでわれわれに与えられた『ピタゴラス伝』のテクストそのものを見てみよう。この現存する全体は七つに区分するのが適当ではないかと訳者には思われる。まず一五節までが最初の区分で、ピタゴラスがサモスからイタリアへ移り住むまでのさまざまな伝承を紹介している。父母の出自や妻と息子と娘の名、彼の受けた幼年期の教育や遍歴修行、サモスでの教育活動などを九節までで語り、一〇節からは別の資料に基づいてとくに彼の受けた教育とアストライオス、ザルモクシス、エウリュメネスという特殊な人物を彼が教育したことが語られる。この第一区分はサモスの創建者の子孫であった母親とアポロンとの関係やアリムネストスというまた別の息子が奉納した青銅の捧げものやピタゴラスのエジプトにおける忍耐強い研鑽についての話、息子や娘たちがピタゴラスについての書物を書いたことや、彼が清浄を求めて殺害や肉食を忌避したことへの短い言及なども挿入されていて、イタリア移住以前のピタゴラスについての雑多な典拠による雑多な伝承の流布を印象付けるものである。

第二区分は一六節から二二節まで。サモスを出立してデロスとクレタでの神詣でを経てイタリアのクロトンに到達し、クロトン人を説教で魅了し、教団が組織され、その影響力がイタリア・シケリアの諸都市に及んで、それらを自由な法治都市とし、内からも相互からも対立抗争を取り除いた次第を述べる。第三区分は二三節から三一節までで、熊や牛などにも説諭し、前世を想起し、自然災害や疫病を鎮め、天球の調和音楽を聴いていた等々、ピタゴラスの超人的能力や奇跡についての逸話が集められている。第四区分の三二節から三六節末尾近くまではピタゴラスが大衆との交わりを避け、友人や弟子たちを慈しみながら、歌や踊りや散歩、またどのような食事によって心身の恒常同一を維持したか、神々に嘉されるどのような供犠をおこ

---

(1) 底本一六五—一六六、一九一—一九二頁。スゴンはプロティノスとの出会い以降というだけでなく、二六八—二七〇年頃を推定している。なおビデやスゴンはナウクの『ピタゴラス伝』の校訂本(一八八六年)に収載された断片番号を用いている。

なったかなど、ピタゴラスの静謐で清浄な暮らしぶりを描いている。

第五区分は三六節末尾から四五節までであり、アクースマ（御言葉）とマテーマ（学術）による二通りの教授法について述べたあと、まず前者のタイプの教え、すなわち弟子たちへの宗教的倫理的な説諭と勧奨を述べる。符牒（シュンボロン）を用いた訓戒を列挙し、忌避すべき食物、とくに豆を忌避すべきことや、前世の四人の名を挙げて浄化された魂はみずからの輪廻を想起できると述べるのもこの説諭勧奨の連関においてである。そして四六節から五二節までが第六区分であり、ここではマテーマによる教え、ピタゴラス哲学のハイライトともいうべき数の形而上学が語られる。ピタゴラス哲学の目的は輪廻によって肉体と情念の牢獄に縛られたわれわれの知性を解放し、恒常同一で永久的で知性と親近同族の非物体的なものの観照へと導くことであり、そのための予備教育として数についての研究が組み込まれた。この数の研究はシンボルあるいは記号としての数を通じて実在の第一の原理や形相を把握しようとするものであることが新ピタゴラス派のモデラトスに依拠して簡潔明快に説明されるのである。

最後の区分として、五三節ではピタゴラス派にとって枢要第一であったこの数理思想が正しく伝わらなかったり歪曲されたりしたためにこの哲学が衰退したことが言われ、続いて国々で政務を委ねられていたピタゴラス派への謀略と騒乱、そしてピタゴラスの死についての伝承が五七節途中まで、生き残って離散したピタゴラス派の孤立と彼らによる細々とした教説の継承、仲間同士の固い友愛についてのエピソードが六一節まで語られてテクストは途絶する。

これはアリストテレス以来、連綿と語り継がれ、書き続けられてきたピタゴラス伝説・伝承を材料として作り出されたピタゴラス伝あるいはその生涯と教説である。[1] ポルピュリオスが名前とときには書名も挙げて典拠としている哲学や歴史伝承の著作家は一七名に及ぶ。そのうちエンペドクレス、エウドクソス、アリストテレスに続いて古いのは前四—三世紀のペリパトス派のアリストクセノスとディカイアルコス、そして歴史家のティマイオスであり、ポルピュリオスにいちばん近いのはニコマコスやモデラトスといった後一—二世紀の新ピタゴラス派の人々である。彼はこれらの資料をすべて手元において直接利用したのか、それとも直接使っているのはいくつかの著作だけで、あとはそこからの孫引きなのか、またその利用の仕方は安直なコピー・アンド・ペーストであって、ほぼ全部が他人の文章でしかないのか、あるいはポルピュリオス自身の言葉による要約や再説なども多く含まれ、明確な目的と計画のもとに紡ぎ出され織り上げられた著述と言えるのかどうか、そういった疑問がただちに喚起されるだろう。

だがそれらの典拠はすべて失われて、われわれのもとには届いておらず、ポルピュリオスのテクストをそれらと照らし合わせることはできないのだから、ここでもまた確かなことはわからない。しかしポルピュリオスの書きぶりや典拠への言及の仕方や頻度などからいろいろと推測できるし、ディオゲネス・ラエルティオス『ギリシア哲学者列伝』第八巻第一章（以下「ディオゲネス・ラエルティオス」）、イアンブリコス『ピタゴラス的生き方』（以下「イアンブリコス」）といった彼と近い時代に書かれて現存する「ピタゴラス伝」などと

(1) 本書のタイトルは（マルコスもしくはバシレウスによる）であるが、生涯だけでなく教説も含んでいるので、邦題は「ピューータゴルー・ビオス」すなわち「ピタゴラスの生涯」「ピタゴラス伝」とした。

の照合によっても推察できることは多くある。

たとえば五九―六一節のピンティアスとダモンの友情の話の直接の典拠として明記されているのはニコマコスだが、ニコマコスはその出来事の当事者であるディオニュシオスからアリストクセノスがじかに聞いた話としてそれを紹介している。この同じ話が「イアンブリコス」の二三三節末から二三六節にも記載されているが、イアンブリコスはこれをアリストクセノスが『ピタゴラスの生涯について』において伝えているとだけ記して、ニコマコスの名は挙げていない。だが二四八―二五一節の反ピタゴラス派動乱をアリストクセノスの叙述によるものとして述べたあと、ただちにニコマコスの名を挙げて異説を紹介しているところを見ると、彼も直接アリストクセノスから引用しているのではなく、ニコマコスから孫引きしているように思われる。ポルピュリオスとイアンブリコスがニコマコスに直接依拠していることは上記の諸資料のうちニコマコスが時間的に最も近いことから見てもほぼ間違いないだろう。そして二つのピンティアスとダモンの話を較べると、「イアンブリコス」のほうがポルピュリオスのには見られない詳細な行文を多く含んで話が長くなっている。これはニコマコスの文章をポルピュリオスが簡略にまとめたのか、イアンブリコスが補足拡充したのか、あるいはその両方かである。訳者は、おそらくポルピュリオスはニコマコスの文章をそのまま写し取ったのではなく、骨子となる文章（「イアンブリコス」と共通するもの）を残して簡略にまとめ直したのだろうと思うのだが、むろん確かなことはわからない。

だがともかくもポルピュリオスがニコマコスの著作を直接読んで利用したことは確実であろう。またアントニオス・ディオゲネスも時間的に近いし、引用の際の文言からしても、ポルピュリオスはこれを直接手に取っていただろう。ニコマコスよりは少し前のモデラトスやさらに遡って後一世紀のテュアナのアポロニオスもニコマコスとともに新ピタゴラス派に数えられ、ポルピュリオスの直接の典拠であったかもしれない。デ・プラセによれば、E・ローデ以来のピタゴラス伝承の資料研究にI・レヴィと並んで大きく寄与したA・デラットは、ポルピュリオスの『ピタゴラス伝』はニコマコスとモデラトスとアントニオス・ディオゲネスからの抜粋を編纂したものであると明言している(1)。

だがそう言われてあらためて知りたいのは、ポルピュリオスによるどの資料の利用が直接的か間接的かということよりも、彼がそれらの資料をどう利用してその結果どういう作品ができあがったのかということである。それは諸資料からの抜粋の安直な切り貼りであり、それ自体がピタゴラス伝承の研究資料として読まれるだけのものでしかないのか、それとも哲学者ポルピュリオスの著作としての何らかの実質をもつのかということである。だが『哲学史』全四巻のなかでこの部分だけが独立した著作として保全され、われわれのもとに届けられたということは、そしてポルピュリオスの膨大な著作のうちのごく僅少な現存著作の一をなすということは、それがそれなりの魅力と価値をもつものとして読まれてきたことを証示すると言ってよいのではなかろうか。むろんそれは「イアンブリコス」についても「ディオゲネス・ラエルティオス」についてもそれぞれに言えることであろう。だが前六世紀末頃から七〇〇年以上にわたって語り継がれ積み上げられてきたピタゴラス伝承を材料として、ピタゴラスの生涯と人物と思想について明確でバランスの取れた描

(1) 底本一一三頁。

像を提供し、哲学的な生き方の理想的範型として訴求力をもつのはこの三者のうちではポルピュリオスの『ピタゴラス伝』が一番だと訳者には思われる。

すなわち「ディオゲネス・ラエルティオス」は著者も執筆年代も確かなことはわからないが、二世紀末から三世紀初頭に書かれたのではないかと想定されており、ピタゴラス伝としてはポルピュリオスに先行するものである。はじめにピタゴラスの出自と初等教育、学術修行の遍歴、クロトンへの移住、最後に反ピタゴラス派騒乱とピタゴラスの死、そしてその枠組みの合間に伝説的言動や生活上の訓戒や学説を語るというピタゴラス伝の定型を共有している。ポルピュリオスよりやや短く、二〇ほどの典拠の名が明示されているが、共通して典拠とされているのはアリストテレス、アリストクセノス、ティマイオス、ディカイアルコスという前四—三世紀の人々のみである。ポルピュリオスと同じ内容の記事やほぼ同一の短い行文も多く含まれているが、資料の扱いは平板で無批判、繋ぎ合わされた叙述の全体は行き当たりばったりの雑然とした印象を与える。ポルピュリオスはこれを利用しなかったか、おそらくはその存在を知らなかっただろう。

他方イアンブリコスのほうはポルピュリオスより若年で、彼の弟子だったとまで言えるかどうかはわからないが、学問上の交わりをもち、彼に対してしばしば批判的な立場を取った人であり、ポルピュリオスのピタゴラス伝も読んでいただろう(1)。訳註に記したようにポルピュリオスと同一の行文や同様の記事も多く利用している。だがそれは直接ポルピュリオスから引き写したというのではないだろう。なにしろイアンブリコスのピタゴラス伝はポルピュリオスの四倍ほども長大なのである。彼はニコマコスをはじめポルピュリオスと共通の資料あるいはその他の資料をも使いながら、むしろポルピュリオスが切り捨てて簡潔にまとめたものを大きく膨らませ充填して自身のピタゴラス伝を書いたと思われる。そしてそれはピタゴラスという人物とその哲学の「美しさと偉大さ」をできるかぎり詳細に遺漏なく描き上げようという意欲が作り上げたものだった。だがその際典拠とした著者や著作の名は、末尾近くのピンティアスとダモンの話やミュリアスとティミュカの話、反ピタゴラス派動乱に関する話を除いては、一切明記してはいない。そのためにかえってピタゴラス伝承の資料研究の対象として研究者たちの関心を集めたとも考えられるが、彼が諸資料をどれほど、どのように借用したり利用したりしたのか、どれだけの部分が彼自身の語りや思弁的な補充拡大であるのかは定かでなく、組み上げられた全体は、「ディオゲネス・ラエルティオス」とは対照的に、ピタゴラス伝としては立派すぎる過剰な作為を感じさせる。

ポルピュリオスの『ピタゴラス伝』は、先に七つの区分に区切って見たように、バランスよく堅固に構成されている。数学や天文学などの学術と神事に蘊奥を究め（第一区分）、イタリアで偉大な教導者として信奉者を集め（第二区分）、数々の超人的超自然的言動が伝承される（第三区分）そのピタゴラスが、彼の日常の暮らしぶりにおいて（第四区分）、またシュンボロンやアクースマと呼ばれる符牒による訓戒において（第五

(1) イアンブリコスはピタゴラス派への陰謀事件のときピタゴラスが不在であったことはすべての人が同意していると言い（二四八節）、ポルピュリオスはディカイアルコスらの別伝をも記載しているので（五六―五七節）、イアンブリコスはポルピュリオスの『ピタゴラス伝』を直接的には利用しなかっただろうとデ・プラセは言っている（底本一一―一二頁）。だがむろん全然読まなかったとまでは言えないだろう。イアンブリコスについては、読んでいたならそうは言わなかっただろうとは断言しがたいところがあるように思われる。

区分）、そして数の研究等のマテーマによる教導において（第六区分）、輪廻における肉体とその情動の束縛からわれわれの知性と魂をいかにして浄化し純化しようとしたのかを鮮やかに描出している。『マルケラへの手紙』の「神へと帰る昇り道」と同様の形而上学的視野と、同様の宗教的倫理的実践への勧奨力を含みもつピタゴラス伝であると言ってよいだろう。

## 三　『マルケラへの手紙』

『マルケラへの手紙』は「この私が君を（Ἐγὼ σέ）」という二語で始まり、続いて「マルケラよ」と呼びかけながら、マルケラが五人の娘と二人の男子の母親であることを付記したうえで、「わが伴侶にしようと決めたのはなぜか」を語り始める。その著述の初めに誰か個人の名を挙げて呼びかけるのはエピクロスの三つの書簡、ポルピュリオスの『イサゴーゲー』『肉食の忌避について』『ガウロス宛書簡』、さらにはポルピュリオスが『プロティノス伝』で言及あるいは引用紹介するロンギノスの著作にも見られるように[1]、ごくありきたりの叙述形式である。特定の個人への呼びかけはある種の献辞にすぎず、何らかの執筆動機や成立事情を背後に蔵しているかもしれないが、しかしそれらの著作の論述内容自体はそのような個人とはほとんど無関係に読まれてよいものである。その呼格の固有名詞を削除しても、別の名前に差し替えても一向に差し支

（1）『プロティノス伝』一七（『衝動について』「クレオダモスとマルコスよ」）、二〇（『目的について。プロティノスとゲンティリアノス・アメリオスに対して』「マルケロスよ」）

えない。だが『マルケラへの手紙』は、マルケラとの結婚の経緯を振り返ることによって、ポルピュリオスがマルケラの守護者であり教導者であることをあらためて確認し、「真正の哲学への適性をもつ」彼女を哲学の生き方へと導くための説諭を与えようとする。ここで展開される哲学的論述はまずもってマルケラという女性のために、彼女の哲学的資質と生活に照準を合わせて語られている（この事情を考慮して、「〜へ、〜に向けて」という同じタイトルを、ガウロスの場合は『ガウロス宛書簡』、マルケラの場合は『マルケラへの手紙』と訳し分けた）。

基本的に私信として仕立てられたこの著述が執筆当初から公開を意図して書かれたのか、あるいは執筆後にマルケラかポルピュリオス自身かによって一般に流布したのかどうかはわからない。だがポルピュリオスより一〇〇年あまり後に初めて彼についての伝記的記事を書いたエウナピオスは直接読んだかのようにこの著作に言及しており、そして長い忘却の後に、ポルピュリオスの膨大な著作のうち散逸を免れたわずかな著作の一つとして、『マルケラへの手紙』は現代のわれわれにまで届けられたのである。

十九世紀に入ってまもなく、枢機卿 A. Mai がミラノのアンブロシア・ライブラリーにあった十五世紀末ごろの写本（Ambrosianus Q. 13 sup. part. fol. 214 vo-222 ro）を発見し、一八一六年にこれを校訂して刊行した。一八一九年に Io. C. von Orelli による校訂本も出版され、マイは一八三一年にも再びこれを出版した。さらに一八六〇年に A. Nauck による校訂本がトイプナー叢書において刊行され、ナウクもまた一八八六年に改訂版を出した。『マルケラへの手紙』の写本はマイによって発見された一点のみしか知られていないのであるが、このテクストにはピタゴラス派やエピクロス派などに由来する格言集や文章集成（センテンティアエ）が数多く利用されて短いテクストの相当部分を占めており、このセンテンティアエの研究の進展が新たな校訂材料を提供したからでもある。またこれらの校訂テクストによって、M.-N. Bouillet の仏訳（一八六四年）、A. Zimmern の英訳（一八九六、一九一〇年）、A.-J. Festugiere の仏訳（一九四四年）、G. Faggin のイタリア語訳（一九五四年）などが出た。

そして現在、百数十年に及ぶ研究を経て、新たなテクスト校訂と翻訳と註解を含む書物がわれわれの前に置かれている。W. Pötscher（一九六九年）、E. des Places（一九八二年）、K. Wicker（一九八七年）による独仏英の『マルケラへの手紙』である。凡例で示したように、本書の日本語訳はデ・プラセのテクストを底本とし、他の二書を参看してなされた。

テクストはその末尾のおそらくさほど長くはない部分が失われており、残された全体は三五の節に区分されている（デ・プラセでは paragraphe, ペチャーでは Kapitel, ウィカーでは chapter と呼ばれているが、本書では「節」と呼ぶ）。そして三五節の最後近くに一行弱ほどと一語ほどの二箇所の空白がある。この全三五節をペチャーは一―六節半ば、六節半ば―二四節前半、二四節後半（神に関する四つの基本理念）―最後までの三つのタイルに区切り、ウィカーは一―四節、五―一〇節、一一―二四節、二五―三四、三五節の五つのセクションに分けている。ウィカーの区分にほぼ従いながら全体を概観するとつぎのようになる。

一節から四節まではポルピュリオスがマルケラと結婚した理由とその際の軋轢や困難について、そして一〇ヵ月の同居生活の後、彼は家を離れて旅に出なければならず、残されたマルケラがポルピュリオスと暮らして学んだ哲学の教えを忘却することのないよう励まし助言するというこの手紙の目的について語っている。

次いで四節の最後の文と五節始めから「言葉による」その励ましと説諭を開始して一〇節までは、レムノス島に置き去りにされた傷病のピロクテテスさながらのマルケラの苦境を明示し——それはまず依然として継続したであろう親類や同胞市民による不正な圧迫などの生活上の困難であり、より根本的には肉体と生成界に落ち込んでいるマルケラの魂の援助者・教導者の不在という苦境であるが——前者についてはそれを過度に苦にすることなく受け流し、後者については情念ではなく理性によってそれを克服し脱却すべきこと、すなわち「神へと還る昇り道」「自己自身への上昇」のために魂浄化の修練を積むべきことを説く。この第二区分は、六節の途中からそのような説諭が始まり、「ピタゴラス格言集」や「セクストス文章集成」に見られるのとパラレルな文章も五、七、八、九節と次第に使用され始めるのであるが、依然として特定の問題状況に置かれたマルケラに寄り添った助言や説諭の印象が強い。

だが一一節からは「[マルケラに]真正の哲学への秘儀を授けた神的な言葉」(八節)、「[マルケラが]教示され賛美していた言葉」(九節)、「ポルピュリオスから聴講した、良き助言者として縋るに値する言葉」(一〇節)がつぎつぎと繰り出されるのであり、二四節までは、神を知り、その摂理を信認する知性の先導による神への向き合いかた、礼拝や祈願の正しい意義といったテーマに沿って既存の格言集や文章集成を頻用する記述になっている。この第三区分はマルケラへの語りかけという外枠があまり意識されず、神への帰還すなわち神を知ることや敬虔についてのより一般的な論述として読まれるであろう。

第三セクション最後の「神に関する四つの基本理念」に続いて、二五節から三四節までの第四区分では、「三つの法」——神の法、自然の法、制定法——の区別が導入され、第三区分と同様に神へと還る道として、魂は知性の先導に従って自らのうちに神の法を再認識すべきこと、だがまずは自然の法を知り、自然に従って自足し、身体を統御し、情念から脱却することによって、神の法へと上昇すべきことが説かれる。二七節から三一節まではもっぱらエピクロスを盛んに引用しながら自然の法の概念にもとづく説諭がなされ、三二節から三三節では神の法の視点に立ってやはり肉体の統御と情念からの脱却が語られ、三四節は同様の説諭がパラレルなセンテンティアだけで構成されている。この第四区分も、三三節後半で「私もまた君をそのようなものとして気遣っているわけではないのだから……魂からすべての女々しいものを遠ざけよ」といったマルケラへの呼びかけが現われるまでは、マルケラという特定の個人はほとんど意識されないだろう。

だが最後の三五節は、これまでに語られた敬神と克己の精神に基づいて、家内奴隷の扱いに不正があってはならず、家事労働はなるべく自身の身体を動かしてみずから行なうようにといった家政上の助言を与えるのである。これは特定の生活状況に置かれたマルケラへの助言であり、語りかけであって、論述の視点が冒頭の数節と同じレベルに戻っている。この手紙にはこのようにある種のリング・コンポジションが認められ、失われた末尾の部分がさして長いものではなかったと推察されるのもこのためである。

またさらにあらためて全体を眺めてみると、第一区分においてポルピュリオスはマルケラとの結婚の経緯と理由を語ることによって自分が彼女の保護者であり教導者であることを確認する。そして第二区分で困難な生活環境のうちに取り残されたマルケラを肉体と生成界に落ちきたった魂として捉え、自身を「私はこの可触的な、感覚のもとに落ちきたったものではなく、身体から最も遠く離れてあるもの、色もなく形もないもの、そして手ではけっして触れられず、ただ精神によってのみ把捉されるものである」と規定することによって知性に重ね合わせたうえで、そこから出立して真正の哲学すなわちプロティノス・ポルピュリオスの哲学が教える生き方、神へと還る昇り道を説くのである。そして第三区分からは、神―知性―魂―身体の原理的序列に則って、敬虔の本義、すなわち魂が身体の情動を脱却し、知性に導かれて神を知ること、また逆に神への帰還合一を望見しつつ身体の統御と魂の浄化を実践すべきことについて往還的に語るのであるが、重点は魂の浄化と身体的情動の克服のほうに置かれている。すなわち魂が身体と生成世界のうちに落ち込み囚われていることの認識から出発して、神への還り道、自己の内奥の道へと向き直り、魂自身の自己集中によって身体的情動と情念から脱却する、あるいは自然の法に則った身体統御によって自足的強さ（アウタルケイア）を獲得するという局面に置かれている。そしてそのような実践的禁欲倫理の説論のためにピタゴラス派のみならず、ストア派やエピクロス派に由来するとも見られる多くのセンテンティアが自在に活用されるのであり、その勧奨的説論は、マルケラへの個人的助言・教導の枠を超えて、もっと一般的な「プロトレプティコス・ロゴス（哲学のすすめ）」としての内実をもつのである。

ざっと見渡せばこのテクストの概要は以上のようなものだが、読み始めてまず気になるのは冒頭の三節におけるマルケラとの結婚の裏事情ともいうべき問題であり、つぎには五節からのホメロス、プラトンを始めとする先行テクスト、とくに格言集や詞華集の引用・借用の問題である。この二点について簡単に解説しておきたい。

すでに見たように、ポルピュリオスがマルケラと結婚したのはポルピュリオス自身の子作りや生活上の便宜や評判のためではなく、友人の寡婦であったマルケラとその子供たちを保護し教導するためであった。そしてこの守護者としての役割は通俗的な人生の悲喜劇の次元においてとともに、より本来的には真正の哲学的生の実践、すなわち神へと還る道を進むために果たされるべきものであった。だがこの結婚のために、ポルピュリオスはマルケラの「ポリータイ（同胞市民たち）」の愚昧と妬みによる数多くの中傷に包まれ、命の危険にさらされる羽目にまでなったが、彼は居丈高に難癖をつけようとする彼らを追い払い、彼らの悪謀に辛抱強く対処したのだという。

単に「ポリータイ」とのみ言われているこの人々がどういう人々であり、彼らとの軋轢がどういうものであったのかは、マルケラとの内輪の話として韜されている以上、結局はわからないのであるが、いろいろな推測がなされてきた。とくにポルピュリオスが『キリスト教徒駁論』一五巻を著わした先鋭なキリスト教批判者であったことや、四節の「ギリシア人の必要のための、神々もこれを督励する旅」がディオクレティアヌス帝による三〇三年のキリスト教徒弾圧政策のための準備会議に参加するものであったという推定とも連動して、マルケラとの結婚における軋轢抗争もやはりキリスト教徒とのあいだのことではなかったかという推測もなされた。マルケラは元々キリスト教徒であったとか、ポルピュリオスとの結婚後に元の信仰に立ち戻っていたとかいうのである。[1] しかしマルケラを挟んでのキリスト教徒との綱引きのようなことがこの軋轢抗争の中身であったとは、テクストのポルピュリオス自身の記述からは到底考えられない。彼が「マルケラ

（1） Th. Whitraker, *The Neo-Platonists*, p. 108「マルケラは隣人たちから或る種の迫害に晒されていて、ジュールス・シモンは、それらの隣人たちとはキリスト教徒であって、彼女を哲学から引き離そうとしたのかもしれないと推測している（*Histoire* ↙

の品性にふさわしい賢明な協同者にして守護者たる者なしに彼女を捨て置いてはならない」と判断した二つの次元のうち、これは「悲喜劇」と彼の呼ぶ次元、「そこには妬みも憎悪も嘲笑も、喧嘩口論も怒りも、およそ劇のなかで起こるのが常であるようなことは何ひとつ欠けてはいない」通俗的生の次元での話であることは明らかであろう。

『プロティノス伝』九によると、プロティノスには熱心な女性の聴講者たちもいて、彼はそのうちのゲミナおよびその同名の娘の家に同居していた。また高貴な家柄の男女が自分の死に際して財産とともにその子弟子女をプロティノスに託して保護者となってくれるように求めたので、彼の家には男女の子供が数多く暮らしており、彼は彼らが哲学の生き方を選ぶようになるまではその財産と収入が保全されるように心を砕いていたという。ポルピュリオスも同様にマルケラとその子供たちに対して哲学教育のみならず、資産管理を含めた家政上の守護者・助言者の役割を引き受けたのであろう。そしてプロティノスとは違って単なる同居ではない結婚というかたちを取ったのは、親戚筋、おそらくは遺産を巡っての父親側の親族たちの不法な干渉や圧迫を斥けるために必要だったからと考えてよいだろう。そしておそらくこの結婚は性愛や出産を包含しない結婚であったと思われる。より本来的には、「処女の魂と青年の知性」（三三節）の結合に擬えられる精神的な結婚であった(1)。

つぎに五節から始まる先行テクストの引用・利用の問題であるが、ホメロスとプラトン、さらにはエピクロスという一応素性の明らかな典拠は別として、後一、二世紀から盛んに作られた格言集や詞華集については、ポルピュリオスがどのテクストを利用したのかを確定するのは困難である。「デモピロス」「セクストス」「クリタルコス」といったおそらくピタゴラス系統の人々の文章集成や「ピタゴラス格言集」などには『マルケラへの手紙』のテクストの行文と同一もしくは類似の文章が見出されるものの、ポルピュリオスがそのどれに依拠しているのかいないのかはよくわからない。デモピロスの文章集成は十七世紀に校訂本が出たが、もっとも多くのセンテンスを共有するセクストスの文章集成は十九世紀後半になって出版された。J. Gildemeister は「ピタゴラス格言集」（一八七〇年）に続いてルフィヌスによるセクストスのラテン語訳の最初の校訂本（一八七三年）を出し、その後パトモスやヴァティカンの写本からギリシア語のセクストスが発見され、これらを基に A. Elter による校訂本（一八九一―九二年）が出た。そして H. Chadwick が二つの写本を新たに校合して *Sentences of Sextus*（1959）を公刊し、それらの写本やルフィヌスのラテン語訳に認められるキ

↙ *de l'Ecole d'Alexandrie*, t. ii. pp. 98-99)」。またアレクサンドリア司教のキュリロス（五世紀初頭）は彼女がキリスト教徒であったことを示唆している（『ユリアノス駁論』六・二〇九B）。そして A. Zimmern によると、ポルピュリオスの『神託からの哲学について』の一節に見出されるある男の神託――どのようにしたら妻をキリスト教から引き離せるか――を根拠にしてマルケラがかつてキリスト教徒であり、結婚後に元の信仰に戻っていたという推測がなされたという。ツィンメルンはむろんこれを紹介したうえで、『マルケラへの手紙』のポルピュリオスの記述にはその神託を求める男の「妻」をマルケラに重ね合わせるような想像を容れる余地のないことは明白だとしている。

（1）ウィカーは、マルケラと子供たちへの法的な保護権およびそれに対する「同胞市民」の不合法な要求・圧迫について推察し、さらにポルピュリオスとマルケラの結婚の性的アセティシズムを立ち入って探り、さらに通常の結婚生活を捨てて倫理的宗教的求道や哲学の生き方を選ぶ女性たちという類型を描出して、これを一つの新たな社会的潮流として捉えようとしている（Introduction II, pp. 4-10）。

リスト教的変容を除いた元々のセクストスのセンテンティアエ一―四五一を取り出そうとした。ギルデマイスターがポルピュリオスはセクストスを直接利用したと判断したのに対し、チャドウィックはこれに反対して、ポルピュリオスとセクストスはもっと古いキリスト教的影響以前の文章集成にそれぞれ別々に依拠したのだと主張している。このように依存関係がはっきりしないので、底本のデ・プラセは『マルケラへの手紙』と共通・類似の行文を「パラレル（paralella）」としてアパラートス（校訂資料欄）に記載し、テクスト本文と訳文に引用符を付している。

このようなパラレルや引用文は五節から次第に頻用されてテクストの相当多くの部分を占め、一二節、一四節、一五節、一六節、二七節、二九節、三〇節、三一節、三四節ではすべて、あるいはほとんどすべての行文がそれらによって構成されていて、ボイトラーのように『マルケラへの手紙』はそれら既存のセンテンティアの多少なりとも行き当たりばったりの寄せ集めにすぎないと見る向きもある。だがペチャーはこれを斥けて、このテクスト全体が明確なプランのもとにいかに周到に論述構成されているかの解明を研究の主題としたのであり、詞華集や文章集成への依存関係は明らかでないとして、ギリシア語本文でもドイツ語訳文でも引用符等によってそれらを地の文から区別して指示することはしなかった。

われわれの日本語訳では、そのような既存の文章の借用なり活用なりの問題が存することを明示するために、底本に従って該当する行文に引用符を付け、（エピクロスからの引用を除くセンテンティアについては）チャドウィックの上記著作に収載された「ピタゴラス格言集一―一四四」および「セクストス文章集成一―四五一」だけに限定してそれぞれのパラレルを訳註において示すことにした。[1]

（1）デ・プラセがパラレルの典拠として取り上げているのは、クリタルコス、デモピロス、*Gnomologium byzantinum*, ヒエロクレス『「黄金詩」註釈』、ポルピュリオス『センテンティアエ』、「ピタゴラス格言集」、「セクストス文章集成」、ストバイオス『詞華集』である。

## 四　『ガウロス宛書簡』

『ガウロス宛書簡――胎児はいかにして魂を与えられるのか』の写本は、十九世紀中頃、フランスの教育大臣から学術調査を委任されたミノイデス・ミュナス（Minoides Mynas）という学者によってギリシアのアトス山の修道院で発見された。十三世紀頃のパピルス本の残片に含まれていたもので、この残片は現在、パリの国立図書館に所蔵されている（cod. Suppl. gr. 635）。このなかの『ガウロス宛書簡』の前に置かれていたのはガレノスの『ペリ・マラスムー（衰弱死について）』の結論部分と『エイサゴーゲー・ディアレクティケー（論理学入門）』とであることが判明し、さらに『ガウロス宛書簡』のタイトルには「ガレノスの」という語が付いていて、ミュナス以来多くの学者によってこれもガレノスの著作であると信じられてきた。

だがただ一点だけのこの『ガウロス宛書簡』の写本を初めて校訂して一八九五年に公刊したカール・カルプフライシュは、これはガレノスの著作であるとは認めがたいことを強力に論じた[2]。この著述の発生学的な中心論点はガレノスの著作に見られるものとは大きく異なっている、あるいは対立するものだからである。たとえば『ガウロス宛書簡』は胎児が動物になるのはその身体器官が完成して胎外に出てからであり、分娩の時までは肝臓も心臓も脳も完成してはいないことを強く主張するが（一三・六）、ガレノスは『胎児の形成について』において、諸器官の胎内での段階的な形成を認めて、胎児の心臓が鼓動を始めれば動物であると言っている。[3] また『ガウロス宛書簡』は胎児のいかなる動きも胎児自身の衝動によるのではなく、母親の子宮の動きに起因するとしているが（八・一―四）、ガレノスは『身体諸部分の用途について』において、胎児が衝動によって動くことを否定する医者たちを批判しているのである。[4] そしてこのような不一致はまだほかにも多くある。

だがガレノスが『ガウロス宛書簡』の著者でないのなら誰なのか、カルプフライシュはそれをポルピュリオスであると推定した。まず際立って目につくのは新プラトン派特有のヌース・ディアノイア（ロゴス）・非理知的魂・自然という原理的序列における産出と向き直りの思想が著者の基本的見解として提示されていることである（六・二、一四・三）。この著者が新プラトン派の主要人物であることは容易に想定できるだろう。だがその文章や論述のスタイルはプロティノスやイアンブリコスのそれとは重ならず、ポルピュリオスが有力候補として浮上する。そしてじっさいこれをポルピュリオスの著述として眺めてみると、それを裏付ける

---

（1）ミュナスはこの写本の写しを作った（Suppl. gr. 727 f. 21-46）。その際に彼が施した改訂をいくつかカルプフライシュはアパラートゥスで拾い上げている。

（2）本訳の底本の序論（Einleitung）三―三一頁。

（3）『胎児の形成について』第三章二四（四・六七〇・一二―六七一・一）（ニッケル）。

（4）『身体諸部分の用途について』第十五巻第五章（四・二三八・五―一六）（ヘルムライヒ）。

記述や論拠は随所に見出されるのである。

たとえば今述べた原理的実在の発出において、産まれたものは産んだものよりも下降した劣ったものであるというテーゼはポルピュリオスの『センテンティアエ』一三に見られるし、本篇の「胎児はいかにして魂を与えられるのか」という問い、より一般化すれば身体への魂の進入合一の問題について、それは魂に対する身体の協和や共感や適合性によってなされるという著者の考え（一一・一―四、一三・七）は『センテンティアエ』二九・二一―二二、三七・四一―四四、三八・一〇―一二において、いずれも「適合性」の語を用いた記述に含意されているのが見られる。また知性の魂への臨在は受容者たる魂の適合性と類似性によってであるということ（一二・三）も『センテンティアエ』三一・五一―五五、四〇・二九―三一や『肉食の忌避について』一・二九・一〇―一五などに看取される。

だが生成発出の枠組みにおける臨在や向き直りを協調や適合性によって説明することはプロティノス以来の新プラトン派には通有一般のことであるから、これだけでポルピュリオスに絞り込むのはまだ無理があるかもしれない。神霊（ダイモーン）はみずから作り出した表象像を周りの空気に映し出すことができるといった特異な話題（六・二）が、訳註でも記したように『ニュンフたちの洞穴』や『センテンティアエ』にも見られるなど、ポルピュリオスの著作とのパラレルな記述は他にもあるが、テクスト外の論拠が重要である。すなわちイアンブリコスは『魂について』においてポルピュリオスは、ヒッポクラテスとは異なり、魂の身体への進入は誕生の時であるとの見解であったと述べている（ポルピュリオス二六六F（スミス））。またミカエル・プセルス（十一世紀）の証言によれば、胎児は動物であるのか否か、どのようにして養われるのかについて、ヒッポクラテスもガレノスもポルピュリオスも本を書き、ヒッポクラテスとガレノスは胎児が動物であり、魂によって動かされ、胎内でも口から栄養摂取すると説くのに対し、ポルピュリオスは、動物ではなく、魂を賦与されてはおらず、植物のように胎内に植えつけられていて、魂ではなく自然によって動かされ、口ではなく胎膜と臍帯を通じて栄養摂取することを多くの推論と論証によって力説しているという（ポルピュリオス二六七F（スミス））。さらにある氏名不詳のキリスト教徒による『ヘルミッポスあるいは占星術について』という書物には紛れもなく『ガウロス宛書簡』に対するものだと思われる批判がなされていて、これがすなわちポルピュリオスに対する攻撃であったとしたら、いかにもさもありなんと納得できる。

このようにして『ガウロス宛書簡』は現在、ポルピュリオスの著作としてほぼ認められていると言ってよく、本訳書においても他の二書とともにポルピュリオスの名のもとにこれを収載することにした(1)。

カルプフライシュは校訂したテクストを一八の章に分け、さらに各章をいくつかの節に細分している。ただし第十八章は最初の一五行を除いて残り五一行はほぼすべての行の半分が破損しており、そこからあとの部分は欠落しているので、節番号は付されていない。この章節への区分は非常に適切に行なわれているように思われるので、これに従って全体の構成を見てみよう。

---

（1）ウィルバディングは『ガウロス宛書簡』がガレノスの著作ではないということについても、ポルピュリオスの著作であるということについても、カルプフライシュの論点を整理しながら、自身でもいくつかの論拠を補足して周到に論じている。J. Wilberding, *Porphyry: To Gaurus on How Embryos are Ensouled and On What is in Our Power*, 2011, pp. 7-10.

まず冒頭で、動物を産むための魂の身体への進入に関して、胎児は動物であるのか、それともただ植物的に生きているだけなのかという問題、およびポルピュリオス自身の解答が端的に提示される。動物の特性は感覚と衝動において、植物のそれは栄養摂取と成長増大の能力において認められるが、胎児はずっと表象と衝動なしに過ごし、成長増大と栄養摂取の面においてのみ維持養育されているのだから、胎児は植物あるいは植物に似たものだというのである（一・一）。次いで胎児は動物であるという説を論駁する前に、それは（A）現実態において動物であるというのか、（B）動物の魂をもってはいるがその活動は休止しているという意味での可能態においてのみ動物であるというのかによって二つの説が区別される。ポルピュリオスの立場は、（C）胎児は動物の魂をもってはおらず、ただそれを受け入れる可能性をもつという意味で可能的に動物であるということである（一・二―四）。AでもBでもないことが証示されるなら、魂の進入の時は分娩のあとでなければならないと確定できるが、AあるいはBであれば進入の時を定めることは多くの難点をもち、意見が割れることになる（二・一―四）。そこでポルピュリオスは自身の論述の手順として、①AでもBでもないことを明らかにする。②動物を作る魂の進入は分娩のあとに起こることを明らかにする。③仮にB、あるいはAでさえあると認めるとしても、動物の魂の進入は父からでも母からでもなく外からであること、そしてこれらのことはプラトンのテクストに合致することを述べる、と言うのである（二・五）。

ここまでの二章が序論としての第一区分であり、第三章からは胎児についての事実は動物よりも植物のそれに似ているという第一章一で提示されたポルピュリオスの主張を確立するための議論が始まる。そして第十三章冒頭でのポルピュリオスの言葉によれば、第十二章までのこの第二区分の議論によって、Aではないこと、すなわち胎児が現実態にある動物ではなく、現実態において臨在する自動の魂を分けもってはいないことが証示されたのであり、続いてBではないこと、すなわち持前の能力を確保しているが休止しているという意味での可能態における動物でもないことが論じられるという。また第十七章冒頭の「だが以上のように述べても君は承服せず、胎児は栄養摂取的かつ成長増大的自然ではなくて自動の魂を分け持っているのではないかと疑うなら、私としてはそれに対しても策は講じてある」という言葉からすると、Bではないことを説く第十三章からの議論は第十六章までであり、これが第三区分である。そして第十七章からは自動の魂あるいは認知的魂は両親から分け与えられるのではなく、外から進入することを、その進入の時期の問題は棚上げして論ずるということで、これが第四区分である。

こうして現存のテクストは大きく四つに区分できるが、序論の最後で予告された手順に照らせば、①に重なるのは第二区分および第三区分であり、第四区分からは②を飛ばして③に進むということなのかとも疑われる。だが魂が進入するのは分娩のあとであるとする②の論点は、①が明らかにされればおのずから確定されると言われていたし(二・二)、じっさい第二区分においても(一一・一)第三区分においても(一六・四—六)論じられ、結論的に導出されている。②を棚上げしてというのは、進入の時期の問題とは切り離して③を論じるということであろう。

だがこの最後の第四区分のテクストは、第十八章の最初の一五行までしか保全されておらず、そこからの五〇行ほどは大きく破損していて読めないし、第十七章も四節の後半数行のほか三箇所ほど欠損がある。そして保全部分は、自動の魂が外から身体に進入することをポジティブに論じる前に、論駁されるべき論敵の議論を提示するだけで終わっている。この論敵はプラトンのために闘うものの、プラトンの考えを知らずに真理から外れ落ちた人々だと言われるが、これは序論において魂の進入の時を種子（精液）が射出される時に割り当て、「魂自身が外から入って自然的融合を成し遂げるのでなければ、［種子が］子宮のなかで保全されて実を結ぶことはできない」（二・二）とか、「交尾の際の雄の熱情と子宮の共感とが、生起する呼吸を通じて周囲の大気から魂を奪い取り、魂に特有の引き寄せる力を借りて、種子の先導役であった自然を［魂に］変える。だが［魂は］水路のように雄を通って精子と共に跳び出し、子宮に受胎の用意ができると子宮内の熱情によって再びつかみ取られ、そしてそのことのゆえに両者は混じり合う」（二・三）とか主張し、「プラトンもそのように言っていると思う者たち」（二・四）のことなのだろうか。また第十七章から紹介される彼らの議論は、小麦からは小麦が生まれ、馬からは馬が生まれるように、人間からは人間が生まれる、そしてその人間とは身体と魂の合わさったもので、人間の種子は最初から植物的能力だけでなく、魂のすべての機能を可能的に包含していて、それらがしかるべき道筋と順序によって発現するというものであり、これは第十四章で取り上げられ批判されたストア派のロゴス（形成原理）説と重なるものでもあるように思われる。

また魂は両親からではなく外から進入するという③の論点にしても第十六章の三節から五節において明言されていたし、すでに船・船大工・舵取りとの類比による分娩時の説明においても、胎児が胎外に出るとただちにそこに居合わせる舵取りを「外から得る」とされていた（一〇・六）のである。したがって最後の区分は大きく破損し欠落しているけれども、「胎児はいかにして魂を与えられるのか」という論題についてポルピュリオスが語るはずの①②③は第三区分までではほぼ語られていると見られる。

そこで安んじて第二区分と第三区分を読み直してみると、まず第三章で、明白な事実そのものに依拠して植物と動物の種的差異に着目すれば、胎児は栄養摂取と呼吸の二点において動物よりも植物に似ており、胎児は動物ではないと認めるべきだと明言される。そして第四章から第九章までは、胎児は動物の特性である感覚と衝動（欲求）、さらには場所的な動きをも有するという反論が提示され、それに対するポルピュリオスの応答が行なわれる。ポルピュリオスは本篇においてアリストテレス的な魂の諸機能の階層的区別、すなわち栄養摂取能力、感覚と衝動（欲求）の能力、場所的動きの能力、思考能力といった区別や可能態・現実態の対概念を基本的な枠組みとして魂の身体への進入の問題を考察するのであるが、この枠組みに『ティマイオス』等におけるプラトンの魂三部分説などに関する記述を重ね合わせて、種子や胎児は感覚と衝動をもち、動物（ゾーオン）であるとプラトンは考えているという反論がなされるのである。それゆえポルピュリオスの応答や駁論もプラトンのテクストの読解や解釈を通じての議論になる。その読解と議論は明快で説得力があるが、プラトンの真意にかなっているのはどちらかということにむしろ焦点が合わされて、どうしてそれほどにプラトンとの合致にこだわるのか不思議にさえ思われるほどである。第三章から第九章は、大きく見れば、種子や胎児は動物よりも植物に似ているというポルピュリオスの基本的論点がプラトンの考えと一致することを論じるものとして概括してよいだろう(1)。

(1) 彼らの反論とポルピュリオスの応答は、プラトン解釈ではなく、観察される事象の解釈によるものもあるが（五・一―六・一）、だいたいはプラトンを引き合いに出してのものである。

だが第十章から第十六章では、胎児の生成過程がどのようなものかについて「プラトンを離れた、事象そのものの考察」が与えられる。ここが本篇の中核でありハイライトであって、読者は波状的に繰り出される多彩な類比説明とポルピュリオス一流の流麗にして稠密、メリハリの利いた哲学的議論を楽しむことができるだろう。また『センテンティアエ』や『エネアデス』の関連箇所などとの比較照合によって、彼の哲学と思想を解明評価しようとする試みの重要な資料にもなるだろう。遠目にはそのタイトルと体裁から魂論あるいは発生学に関する特定の論争的主題について特定の主張を掲げる学術論文のように思われたものが、この箇所を読み進むにつれて、胎児の生成と成長過程の解明に止まらぬ、より哲学的な問題、すなわちプロティノスの形而上学的上昇の出発点であり、ポルピュリオス哲学の主戦場であった魂と身体の峻別および合着の問題についての思索という色合いをより強く帯びてくるように感じられる。

こうして、この『ガウロス宛書簡』を読んでみると、これを『ピタゴラス伝』『マルケラへの手紙』と並べて哲学者ポルピュリオスの著述として読者に届けることに、訳者として何の疑念も躊躇いも不安ももってはいないことにあらためて気付かされるのである。

最後に若干の語の訳出について、訳註ではなくここで説明しておきたい。母親（雌）が受胎し懐胎するものを指すのに、ポルピュリオスは普通名詞の単語としては「スペルマ」および「エンブリュオン」という語を使っている。「スペルマ」は植物の場合も動物の場合も共通して「種子」と訳したが、父親（雄）が母胎に射出・射精するという意味連関では一連の記述において初出の語は「種子（精液）」とした。単に「精液」としたところもある。だが「精子」という語は一切使っていない。八・三で引用されるプラトンのテクストには「微小さのために眼に見えず形をなさぬ生き物」という表現があり、精子のようなものが想像されていたのではないかとも思われるが、やはり顕微鏡による確認よりはるか以前のギリシア語の訳語としては控える方がよいと判断した。胎内での発達時期による呼称の使い分けはガレノスなどには見られるようだが、ポルピュリオスは終始エンブリュオンという語を使っているのですべて「胎児」と訳した。胎児を指す「キュウーメノン」といった分詞形は「胎児」とはせず、そのまま「懐胎されるもの」とした。だが分娩後の子どもを指す「ブレポス」は文脈によって「嬰児」「乳児」「赤子」などと訳し分けた。

# 参考文献

（本訳書の執筆にあたって訳者が参照した書目を主とするごく限定的なものである。より詳しくはウィカー、ウィルバディングなどを参照されたい。）


Bailey, C., *Epicurus: The Extant Remains*, Georg Olms Verlag, 1989.

Barnes, J., *Porphyry: Introduction*, Oxford, 2003.

Beutler, R., "Porphyrios" in *Paulys Realencyclopädie* 22, Stuttgard, 1953.

Bidez, J., *Vie de Porphyre: Le Philosophe Néo-Platonicien*, Teubner, 1913.

Bouffartigue, J. - Patillon, M., *Porphyre: De L'Abstinence*, Tome I, II, Les Belles Lettres, Paris, 1977.

Burkert, W., *Lore and Science in Ancient Pythagoreanism*, Cambridge, Mass., 1972.

Chadwick, H., *The Sentences of Sextus*, Cambridge, 1959.

Diels, H. - Kranz, W., *Die Fragmente der Vorsokratiker*, Bd. I, 6 Aufl., 1972.

Festugière, A. J., *La révélation d'Hermès Trismégiste* I-IV, Paris, 1944-54.

Guthrie, W. K. C., *A History of Greek Philosophy*, vol. I, Cambridge, 1962.

Hicks, R. D., *Diogenes Laertius: Lives of Eminent Philosophers*, vol. II, London, 1925.

Lamberz, E., *Porphyrii Sententiae ad Intelligibilia Ducentes*, Teubner, 1975.

Nauck, A., *Porphyrii Philosophi Platonici Opuscula selecta*, Teubner, 1886.

Pötscher, W., *Porphyrios: ΠΡΟΣ ΜΑΡΚΕΛΛΑΝ*, Leiden, 1969.

Saffrey, H. D. - Segonds, A-P., *Porphyre: Lettre à Anébon L'Égyptien*, Les Belle Lettres, 2012.

Smith, A., *Porphyrii Philosophi Fragmenta*, Teubner, 1993.

Wallis, R. T., *Neoplatonism*, Second Edition by L. P. Gerson, Bloomsbury, 1995.

Whittaker, T., *The Neo-Platonists*, 4th Edition, Hildesheim, 1987.

Wicker, K. O., *Porphyry the Philosopher: To Marcella*, The Society of Biblical Literature, 1987.

Wilberding, J., *Porphyry: To Gaurus on How Embryos are Ensouled and On What is in our Power*, London, 2011.

Wright, W. C., *Philostratus and Eunapius: The Lives of the Sophists*, Loeb C. L., 1989.

Zimmern, A., *Porphyry the Philosopher to His Wife Marcella*, London, 1896.

内山勝利編『ソクラテス以前哲学者断片集』第一分冊、岩波書店、一九九六年。

加来彰俊『ディオゲネス・ラエルティオス　ギリシア哲学者列伝（下）』（岩波文庫）、一九九四年。

金山弥平・金山万里子『学者たちへの論駁１』（西洋古典叢書）、京都大学学術出版会、二〇〇四年。

# 索　　引

『ガウロス宛書簡』の数字は章番号と節番号を、それ以外は節番号のみを示す。

## 『ピタゴラス伝』

〈固有名詞〉

### ア　行


アイタリデス（Αἰθαλίδης）　*45*
アクラガス（Ἀκράγας）　*21*
アストライオス（Ἀστραῖος）　*10, 13*
アナクシマンドロス（Ἀναξίμανδρος）　*2, 10*
アバリス（Ἄβαρις）　*28, 29*
アポロニオス（Ἀπολλώνιος）　*2*
アポロン（Ἀπόλλων）　*2, 16*
アマシス（Ἄμασις）　*7*
アラビア（Ἀραβία）　*12*
　—人（Ἄραβες）　*11*
アリグノテ（Ἀριγνώτη）　*4*
アリストクセノス（Ἀριστόξενος）　*9, 22, 53, 59, 61*
アリストクレイア（Ἀριστόκλεια）　*41*
アリストテレス（Ἀριστοτέλης）　*41, 53*
アリムネストス（Ἀρίμνηστος）　*3*
アルキッポス（Ἄρχιππος）　*55, 57*
アンカイオス（Ἀγκαῖος）　*2*
アンティポン（Ἀντιφῶν）　*7*
アンドロクレス（Ἀνδροκλῆς）　*10*
イオニア（Ἰωνία）　*1, 9*
イダ山
　—の洞窟（Ἰδαῖον ἄντρον）　*17*
　—の指人（Ἰδαῖοι Δάκτυλοι）　*17*
イタリア（Ἰταλία）　*2, 9, 16, 18, 20, 21, 22, 27, 54*
インブロス（Ἴμβρος）　*10*
エウドクソス（Εὔδοξος）　*7*
エウノストス（Εὔνοστος）　*2, 10*
エウポルボス（Εὔφορβος）　*26, 27, 45*
エウリュメネス（Εὐρυμένης）　*15*
エジプト（Αἴγυπτος）　*6, 7, 11, 12*
エパメイノンダス（Ἐπαμεινώνδας）　*55*
エピカルモス（Ἐπίχαρμος）　*46*
エピメニデス（Ἐπιμενίδης）　*29*
エンペドクレス（Ἐμπεδοκλῆς）　*29, 30*
オリュンピア（Ὀλυμπία）　*15, 25*


### カ　行


カウカソス（Καύκασος）　*27*
カウロニア（Καυλωνία）　*56*
カタネ（Κατάνη）　*21*
ガデイラ（Γάδειρα）　*48*
カリス（Χάρις）　*26*
カルダイア人（Χαλδαῖοι）　*1, 6, 11, 12*
カロンダス（Χαρώνδας）　*21*
キュロン（Κύλων）　*54, 55*
ギリシア（Ἑλλάς）　*19, 55*
クセノクラテス（Ξενοκράτης）　*53*
クレオピュロスの（Κρεοφύλειος）　*1, 15*
クレタ（Κρήτη）　*17*
　—人（女性）（Κρῆσσα）　*4*
クロトン（Κρότων）　*4, 18, 21, 56*
ケントリパ人（Κεντορίπινοι）　*21*
コリントス（Κόρινθος）　*59*


### サ　行


サモス（Σάμος）　*1, 2, 3, 5, 9, 10, 15, 56*
ザラトス（Ζάρατος）　*12*
ザルモクシス（Ζάλμοξις）　*14, 15*
ザレウコス（Ζάλευκος）　*21*
シケリア（Σικελία）　*21, 21, 27, 59*
シミコス（Σίμιχος）　*21*
シモス（Σῖμος）　*3*
シュバリス（Σύβαρις）　*21*
シュロスの（シュロス人）（Σύριος）　*1, 55*
シリア（Συρία）　*1*
　—人（Σύρος）　*1*
シレノス（Σειληνός）　*16*
スキュロス（Σκῦρος）　*10*
スペウシッポス（Σπεύσιππος）　*53*
セイレン（Σειρήν）　*39*
ゼウス（Ζεύς）　*2, 17*

## タ　行

ダウニアの（Δαύνιος）　*23*
タウロメニオン（Ταυρομένιον）　*21, 27, 29*
タラス（Τάρας）　*24, 56*
タレス（Θαλῆς）　*14*
タレタス（Θαλήτας）　*32*
テアノ（Θεανώ）　*4, 19*
ディオゲネス（・アントニオス）（Διογένης）　*10, 32*
ディオスポリスの（神官たち）（Διοσπολῖται）　*7*
ディオニュシオス（Διονύσιος）　*59, 60, 61*
ディオニュソパネス（Διονυσοφάνης）　*15*
ディカイアルコス（Δικαίαρχος）　*18, 56*
ティマイオス（Τίμαιος）　*4*
ティミュカ（Τιμύχα）　*61*
デメテル（Δημήτηρ）　*4, 35*
デモクリトス（Δημόκριτος）　*3*
テュレニア人（Τυρρηνός）　*2, 10*
テュレノス（Τυρρηνός）　*2, 10*
テュロス（Τύρος）　*1*
テラウゲス（Τηλαύγης）　*4*
デルポイ（Δελφοί）　*16, 41*
デロス（Δῆλος）　*15, 55*
ドゥリス（Δοῦρις）　*3*
トゥーレ（Θούλη）　*10*
トラキア（Θρᾴκη）　*14*
　―人（Θρᾷξ）　*14*
トリオパス（Τριόπας）　*16*
トリプース（Τρίπους）　*16*
トロイアの（Τρωικός）　*27*

## ナ　行

ニコマコス（Νικόμαχος）　*20, 59*
ネアンテス（Νεάνθης）　*1, 2, 55, 61*

## ハ　行

バビュロン（Βαβυλών）　*12*
パントス（Πάνθος）　*26*
ピタゴラス（Πυθαγόρας）　*1, 2, 3, 4, 7, 9, 10, 11, 12, 13, 14, 15, 16, 17, 20, 27, 28, 29, 45, 54, 55, 56, 57*
　―の、についての（Πυθαγόρειος）　*4, 59*
　―派（Πυθαγόρειοι, Πυθαγορικοί）　*49, 53, 56*
ヒッポボトス（Ἱππόβοτος）　*61*
ヒメラ（Ἱμέρα）　*21*
ピュタイス（Πυθαΐς）　*2*
ピュトナクス（Πυθῶναξ）　*4*
ピュトン（Πύθων）　*16*
ヒュペルボレオイ人（極北人）（Ὑπερβόρεοι）　*28, 29*
ヒュメットス産の（Ὑμήττιος）　*34*
ピュロス（Πύρρος）　*45*
ピンティアス（Φιντίας）　*60, 61*
プラトン（Πλάτων）　*53*
プリュギア人（Φρύξ）　*27*
プレイアデス（昴）（Πλειάς）　*41*
ペウケティア人（Πευκέτιοι）　*22*
ヘシオドス（Ἡσίοδος）　*32*
ヘブライ人（Ἑβραῖοι）　*11*
ヘラ（Ἥρα）　*3, 24, 27*
ヘラクレス（Ἡρακλῆς）　*14, 35*
ヘリオポリスの（神官たち）（Ἡλιοπολῖται）　*7*
ペルセポネ（Φερσεφόνη）　*41*
ヘルモダマス（Ἑρμοδάμας）　*1, 2, 15*
ヘルモティモス（Ἑρμότιμος）　*45*
ペレキュデス（Φερεκύδης）　*1, 2, 15, 55, 56*
ホメロス（Ὅμηρος）　*26, 32*
ポリュクラテス（Πολυκράτης）　*7, 9, 16*
ホロマゼス（Ὡρομάζης）　*41*

## マ　行

マゴス僧（Μάγος）　*6, 41*
ミュイア（Μυῖα）　*4*
ミュケナイ（Μυκῆναι）　*27*
ミュリアス（Μυλλίας）　*61*
ミレトス（Μίλητος）　*11*
ミロン（Μίλων）　*55*
ムーサ（Μοῦσα）　*31, 39, 41, 57*
ムネサルコス（Μνήσαρχος）　*1, 2, 10, 13*
ムネモシュネ（Μνημοσύνη）　*31*
メガレー・ヘラス（Μεγάλη Ἑλλάς）　*20*
メタポンティオン（Μεταπόντιον）　*27, 29, 56, 57*
　―人（Μεταποντῖνος）　*5*
メッサピア人（Μεσσάπιοι）　*22*
メネラオス（Μενέλαος）　*26*

メンフィス（Μέμφις） 7
モデラトス（Μοδέρατος） 48
モルゴス（Μόργος） 17

### ラ　行

リビュア（Λιβύη） 35
リュコス（Λύκος） 5
リュシス（Λῦσις） 55, 56
レア（Ῥέα） 41
レウカニア人（Λευκανοί） 22
レギオン（Ῥήγιον） 21
レムノス（Λῆμνος） 2, 10
ロクロイ（Λοκροί） 21, 56
ローマ人（Ῥωμαῖοι） 22

〈事　項〉

### ア　行

アクースマティコイ（御言葉聴従者）（ἀκουσματικοί） 37
足（πούς） 43
頭、頭部（κεφαλή） 43, 44
アポロン賛歌（παιάν） 32
イソギンチャク（ἀκαλήφη） 45
異他性（ἑτερότης） 50
一、一性（ἕν, ἑνότης, μονάς） 38, 49
イチジク（σῦκον） 15
縛め（σύνδεσμος） 46 →紐帯
入墨（στίγμα） 15
陰部（αἰδοῖον） 43, 44
牛（βοῦς）、雄牛（ταῦρος） 24, 36
歌、まじない歌（ἐπῳδή） 30, 33
海葱（スキラ）（σκίλλα） 34
瓜（σίκυς） 34
英霊（半神、英雄）の（ἡρῷος） 38
餌、食べ物、糧（τροφή） 24, 34, 47
エジプト語（Αἰγυπτίων φωνή） 11
大麦（κριθή） 34
　—のパン（μᾶζα） 34
　—の碾割り、碾割り—（ἄλφιτα） 34, 36
掟（θέμις） 42
踊り（ὄρχησις） 32
覚書（ὑπόμνημα） 7, 58
終わり（τελευτή） 42, 43, 51
音楽（μουσική） 33, 42
　—学者（ἁρμονικός） 3
恩人（εὐεργέτης） 38

### カ　行

外遊（ἀποδημία） 55
快楽（ἡδονή） 35, 39
神、神々（θεός, θεοί） 6, 8, 12, 14, 20, 25, 36, 38, 41, 42, 58
神々の像（θεῶν εἰκόνες） 42
芥子（μήκων） 34
感覚（αἴσθησις） 46
完全数（τέλειος ἀριθμός） 52
幾何学（γεωμετρία, γεωμετρικά） 6, 11
奇数のもの（περιττά） 38
犠牲獣、犠牲に供された獣（ἱερεῖον θύσιμον, καταθυόμενον） 34, 43
基礎（ὑπόθεσις） 42, 43
忌避、避ける、離れる（ἀπέχεσθαι） 7, 24, 43, 45
基本要素（στοιχεῖον） 48
牛乳（γάλα） 34
教育（παιδεία） 7
共感（συμπάθεια） 49
教師、師（διδάσκαλος） 3, 55, 57
教授、教授法、教師としての学識（διδασκαλία） 6, 37, 48, 50
教場、教団（διδασκαλεῖον） 9, 18, 53
共同生活所（ὁμακοεῖον） 20
協和（συμφωνία） 31
曲（περιφερές） 38
ギンバイカ（μυρρίνη） 36
偶数のもの（ἄρτια） 38
苦痛、苦しさ（λύπη） 33, 35
熊（ἄρκτος） 14, 23
　—座（大小の）（Ἄρκτοι） 41
計算（λογισμός） 6
穢れ（λῦμα） 12
原因（αἴτιον） 49
健康、元気である（ὑγεῖα, ὑγιής, ὑγιαίνειν） 32, 33, 35, 46
賢者（σοφὸς ἀνήρ） 56
原理（λόγος） 49, 50
コイニクス（χοῖνιξ） 42
睾丸（δίδυμοι） 43
恒星（ἀπλανής） 31

腰肉、腰部（ὀσφῦς） *43*
胡麻（σήσαμον） *34*
小麦粉（ἄλευρον） *34*
コリアンダー（κόριον） *34*

## サ　行

財貨（χρήματα） *21, 39*
祭儀（ἱερουργία） *14*
財産（οὐσία） *20*
魚（ἰχθῦς） *25*
三（τρία, τριάς） *51*
　―角形（τρίγωνον） *49*
散歩（περίπατος） *32*
詩、詩句（ἐλεγεῖον, ἐπίγραμμα, ποίημα） *3, 16, 17, 29*
子宮（μήτρα） *45*
始元（ἀρχή） *12, 48, 49, 51*
自然、自然的素質、資質、本性（φύσις） *12, 13, 30, 50, 51, 52*
舌（γλῶττα） *42*
死ぬ、亡くなる、死が近づく、死刑になる（ἀποθνήσκειν, τελευτᾶν） *15, 42, 56, 57, 58, 60, 61*
思念（δόξα） *42*
字母（χαρακτήρ） *48*
十（δέκα, δεκάς） *52*
周期（περίοδος） *19*
自由な、自由人の（ἐλεύθερος, ἐλευθέριος） *9, 18, 21*
自由にする（ἐλευθεροῦν） *21*
浄化、浄め（καθαίρειν） *12, 17, 45, 46*
象徴文字（συμβολικά） *12*
書簡文字（ἐπιστολογραφικά） *12*
食生活（δίαιτα） *34*
植物、草木（φυτόν） *39, 44*
真実を語る（ἀληθεύειν） *41*
心臓（καρδία） *42*
身体（σῶμα） *13, 15, 22, 26, 32, 33, 35, 41, 43, 54, 57*
真理（ἀλήθεια） *41*
髄（μυελός） *43*
数（ἀριθμός） *6, 25, 48, 49, 51, 52, 53*
　―学（μαθηματικα, μαθήματα） *6, 47*
　―比（λόγος） *3, 52*
スベリヒユ（ἀνδράχνη） *34*
精液（γόνος） *44*
聖刻文字（ἱερογλυφικά） *12*
静止（μένον） *38*
清浄、清浄な（ἁγνεία, ἁγνεύειν, εὐαγής） *7, 12, 15*
生成（γένεσις） *42, 43, 44*
銭葵（μαλάχη） *34*
僭主（τύραννος） *7, 21, 59, 60*
　―政治（τυραννίς） *9, 16*
前世、昔の生（πρότερος βίος, παλαιὸς βίος） *12, 26, 45*
増大（αὔξησις, αὔξεσθαι） *42, 43*
相貌による性格診断、鑑定（φυσιογνωμονεῖν） *13, 54*

## タ　行

対地星（ἀντίχθων） *31*
大道（λεωφόρος） *42*
ダイモーン、神霊の（δαίμων, δαιμόνιος） *38, 41*
対立抗争、騒乱（στάσις） *22, 56*
盾（エウポルボスの）（ἀσπίς） *27*
知恵（σοφία） *3, 11, 12, 15*
力（δύναμις） *38, 50, 51, 52*
チーズ（τυρός） *15, 34*
知性（νοῦς） *46*
紐帯（σύνδεσμος） *31*
調和（ἁρμονία） *30, 39*
直（εὐθύ） *38*
直角三角形（ὀρθογώνιον） *36*
治療、看病（θεραπεύειν） *15, 33*
知を愛し求める（φιλοσοφεῖν） *46*
沈黙（σιωπή） *19*
ツバメ（χελιδών） *42*
ツルボラン（アスポデロス）（ἀσφόδελος） *34*
（ピタゴラスの）弟子、友人、知人、親近な人、身内の者（ὁμιλητής, φίλος, ἑταῖρος, γνώριμος） *9, 13, 19, 22, 25, 27, 28, 29, 30, 33, 54, 55, 56, 57*
哲学、愛知（φιλοσοφία） *9, 46, 53, 54, 57*
哲学者、愛知者（φιλόσοφος） *10, 16, 50*
テトラクテュス（τετρακτύς） *20*
天球（σφαῖρα） *30*
転生（μεταβάλλειν） *19*
天秤の竿（ζυγόν） *42*
天文学、天についての観察、天空の観察

（ἀστρονομικά, περὶ τὸν οὐρανὸν θεωρήματα, μετέωρος θεωρία） 6, 11, 14
等、等性（ἴσον, ἰσότης） 38, 49, 50
動物（ἔμψυχον, ζῷον） 7, 19, 23, 36, 39, 43, 44
（二つの）時（καιρός） 40
徳（ἀρετή） 7, 42
友、友人、仲間（φίλος, ἑταῖρος） 7, 33, 54, 55, 60
ドーリス方言で（δωριστί） 53

## ナ 行

中、中間（μέσον, μεσότης）
二、二性（δυάς, δυοειδές） 38, 50
肉（κρέας） 15, 34
荷物（φορτίον） 42
乳香（λιβανωτός） 11, 36
妬み、妬む（φθόνος, φθονεῖν） 15, 32, 54
練り粉の（牛）（σταίτινος） 36

## ハ 行

始め（ἀρχή） 42, 43, 44, 51
蜂の巣（蜜蝋）（κηρίον） 34
蜂蜜（μέλι） 34
万物全体、宇宙全体（τὰ ὅλα） 12, 44, 49, 50
光（φῶς） 38, 41
左（ἀριστερόν） 38
非物体、非物体的な（ἀσώματον） 46, 47, 49
ヒメジ（τριγλίς） 45
病気、病気の、病んでいる（νόσος, νοσεῖν, κάμνειν） 15, 22, 33, 35
ひよこ豆（ἐρέβινθος） 34
比例（ἀναλογία） 52
不死（ἀθάνατος） 19, 45
豚（χοῖρος） 36
符牒（シュンボロン）（σύμβολον） 25, 41, 42
不調法（ἀμετρία） 22
物体、物体的な（σῶμα, σωματικός, σωματοειδές） 47, 49
不等、不等性（ἄνισον, ἀνισότης, ἀνισοειδές） 38, 50
腐敗（σηπεδών, συσσήπειν） 44
不和（διχοφροσύνη） 22
法（νόμος） 20, 21, 38, 42, 56
謀略、陰謀事件（ἐπιβουλή, ἐπιβουλεύειν） 54, 55, 56
星、惑星（ἀστήρ） 30, 31
干し葡萄（ἀσταφίς） 34

## マ 行

マテーマティコイ（学的研究者）（μαθηματικοί） 37
豆（κύαμος, κυαμών） 24, 43, 44
右（δεξιός） 38
無知（ἀμαθία） 22
名声（δόξα） 19, 54
雌鶏（ἀλεκτορίς） 36
文字、文書、読み書き（γράμματα） 7, 12, 37, 59

## ヤ 行

野菜（λάχανον） 34
友情、友愛、交友（φιλία, φιλικόν） 59, 61
（ピタゴラスのではない）友人、友、仲間（φίλος, ἑταῖρος） 7, 54, 55, 60
夢（ὄνειρος） 11
予言術（μαντεία） 11

## ラ 行

雷石（κεραυνία λίθος） 17
両親（γονεῖς） 38
リラ、リラ琴（λύρα） 26, 32, 41
牢獄（εἱργμός） 46

## ワ 行

惑星（πλανήτης） 41
鷲（αἰετός） 25

『マルケラへの手紙』

## ア　行

愛（ἔρως）　24, 31
　―する（ἔρασθαι）　24
愛情（εὔνοια）　6
悪、邪悪、害悪、災厄（κακία, κακόν, πονηρία）　2, 9, 13, 21, 24, 28, 29, 35
悪事を企む者（ἐπίβουλος）　5
悪謀、謀略（ἐπιβουλή）　3, 33
悪霊に憑かれた（κακοδαίμων）　11, 22
悪しき、邪悪な（πονηρός, κακός）　11, 12, 14, 16, 17, 19, 21, 23, 30
悪しざまに言う（ἐνυβρίζειν）　2
アスクレピオス（Ἀσκληπιός）　7
頭をもたげる（ἀνακύπτειν）　6
集め寄せる（συλλέγειν）　10
アトレウス家の兄弟（Ἀτρεῖδαι）　5
争いごと（ἀγών）　5
安全（ἀσφαλές, ἀσφάλεια）　2, 5, 15
安息、安易、容易（ῥᾳστώνη, ῥᾳθυμία）　1, 6
安寧（σωτηρία）　8, 9
安楽に生きる（ῥεῖα ζώειν）　6
怒り（ὀργή）　2, 18
意気軒昂、元気が出る（θαρρεῖν）　4, 28, 29
異郷にある（ἐν ταῖς ἀποδημίαις）　5
異郷の寄留先（ξένη καταγωγή）　6
生きる（βιοῦν, ζῆν）　7, 23, 34
威厳（σεμνότης）　18
意思（βουλή）　20
医術（ἰατρική）　31
泉の流れ（πηγαῖον νᾶμα）　4
一日限りの、束の間の儚い（ἐφήμερος）　19, 29, 30
一なる支配（ἕνωσις）　10
偽り、虚偽（ψευδές）　14, 15
意に適う（ἐπιτυχής）　23
命綱（πεῖσμα）　5
居場所（χώρημα）　19, 21
苛立ち（ἀγανάκτησις）　7
色もない（ἀχρώματος）　8
咽喉（λαιμός）　33
飢える（πεινῆν）　30
奪う、奪い返される（ἀφαιρεῖν, ἀναφαίρετος）　12
運、遇運、幸運（τύχη）　23, 26, 30
運動（φορά）　22
影像（εἴδωλον）　10
援助者（ὁ ἐπωφελῶν）　6
黄金、黄金の（χρυσός, χρυσοῦς）　7, 29
大盤振舞い（χορηγία）　19
掟（θέμις）　22
幼い子（νήπιος）　1
汚濁せる、不浄な、穢れた（μιαρός, ἀκάθαρτος）　14, 24, 26, 28, 33
汚濁腐敗なき（ἀδιάφθορος）　33
夫（ἀνήρ）　3, 6, 9
男、男の、男子（ἄρρην, ἀνήρ）　1, 7, 33
想い出す、記憶、記憶する（μιμνήσκεσθαι）　6, 8, 32
重荷を引き受ける、対処する（βαστάζειν）　1, 3
愚かさ、愚行、無思慮（ἀφροσύνη）　7, 19, 26
音頭取りの調子（ἐνδόσιμον）　8
女、女の（γυνή, θῆλυς）　7, 33

## カ　行

快感（ἡδυπάθεια）　33
解放、解放する、自由な（ἀπαλλαγή, ἀπαλλάττειν, ἐλευθεροῦν, ἐλεύθερος）　7, 12, 28, 34
快楽、心地よさ（ἡδονή）　6, 7, 35
快楽を愛する、快楽愛好者（φιλήδονος）　14
輝き出る（ἐκλάμπειν）　26
書かれた（ἔγγραφος）　27
覚識、覚知、理知、理知的判断、心、認識（γνώμη, γνῶσις, νοεῖν）　11, 20, 21, 32
影（σκιά）　9, 10
可触的（ἁπτός）　8
家政（οἰκονομία）　1
形もない（ἀσχημάτιστος）　8
合唱隊（χορός）　8
合着する（συναρτᾶσθαι）　32
渇望（δύσκολον）　6
嘉納される（εὐπρόσδεκτος）　24
神、神性（θεός, τὸ θεῖον）　7, 11, 12, 13, 14,

15, 16, 17, 18, 19, 20, 21, 22, 23, 24, 25, 33, 35
神々（θεοί） 2, 4, 5, 6, 7, 17, 18, 21, 22, 23, 28, 33
神なき、神を畏れぬ（ἄθεος） 14, 34
神に愛される（θεοφιλής） 14, 15, 16, 32
神への感謝を知らぬこと（ἀχαριστεῖν） 23
神を愛する（φιλόθεος） 14
神を尊崇すること（θεοσεβές） 23
渇く（διψῆν） 27, 30
感覚（αἴσθησις） 8
—界（τὰ αἰσθητά） 10
観察者（θεωρός） 6, 20
監視（ἐφόρασις） 21
監督者（ἔφορος） 12, 20
喜悦（τέρψις） 7
祈願、祈り（εὔχεσθαι, εὐχή, λιτανεύειν） 12, 16, 17, 23, 24
危険（κίνδυνος） 1, 15, 22
犠牲の式をあげる、犠牲式（θυηπολία） 19
鍛える、励む、修練する（ἀσκεῖν） 10, 12, 17, 35
希望、望み（ἐλπίς） 24, 29
基本理念（στοιχεῖον） 24
欺瞞、欺く（ἀπάτη, ἀπατᾶν） 14
窮する（ἀμηχανεῖν） 29
窮乏（πένεσθαι, ἀπορεῖν） 27, 31
教師（διδάσκαλος） 6, 26
強制（βίαιος, βία） 25, 26
共棲（συνοίκησις） 3
共生（συνουσία） 10
教説（δόγμα） 8
協定（συνθήκη） 25
教導（διδασκαλία） 5
—者（καθηγεμών） 8, 9
協同者（συλλήπτωρ） 3, 12
恐怖、恐れ（φόβος） 28, 29, 33
教養（παιδεία） 34
協和（κοινωνία） 25
虚栄（κενοδοξία） 15
拒否する、否認する（ἀρνεῖσθαι） 21, 23
ギリシア人（Ἕλληνες） 4
金銭愛好者（φιλοχρήματος） 14
空虚な、空疎な、空しい（κενός, μάταιος） 12, 17, 25, 27, 29, 31
茎（καλάμη） 32
鎖（πέδη） 7
愚者、思慮なき（ἄφρων） 19, 27
口（στόμα） 20
苦痛を与える（λυπεῖν） 7
苦闘（ἆθλος） 8
国（πόλις） 25
苦悩（μέριμνα） 6
愚昧（ἀβελτερία） 1
供物（ἀνάθημα） 14
暮らし（δίαιτα） 28
苦しいこと（τὰ ἐπίπονα） 7
苦しむ（ὀδυνᾶσθαι） 27
敬虔、敬神、敬虔な暮らし（εὐσέβεια） 17, 18, 28, 35
汚れ、汚す（μίασμα, μιαίνειν） 13, 15, 16, 18
劇、芝居（δρᾶμα, θέατρον） 2
結婚、結婚の（γάμος, γαμικός） 1, 2
原因（αἰτία, αἴτιον, αἴτιος） 2, 6, 12, 24, 29
喧嘩口論（διαπληκτισμός） 2
献酒（προχοή） 23
検証、弾劾する（ἐλέγχειν） 8, 25
賢明な（συνετός） 32
権力（δυναστεία） 25
乞い求める、願い（αἰτεῖν, αἴτησις） 12, 13
幸運のうちにある、幸運に恵まれている（εὐτυχεῖν） 30
幸福、至福、仕合せ（μακάριος, μακαριότης） 7, 16, 17, 18, 29, 33
声（φωνή） 17, 30
凍える（ῥιγοῦν） 30
故国（νόστος） 6
刻印する（τυποῦν, ἐντυποῦν） 26
心乱れている（ταράττεσθαι） 29
子作り（παιδοποιία） 1
言葉、言論、理説（λόγος） 3, 5, 8, 9, 10, 11, 12, 14, 15, 20, 21, 31
子ども（παῖς, τέκνον） 1, 7
顧慮しない、辱める（ἀτιμάζειν） 5, 23
困難（δυσφορία） 29

## サ　行

財貨（χρήματα） 1
罪過、過誤（ἁμάρτημα） 7, 9

財産（οὐσία） 29
祭司（ἱερεύς） 16
祭壇（βωμός） 18
財をもたぬ（ἀκτήμων） 1
叫ぶ（βοᾶν, ἐκβοᾶν） 30, 32
捧げもの（ἀνάθημα） 19
捧げる、捧げものをする（θύειν） 14, 16, 17
差し控える（ἀποχή） 28
詐術（γοητεία） 33
賛歌（ὕμνος） 2
死、死ぬ（θάνατος, ἀποθνήσκειν） 1, 34, 35
思案推考（λογισμός） 29
識別（διάγνωσις） 18
死すべき（θνητός） 25
自然（φύσις） 25, 27, 28, 29, 31, 33, 35
—学的に不合理（ἀφυσιολόγητος） 30
自足、自足している、みずから足りていること、十分な（αὐτάρκεια, αὐτάρκης） 27, 28, 30, 32
舌（γλῶττα） 16
実際の行ない、振舞い、所業、業、修行（ἔργον） 4, 8, 10, 12, 15, 16, 17, 21, 24
実践、行ない、行為、行動（ἄσκησις, πρᾶξις） 5, 8, 12, 14, 16, 20, 28
死に捕らわれた（θανάσιμος） 28
思念（ἔννοια） 10, 25, 26
縛る（δεῖν） 33
自分自身、自分、自身（ἑαυτοῦ, ἑαυτῆς, σαυτῆς） 10, 13, 16, 17, 22, 26, 29, 32, 33
自分でする（αὐτουργεῖν, αὐτουργία） 35
死滅（φθορά） 33
醜、醜い（τὸ αἰσχρόν, αἶσχος, αἰσχρός） 9, 13
十全さ（τέλος） 27
執着（προσπάθεια） 32
十分な、満足する（ἀρκεῖν, ἀρκεῖσθαι） 27
修練（μελετᾶν） 10, 28, 32
守護者（φύλαξ） 26
主人（δεσπότης） 34
浄化、浄める（καθαίρειν, καθαρεύειν） 9, 11, 15, 23
賞讃（ἔπαινος） 1
上昇（ἀνάβασις, ἀναβαίνειν） 6, 10
精進する、熱意を傾ける、熱望する（σπουδάζειν） 7, 24, 25, 32
衝動（ὁρμή） 22, 34
証人（μάρτυς） 3, 8, 14
情念、情態、受苦（πάθος） 6, 8, 9, 13, 31, 34
傷病、傷（ἕλκος） 5
証明（ἀπόδειξις） 8
助言者（σύμβουλος） 10
助言する（παραινεῖν） 4
処女（παρθένος） 33
食卓（τράπεζα） 29
助力する、助力（παραστατεῖν, ἐφόδιον） 1, 33
思慮（φρόνησις） 26
—ある人（σώφρων） 7
深奥（μυχός） 6
神学（θεολογία） 15
神気に満ちた（ἔνθεος） 19, 20
人生、生、生涯、生活、暮らし（βίος） 2, 3, 5, 15, 21, 22, 24, 29, 33
身体、肉体（σῶμα, σάρξ） 1, 8, 9, 10, 12, 13, 20, 25, 26, 29, 30, 31, 32, 33, 34
身体を愛する、身体愛好、身体愛好者（φιλοσώματος, φιλοσωματία） 14, 25
寝台（κλίνη） 29
神的な、神の、神のごとき（θεῖος） 3, 8, 9, 10, 11, 21, 25, 26, 27, 32
神殿（νεώς） 11, 14, 19
—を荒らす者（ἱερόσυλος） 14, 19
信念、信認、信心、信仰、信じる（πίστις, πιστεύειν, νομίζειν, πείθεσθαι） 21, 22, 23, 24
真理、真実（ἀλήθεια, τἀληθῆ） 3, 13, 14, 15, 20, 24, 25, 26
神霊、霊（δαίμων） 2, 11, 16, 19, 21
水蛇（ὕδρος） 5
崇拝、敬う（σέβας, σέβειν） 18, 19, 35
姿形、容姿（σχῆμα） 13
救い主（σωτήρ） 5, 26
救いの途、救済（σωτηρία） 24, 25
救うもの・救われるもの（τὸ σῷζον καὶ τὸ σῳζόμενον） 9
棲家（ἐνδιαίτημα） 11, 21
性愛（ἀφροδίσια） 28
正義の裁き（δίκη） 22
聖所（τὸ ἱερόν） 11
性状（διάθεσις） 17

清浄な、浄らかな、シミ一つない、浄福な（καθαρός, ἀκήρατος, ἄφθορος）　9, 10, 13, 14, 24, 32, 33
清浄を保つ（ἁγνεύειν）　28
精神（διάνοια, φρόνημα）　8, 11, 16, 19, 20, 23, 32
生殖器（μόριον）　33
生成界（γένεσις）　5, 6
制定された、定められた（θετός）　25
青年（ἤθεος）　33
説諭する（ἐπισκήπτειν）　5
摂理（πρόνοια, προνοεῖν）　16, 21, 22
責める（αἰτιᾶσθαι）　29
責めを負わない（ἀναίτιος）　12
世話、奉仕（θεραπεύειν）　23, 31
善、善き、善良な、善きもの（ἀγαθός）　5, 9, 21, 24, 30
善行（τὸ εὖ ποιεῖν）　1
先導者（ὑφηγητής）　9
善と美、善にして美なる者（τό τε ἀγαθὸν καὶ καλόν, καλὸς κἀγαθός）　11
像（ἄγαλμα）　11, 17
憎悪（μῖσος）　2
想起（ἀνάμνησις, ἀναγνώρισις）　6, 8, 26
装飾、整備（κόσμος）　7, 19
束縛、縛め（δεσμός）　7, 33
ソクラテス（Σωκράτης）　2
祖国（πατρίς）　6
素質、本性（φύσις）　3, 12
尊崇、崇敬、賞讃、賛美、讃える、敬う（τιμή, τιμᾶν）　11, 16, 18, 19, 23
ソフィスト（σοφιστής）　17

## タ　行

胎児（ἔμβρυον）　32
胎内（γαστήρ）　32
胎膜（χόριον）　32
多数者、大衆（πλῆθος, οἱ πολλοί, ὁ πολύς）　15, 17, 28, 30
闘い（πάλαισμα）　5
楽しいこと（τὰ ἡδέα）　7
魂（ψυχή）　5, 7, 9, 11, 13, 14, 15, 16, 20, 21, 25, 26, 29, 30, 32, 33, 34, 35
　—をたぶらかす（ψυχαγωγεῖν）　6, 9
賜物（δῶρον, γέρας）　12, 21
民、国民（ἔθνος）　25
嘆願（ἱκετεία）　19
知恵（σοφία）　1, 11, 17, 23, 30
知識（ἐπιστήμη）　17, 30
智者、知恵ある（σοφός）　11, 13, 16
知性（νοῦς）　11, 13, 14, 19, 24, 25, 26, 33
　—界（τὰ νοητά）　10
父親（πατήρ）　6
中傷（βλασφημία）　1
聴講者（οἱ ἀκροώμενοι）　8
嘲笑、笑い（γέλως）　2, 19
治療（ἰατρεία）　1
沈黙、黙る、黙す（σιγᾶν, σιωπή）　15, 16, 26
通俗的な（δημώδης）　2, 3
つまらぬ、低劣な（φαῦλος）　8, 24
手（χείρ）　8
ディオスクロイ（Διόσκουροι）　7
ディケー（Δίκη）　22
適性（ἐπιτηδειότης）　3
適度、尺度（μέτρον）　25, 32
でたらめな、わけの分らない、理知なき（ἄλογος）　22, 23
鉄（σίδηρος）　7
哲学、知への愛、哲学の（φιλοσοφία, φιλόσοφος）　1, 2, 3, 5, 8, 27, 31
哲学者（φιλόσοφος）　27, 28
転倒、転倒を引き起こす（διαπίπτειν, εὐδιάπτωτος）　21, 22
転落（πτῶμα）　5, 6
同意遵守（ὁμολογία）　25
統御（διοικεῖν, ἄρχειν）　21, 22, 34
統合（συνάγειν）　10
同族親近なもの（τὸ συγγενές）　16
同伴者（κοινωνός）　2
同胞市民（πολίτης）　1
徳（ἀρετή）　7, 12, 16, 23
督励（συνεπείγειν, παραγγέλλειν, παρακελεύεσθαι）　4, 19, 28
富（πλοῦτος）　9, 27, 28
友（φίλος）　3
貪欲（λαιμαργία）　27

## ナ　行

涙（δάκρυον）　19
贄、贄の奉納（θυηλή, ἱερεῖον）　23
肉食（βρῶμα）　28

似姿を刻み込む（ἐνεικονίζειν） 11
似せる、神まねび（ὁμοιοῦν, ὁμοίωσις, ὁμοιότης） 16, 17
似たもの（τὸ ὅμοιον） 19
荷を負わす（φορτίζειν） 33
人間（ἄνθρωπος） 5, 8, 11, 13, 15, 16, 24, 26, 31, 35
　―を愛すること（φιλανθρωπία） 35
忍耐、忍耐力（καρτερία） 5, 7
願いを聴き入れる（πείθεσθαι） 23
妬み（φθόνος, ζηλοτυπία） 1, 2
眠り（ὕπνος） 6
昇り道（ἄνοδος, ἀναδρομή） 6, 7
登る（ἀναβαίνειν） 6

## ハ　行

博識（πολυμάθεια） 9
励ます（παραμυθεῖσθαι, παρακαλεῖν） 5
裸になる（γυμνητεύειν） 33
裸の（γυμνός） 33
罰、懲罰、罰する（ζημία, κόλασις, κολάζειν） 5, 22, 25, 35
母、母親（μήτηρ） 1, 9
馬場（ἱππήλατον） 6
馬銜をつけて制御する（χαλινοῦν） 29
腸《はらわた》（κοιλία） 33
播種する（σπείρειν） 32
万物、すべて（πάντα, ὅλα） 21, 22
伴侶（σύνοικος） 1, 20, 21
火（πῦρ） 19
美（καλόν, κάλλος） 9, 13, 16
光（φῶς） 10, 13, 20, 26
悲喜劇（κωμῳδοτραγῳδία） 2
秘儀を授ける（τελεῖν） 8
悲劇（τραγῳδία） 5
必然不可避なもの、必要不可避なもの（ἀναγκαῖον） 25, 28
必要なこと、責務（χρεία） 1, 4, 25
一つにする（ἑνίζειν） 10
人としての資質（ἦθος） 14
百牛の贄（ἑκατόμβη） 14
病苦、病（νόσημα, νόσος） 9, 31
病弱（ἐπίνοσος） 1
評判、意見、観念、臆見、思惑、謬見（δόξα） 1, 15, 17, 25, 27, 31
ピロクテテス（Φιλοκτήτης） 5
貧窮（πενία） 9
品性（τρόπος） 3
不運、不運のうちにある（ἀτυχεῖν, δυστυχεῖν） 30
負荷（φορτίον） 35
復路（ἐπάνοδος） 6
不敬な、不敬虔な（ἀσεβής, ἀνόσιος） 14, 15, 17
不在（ἀπουσία） 5, 6, 10
不仕合せな（κακοδαίμων） 29
不自由（ἀμηχανία） 5
不信心（ἀπιστία） 22
不正、不正な、不正をなす（ἀδικία, ἄδικος, ἀδικεῖν） 5, 14, 27, 35
父祖（πατέρες） 14
　―伝来の慣わし（τὰ πάτρια） 18
　―の（γενέθλιος） 2
普通の慎ましい人々（οἱ μέτριοι） 27
不動心（ἀπάθεια） 26
部分、身体部分、身体の一部、身体器官（μέρος） 32, 33, 34, 35
不本意な（ἀβούλητος） 18
踏み越える（ὑπερβαίνειν） 25, 26
不滅、不死性（ἀφθαρσία） 17, 18, 32
プラトン（Πλάτων） 9, 10
文藝（μουσική） 2
ヘラクレス（Ἡρακλῆς） 7
便宜（χρῆσις） 33
弁明（ἀπολογία） 35
返礼（ἀμοιβή） 23
法（νόμος） 16, 25, 26, 27, 31
忘却（λήθη） 6, 21, 29
暴君（τύραννος） 34
奉仕、奉仕する（διακονία, ἐπικουρεῖν, ὑπουργεῖν） 1, 2
暴慢（ὕβρις） 3
放埒（ἀκολασία, ἀκρασία） 19, 26, 35
保護者（προστάτης） 2, 3
滅ぼすもの・滅ぼされるもの（τὸ ἀπολλύον καὶ τὸ ἀπολλύμενον） 9

## マ　行

巻紙（τόμος） 32
学び知る、知る、認知する（μανθάνειν, γιγνώσκειν） 13, 21, 22, 24, 26, 32
守る（φυλάττειν） 21

身内（συγγενής）　6
見下す、蔑視する（καταφρονεῖν）　12, 25, 26
御心にかなう奉仕を行なう、意を迎える（ἀπομειλίττεσθαι）　2
道（ὁδός）　6, 7, 8
導き手（ἀναγωγός）　26
醜い（αἰσχρός）　9
見張り（ἐπόπτης）　12, 21
麦（σῖτος）　32
向き直り（回心）（ἐπιστροφή）　24
無教育（ἀπαιδευσία）　9
娘（θυγάτηρ）　1, 4
無知（ἄγνοια）　13, 22
　—である、知らない（ἀγνοεῖν）　13, 22, 26
　—無学な（ἀμαθής）　16
無法者（παράνομος）　14
召使（οἰκέτης）　35
盲目にする（τυφλοῦν）　18

## ヤ　行

養う（τρέφειν）　24, 26
闇に蔽われた（ἐσκοτισμένος）　10
夢（ἐνύπνιον）　6
養育者（τροφεύς）　26
欲望、欲する（ἐπιθυμία, ἐπιθυμεῖν）　4, 27, 29, 31
よそごとの、本然を離れた（ἀλλότριος）　5, 6
欲求、欲（βούλημα, ὄρεξις）　27, 28, 29
呼びかける（παρακαλεῖν）　12
嘉されぬ（δυσάρεστος）　17
嘉される（εὐάρεστος）　17
余裕（περιουσία）　1
喜ぶ（χαίρειν）　16

## ラ　行

理性（λόγος）　6, 34
理知的（λογικός）　25, 26
糧食、命の糧（τροφή）　19, 26
隷従（δουλεύειν）　34
労苦、苦労、苦しむ、骨折る（πόνος, πονεῖν, μοχθεῖν）　6, 7, 10, 12, 31, 32
牢獄（δεσμωτήριον）　2
労働（ἐργασία）　29
老年（γέρας）　1

## ワ　行

罠（παγίς）　33
藁の寝床（στιβάς）　29

『ガウロス宛書簡』

## ア　行

アイテールから成る（αἰθερώδης）　11. 3
愛欲（ἔρως）　8. 2, 3
赤ん坊、赤子、乳児（βρέφος）　1. 3; 12. 5; 16. 5
アリストテレス（Ἀριστοτέλης）　12. 2, 3
生きて生まれる、生けるものとする、生命を賦与する（ζῳογονεῖσθαι, ζῳογονεῖν, ζῳογονία）　12. 6; 16. 5
生きているあいだに（ἐν διαίτῃ）　16. 8
生き物、ゾーオン（ζῷον）　4. 2, 4, 5, 7; 8. 2, 3, 4; 9. 2
息を合わせる、生気を吹き込む（ἐμπνεῖν）　10. 6; 16. 4
石（火打ち石）（λίθος）　11. 2; 17. 4, 5
石臼（石胎）（μύλος）　12. 6
一体化、一つになる（ἑνοῦσθαι）　10. 5; 17. 6
居場所（δίαιτα）　10. 6
意味（τὸ σημαινόμενον）　13. 1
　—する、言い表わす（σημαίνειν）　11. 1; 13. 2
芋虫（εὐλή）　16. 8; 17. 5
意欲（βούλησις）　11. 2
苛立ち（ἀγανακτεῖν）　8. 3, 4
印象（τύπος）　5. 1; 15. 2
陰毛（ἥβη）　14. 1; 17. 6
上から下へ（ἄνωθεν κάτω）　14. 3
植えつける（ἐμφύειν）　11. 3, 7
動き（κίνησις, κίνημα）　4. 1, 4, 5, 7, 9, 10, 11; 7. 1, 3, 7; 8. 1, 2, 4; 12, 6; 14. 3; 15. 2, 5
うじ虫（σκώληξ）　16. 8; 17. 5

宇宙（κόσμος） 16. 5, 6
馬（ἵππος） 5. 4; 17. 3
生まれる（γεννᾶσθαι） 6. 2; 9. 4; 17. 6
生まれたもの、生成物（γέννημα） 6. 2, 3; 12. 6; 14. 3; 16. 4
産みの苦しみのうちにある妊婦（ὠδίνουσα） 12. 6
産む、出産する（τίκτειν, ἀποτίκτειν, γεννᾶν） 5. 1; 6. 2; 9. 4; 14. 3; 16. 1, 5
永遠（αἰών） 16. 5
嬰児（κυηθέν） 10. 1
影像（εἴδωλον） 11. 2
英知的直観の面で（νοητικῶς） 17. 6
栄養、栄養物、食物（τροφή） 3. 2, 3; 4. 1; 7. 2; 10. 1, 3; 12. 4; 16. 1
栄養摂取、養育、栄養補給（θρέψις, ἔκθρεψις） 3. 2, 4; 10. 1; 12. 4,
栄養摂取する、摂る、養う；育てる、養育する、育て上げる（τρέφειν, ἐκτρέφειν） 3. 2, 4; 12. 4; 15. 1; 16. 3; 18. 1；8. 3; 9. 2; 12. 7
栄養摂取できない（ἄτροφος） 12. 7
栄養摂取の、栄養摂取的（θρεπτικός） 1. 1; 12. 7; 16. 1; 17. 1, 6; 18. 1
演じる（μιμεῖσθαι） 11. 1
円錐（κῶνος） 11. 2
エンプシューコン、魂をもつもの（ἔμψυχος） 4. 7; 8. 2; 13. 1; 17. 5
横隔膜（φρήν） 4. 4, 7
旺盛に活動する（εὐθενία, εὐθενεῖσθαι） 16. 2
嘔吐（ἐμεῖν） 8. 1
黄緑色の（χλωρός） 17. 6
大茴香（νάρθηξ） 17, 4
雄（ἄρρην） 2. 2, 3; 8. 2
臆見的、判断の（δοξαστικός） 4. 10; 5. 4; 6. 3; 12. 7
音（φθόγγος） 16. 6
同じ作用を被る（ὁμοπάθεια） 11. 4, 6
思いなし、判断、臆見、見解、所信、考え（δόξα） 1. 2; 4. 4; 6. 3; 7, 9; 9. 1; 12. 3, 6; 13. 6, 17. 2
檻（ζώγριον） 14. 4
滓状の（τρυγώδης） 7. 2
音声を発する（φθέγγεσθαι） 12. 4
女（γυνή） 5. 4; 8. 2, 3; 16. 2


## カ 行


快、快楽（ἡδονή） 4. 1, 8; 7. 3; 18. 1
櫂（κώπη） 13. 2, 3, 4
外殻（λέπυρον） 17. 7
開口部、空所（ὀπή） 11. 3; 15. 4
懐胎（σύλληψις, κύησις） 2. 3; 12. 1
—される（κυΐσκεσθαι） 9. 3, 4
回転させる（στρέφειν） 4. 4, 10; 12. 3; 14. 3; 16. 5
怪物（τέρας） 12. 6
ガウロス（Γαῦρος） 1. 1
角（γωνία） 11. 2
学芸に秀でた（μουσικός） 9. 4
拡散（διάχυσις） 7. 3
角度（κλίσις） 7. 3
嵩（ὄγκος） 16. 2; 17. 6
果実、実（καρπός, ἀκρόδρυον） 3. 3, 4; 8. 3; 9. 1; 13. 4; 17. 6, 7
舵取り（κυβερνήτης） 10. 4, 5, 6; 11. 1
—、統御（κυβερνᾶν, κυβέρνησις） 6. 3、8. 2; 10. 6; 11. 2
過剰（πλεονασμός） 15. 5; 16. 7
形が出来上がる（διατύπωσις） 17. 2
固まらず分解されやすい（ἀπαγὲς καὶ διαλυτός） 10. 3
固める（πήσσειν） 16. 2
合着（προσπάθεια） 4. 9
可知的（νοητός） 16. 5
活動的（ἐνεργός） 12. 7
渦動（δίνησις） 11. 4
可能態、可能態にある、可能的に（δυνάμει） 1. 2, 4; 2. 1, 2, 5; 13. 1, 2, 4; 14. 3; 16. 7; 17. 3
神（θεός） 4. 4; 8. 2; 11. 2; 12. 3; 13. 6
—々（θεοί） 8. 2
体を震わせる（πάλλειν） 7. 3
体を回す（συμπεριάγεσθαι） 7. 3
カルダイア人（Χαλδαῖοι） 16. 5
渇き、渇く（δίψα, διψᾶν） 7. 3
間隔（ἀπόστημα） 12. 5
感覚（αἴσθησις, αἰσθάνεσθαι） 1. 1; 2, 1; 4. 1, 3, 4, 6, 7, 8, 9, 10; 5. 1; 12. 5, 7; 13. 3; 14. 1; 15. 1, 2, 4; 16. 4; 18. 1
—器官（αἰσθητήριον） 4. 9; 15. 1
—対象（τὸ αἰσθητόν） 4. 9

—的、—能力（αἰσθητικός） 1. 3, 4; 2. 1; 4. 10; 6. 4; 12. 5, 7; 13. 4; 14. 3; 15. 2; 16. 4, 7; 17. 6; 18. 1
勘考、思考力、理知的計算、推論（λογισμός） 4. 4, 7, 8; 6. 2; 12. 3; 16. 8
勘考する（λογίζεσθαι） 4. 10
勘考的、理知的、思考能力（λογικός, λογιστικός） 4. 10; 6. 2; 12. 5; 13. 4; 14. 3; 17. 3, 6; 18. 1
完成態（τελειότης, τελείωσις） 9. 5; 13. 4
肝臓（ἧπαρ） 7. 2; 13. 6
記憶（μνήμη） 2. 3; 5. 4
気概的部分（θυμοειδές） 13. 6
希求（ἐπιτήρησις） 11. 2
木屑（κάρφος） 11. 2, 4; 17. 4
技術（τέχνη） 13. 2
気息（πνεῦμα） 3. 3; 4. 4; 6. 1; 7. 1; 8. 3; 11. 1
—から成る（πνευματώδης） 11. 3
毀損なき（ἀβλαβής） 5. 1
休止、静止（ἡσυχάζειν, ἤρεμος） 1. 2, 4; 13. 1, 2, 3, 4; 17. 7
球状に巻き畳まれている状態（σφαιροειδὴς περιέλιξις） 10. 3
吸入口（εἴσπνοια） 16. 5
寄与（συνεργεῖν） 13. 6
教育、育てられる（παιδεία, παιδεύεσθαι） 4. 4, 8; 6. 3
共感（τὸ συμπαθές） 11. 4
—覚（συναίσθησις） 7. 2
供給、与える（χορηγία, χορηγεῖν） 10. 1, 3
強固化（πῆξις） 10. 4
強制力（βία） 10. 3; 12. 3
教説（δόγμα） 16. 6
協調、協和、同調（συμφωνία, συμφωνεῖν, σύμφωνος） 11. 2, 3; 13. 7; 16. 5, 6
共通一体の気息（σύμπνοια） 16. 1
議論の割れる（ἀμφισβητήσιμος） 17. 2
近似像（εἰκών） 5. 4; 10. 4
近接、合同（προσχωρεῖν） 3. 1; 10. 5; 12. 4
筋肉（σάρξ） 7. 2
苦、苦痛（λύπη, λυπεῖν） 4, 1; 7. 3; 12. 4
空気、大気（ἀήρ） 2. 3; 3. 3, ; 5. 1; 6. 1; 11. 3; 16. 5; 18. 1
空気から成る（ἀερώδης） 6. 1; 11. 3
空気の満ちた（ἐναέριος） 10. 6
空洞（κύτος） 10. 6
茎（καλάμη） 17. 6, 7
鎖（δεσμός） 14. 4
口（στόμα） 3. 2, 4; 11. 2, 3; 12. 4
屈折（κλάσις） 11. 2
苦難（συμφορά） 9. 3
クリュシッポス（Χρύσιππος） 14. 4; 18. 1
形姿（μορφή） 13. 4
形成原理、原理（λόγος） 7. 2; 14. 1, 4; 17. 6, 7
形成する（πλαστικός） 12. 7
形相、形姿、形（εἶδος） 5. 4, 5; 6. 1, 4; 13. 1, 2, 3, 4
劇場（θέατρον） 11. 1
血液に作り変える（ἐξαιματοῦσθαι） 7. 2
血管、静脈（φλέψ） 7. 2; 13. 4
月経（τὰ καταμήνια） 14. 1
腱（νεῦρον） 13. 4
弦（χορδή） 11. 4
—造り（χορδοποιός） 12. 1
現実態、現実活動、活動、働き（ἐνέργεια, ἐνεργεῖν） 1. 2, 3; 2. 1; 12. 5, 7; 13. 1, 2, 3; 14. 4; 15. 2, 3; 16. 4
現実態において、現実的に（ἐνεργείᾳ, κατ' ἐνέργειαν） 1. 2, 4; 2. 1, 2, 5; 12. 5; 13. 1; 14. 3
現実に発動させる（ἐνεργητικός） 13. 6
建造、作り上げる（κατασκευή） 10. 4; 13. 2
言論、論、言葉、説（λόγος） 2. 3, 5; 4. 4, 7, 8, 10; 6. 1; 8. 2; 12. 2; 14. 4
降下する、下方に位置する（ὑποβαίνειν） 6. 2
交合（ξυνουσία） 8. 2
交接、交尾（ὀχεία） 2. 3; 5. 4
交接中の（ὀχευόμενος） 5. 4
光線（ἀκτίς） 11. 2, 3; 12. 7; 17. 4
耕地（ἄρουρα, γῆ） 8. 3; 9. 1; 10. 1
功名心（φιλοτιμία） 14. 2
声のない（ἄφωνος） 12. 4
呼吸（ἀναπνεῖν, ἀναπνοή） 2. 3; 3. 3, 4; 8. 3; 10. 3
拵えごと（πλασματῶδες） 2. 2; 14. 4

擦り合わせ（παράτριψις） 17. 4
子作り（παιδοποιία, τέκνων βλάστησις） 8. 3; 16. 2
鼓動、振動（παλμός） 7. 1; 12. 6
子ども（νήπιος, ὁ νηπιάζων） 12. 4
—でいる（νηπιάζειν） 12. 3
ゴネー（γονή） 9. 4
小麦（πυρός） 17. 3, 6, 7
混合（κρᾶσις, κεραννύναι） 10. 5, 6
昏睡（κάρος） 1. 3; 15. 2
—状態の（κεκαρωμένος） 13. 3
痕跡（ἴχνος） 12. 5
渾然一体（σύγχυσις） 17. 7

## サ 行

差異（διαφορά） 3. 1
種的—（εἰδοποιὸς διαφορά） 3. 1
最後の仕上げ（τὸ τέλειον） 3. 3
咲き広がる（διανοίγεσθαι） 7. 3
咲き綻ぶ（σχίζεσθαι） 7. 3
錯綜的欲求（κίσσα） 8. 4
策を講じる（εὐπορεῖν） 17. 1
定かならぬ意味不明の（ἄσημος καὶ ἀσύνετος） 12. 4
妨げる、差し止める、邪魔な（ἐμποδίζειν, ἐμπόδιος） 11. 2; 12. 7; 15. 5; 16. 2
鞘（κέλυφος） 10. 3
作用を被る、受容する、情態にある（πάσχειν） 4. 4, 10; 5. 5; 6. 4
産出される子（δημιουργούμενον） 8. 2
産婆（μαῖα） 12. 6
時間、時（χρόνος） 2. 2; 8. 3; 10. 4; 12. 3, 4, 6; 17. 2, 6; 18. 1
弛緩させる（χαλᾶν） 16. 7
時間をかける（παράτασιν λαμβάνειν） 11. 3
時宜にかなったもの（τὸ ἐπιτήδειον πρὸς τοὺς καιρούς） 17. 7
子宮、メートラー、ヒュステラー（μήτρα, ὑστέρα） 2. 2, 3; 8. 1, 2, 3, 4; 9. 1; 10. 1, 3; 15. 1; 16. 3
始元（ἀρχή） 10. 6
仕事、働き、製作仕事、造作、作物（ἔργον） 3. 5; 10. 4, 5, 6; 11. 1; 12. 7; 13. 6; 15. 5、16. 1; 18. 1
磁石（μαγνῆτις λίθος） 11. 2
死すべき（θνητός） 3. 2; 4. 4; 9. 3
自然（φύσις） 2. 3, 4; 3. 3, 5; 4. 1, 2, 4, 6, 7; 5. 3; 7. 2; 8. 2; 10. 1, 2, 4, 6; 11. 1, 3; 12. 6, 7; 13. 6, 7; 14. 3, 4; 16. 2, 4, 9; 17. 1, 4, 5
—の掟（θεσμὸς φύσεως） 10. 6
—の規定（λόγοι τῆς φύσεως） 13. 7
—の必然（φύσεως ἀνάγκη） 11. 3
—本性、—本来（φύσις） 10. 1; 13. 4; 17. 5
持続時間（παράτασις） 11. 3
下から上へ（κάτωθεν ἄνω） 14. 3
実体的存在、実在性、実体性（οὐσία） 6. 1, 2, 3; 14. 3; 15. 2; 16. 5
実際の事象を考察する（σκοπεῖν τὰ γιγνόμενα） 12. 1
質料（ὕλη） 14. 3
指導的部分（ἡγεμονικόν） 13. 6
支配、統御（κατέχειν） 12. 3
芝居（δρᾶμα） 14. 4
自分を一つに統御する（οἰκειοῦσθαι） 15. 4
射出、投下（καταβάλλειν, καθιέναι, προϊέναι, πρόεσις） 2. 2; 10. 1, 5; 17, 5; 18. 1
収縮（συστολή） 7. 3
従順な（τιθασσός） 4. 4, 8
従順さ（τιθασσεία） 4. 8
十全な、完成した（τέλειος） 13. 1, 2, 4; 15. 4
十全なものとなる、仕上げられる（τελειοῦσθαι） 6. 2; 18. 1
十分な力をもつ、十分である（αὐτάρκης） 4. 2; 5. 3; 9. 1; 12. 7; 13. 1, 6
熟成した（πέπανος） 13. 4
種子、種子（精液）（σπέρμα） 2. 2, 3, 4; 3. 1, 4; 4. 1, 4, 6; 5. 5; 6. 1, 4; 9. 1, 4; 10. 1, 3, 5; 13. 3; 14. 1, 3, 4; 15. 3; 16. 1, 2, 3; 17. 2, 3, 4, 5, 6, 7; 18. 1
種子的な（σπερματικός） 14. 2
受胎（κράτησις） 2. 3
受動的情態、情態、状態、症状、変化（πάθος） 1. 3; 2. 3; 4. 8; 5. 1; 6. 3, 4; 8. 1; 12. 6
樹木（δένδρον） 8. 3; 9. 1; 13. 4
受容（ὑποδοχή） 11. 3
消化（πέττειν） 7. 2

衝撃（πληγή） 4. 8, 10; 8. 1
情態、存在様態（διάθεσις） 5. 5; 10. 5
衝動、衝動力（ὁρμή, ὁρμᾶν） 1. 1; 2. 1; 4. 1, 3; 5. 3; 7. 1, 3、8. 2, 3; 14. 1, 4; 15. 1, 3; 17. 7; 18. 1
衝動的（ὁρμητικός） 1. 3, 4; 2. 1; 4. 10; 5. 3; 14. 3; 18. 1
証人（μάρτυς） 12. 2
承認協力（συνένδοσις） 12. 5
消滅（φθείρεσθαι） 11. 3
将来の目的（τὸ μέλλον） 13. 6
植物（φυτόν） 1. 1; 3. 1, 2, 3, 4, 5; 4. 2, 3, 4, 6, 7, 8, 9, 10, 11; 6. 3; 7. 3; 8. 2; 9. 2; 10. 1, 3; 12. 4
　—的（φυτικός） 14. 2, 3; 16. 1, 3, 5; 17. 3; 18. 1
食物（σιτίον） 4. 1
知らない（ἀγνοεῖν） 4. 2; 8. 1; 9. 3; 12. 3; 14. 2, 4; 15. 2, 5; 17. 2
視力（τὸ ὁρατικόν） 15. 5
知る（γνῶσις, γιγνώσκειν） 4. 2; 9. 1, 2; 12. 3
親近性（συγγένεια） 11. 2
進出（πρόοδος） 17. 7
進水させる、引き下ろす（ἕλκυειν, καθέλκυειν） 10. 4
神聖な書物（ἱεροὶ λόγοι） 10. 6
心臓（καρδία） 7. 2; 13. 6
身体（σῶμα） 1. 1; 2. 2, 4; 5. 3; 6. 1; 8. 3, 4; 9. 2, 5; 10. 5; 11. 1, 2, 3; 12. 1; 13. 4, 7; 14. 4; 15. 3, 4, 5; 16. 3, 5, 7, 8; 17. 1, 3, 6
　—的、—の（σωματικός） 4. 9; 11. 1; 12. 3; 14. 4; 16. 5; 18. 1
　—的基礎（θεμέλιος） 16. 5
　—を鍛える（σωμασκεῖν） 16. 2
神的な（θεῖος） 3. 5; 10. 5; 16. 5
進入（εἴσκρισις, εἰσκρίνεσθαι） 1. 1; 2. 1, 2, 3, 4, 5; 4. 7, 8; 11. 1, 3; 12. 1, 3, 7; 16. 5; 17. 1, 2
真理、真実（ἀλήθεια, ἀληθές） 6. 1; 13. 4; 17. 2
神霊（δαίμων） 6. 1
推考過程なしの一挙の把握（ἀθρόα καὶ ἄνευ διεξόδου θίξις） 6. 2
水分、羊水、水液、体液（τὸ ὑγρόν） 3. 3, 4; 7. 2, 3; 15. 1, 5; 16. 2
髄膜（μῆνιγξ） 15. 5
睡眠、眠り、眠る（ὕπνος, καθεύδειν） 1. 2; 13. 3, 4; 12. 7; 15. 2
ストア派（Στωϊκοί） 14. 3
すべてが一緒に（πάντα ὁμοῦ） 17. 6, 7
住まわされる、住み着く（εἰσοικίζεσθαι） 3. 5; 9. 3, 4, 5; 10. 4
生、生の様態（βίος, διάζησις） 12. 4
性愛的な（ἀφροδίσιος） 18. 1
精液（σπέρμα） 14. 1
精液に変える（σπερματοποιεῖσθται） 7. 2
性器（τὰ αἰδοῖα） 8. 2
制御、支配、保全、勢威を揮う、捕える（κρατεῖν） 2. 2; 6. 1; 8. 2; 12. 3; 14. 4
製作（δημιούργημα） 10. 4
　—物、造作、形成、働き、作り上げること（δημιουργία） 3. 3; 10. 4; 11. 1; 12. 7; 13, 6; 16. 3
生殖器官（τὰ γεννητικὰ μόρια） 9. 1
生成、生成過程、生殖、誕生、起源（γένεσις, γίγνεσθαι） 4. 4, 10; 8. 2, 3; 9. 2, 4、; 10. 1; 11. 3; 12. 3; 17. 4, 6
成長増大（αὔξησις, αὔξειν） 3. 4; 16. 3; 18. 1
　—の、増大させる、成長を担う（αὐξητικός） 1. 1; 12. 7; 16. 1; 17. 1, 6; 18. 1
生命、生命活動（ζωή） 3. 2; 4. 3, 4, 7; 12. 4; 16. 5
接合（ἔξαψις） 11. 2
　—する（ἁρμόζειν, ἐναρμόζειν, ἐξάπτειν） 11. 2, 4
接触（ἀφή） 11. 2; 18. 1
接着して燃える、発火する（ἔξαψις, ἐξάπτεσθαι） 17. 4, 5
摂理（πρόνοια） 10. 6
是非が争われる（ἀγωνίζεσθαι） 17. 1
世話（οἰκονομία） 10. 6
専横な（αὐτοκρατής） 8. 2
前進（προβαίνειν） 17. 6
前世からの定め（προβιοτή） 11. 4
全体（τὰ ὅλα） 10. 6
　—にわたる、全面的な、—として、総じて（δι' ὅλου, δι' ὅλων） 10. 6; 11. 2, 3; 13. 4; 15. 4; 16. 9
選択、選好（προαίρεσις） 11. 2; 12. 3

先導する、先導者となる、導く（προάγειν）　*14. 3, 4; 16. 2; 17. 6*
臓器、内臓、器官（ὄργανον, σπλάγχνον）　*3. 2; 12. 5; 13. 4, 6; 15. 1, 5*
造形、造作、形成（πλάσσειν, πλάσις, σύστασις, κατασκεύασμα）　*2. 2, 4; 6. 4; 9. 2; 10. 3, 4; 11. 1; 13. 4, 6; 16. 2, 3*
造形されるもの、産出されるもの、作られるもの（胎児）（τὸ πλασσόμενον, δημιουργούμενον）　*8. 2; 10. 3; 13, 3*
造作されるもの（πλάσμα）　*13. 4*
外から、外側から、外部から（ἔξωθεν, θύραθεν）　*2. 2, 4, 5; 4. 4, 10; 10. 3, 6; 12. 3, 5, 7; 13. 4; 16. 4, 9; 17. 1, 4, 5, 6*

## タ　行

第三の（τρίτος）　*4. 1, 4, 7*
胎児（ἔμβρυον）　*1. 1, 2; 2. 1, 2, 5; 3. 1, 4, 5; 4. 2, 5, 6, 7, 8, 11; 5. 1, 3, 4; 6. 1; 7. 1, 3; 8. 1, 4; 9. 1; 10. 1, 3; 12. 1, 5, 6; 13. 1, 4, 6; 15. 2, 3, 5; 16. 1, 2, 3, 5, 6; 17. 1*
胎内、腹部（γαστήρ）　*1. 1, 3, 4; 2. 2, 3; 3. 1, 4, 5; 4. 8; 5. 1; 7. 2; 8. 1; 10. 4; 12. 1, 4; 16. 6; 17. 6*
胎内環境（τὸ περιέχων）　*14. 3*
胎内に抱かれている、懐胎されている、胎児（κυούμενος）　*2. 5; 3. 1; 8. 1; 9. 3; 12. 1, 4, 5*
胎膜（χόριον）　*3. 4; 10. 3*
太陽（ἥλιος）　*7. 3; 11. 3; 12. 7*
種付け（σπορά）　*16. 5*
食べ物（ἔδεσμα）　*12. 4*
魂（ψυχή）　頻出。全部の節のうち三分の二以上の節に見られる。
　―が賦与される、―を取り込む、―が宿ること（ἐμψυχία）　*9. 2; 16. 4, 6; 17. 5*
　―の（ψυχικός）　*15. 5; 17. 6*
　―の進入（ψύχωσις）　*2. 5*
　―のない（ἄψυχος）　*12. 6; 14. 4*
　―の賦与、進入（ἐμψύχωσις）　*2. 4; 11. 1, 2, 3*
　―を賦与する、受け取る、賦与される（ψυχοῦν, ψυχοῦσθαι）　*1. 2; 3. 5; 16. 5*
　自動の―、自動的―（ψυχὴ αὐτοκίνητος）　*4. 3, 5, 7, 8, 10, 11; 6. 4; 8. 2; 9. 1, 2; 13. 1, 6; 14, 2; 16. 1, 4; 17. 1*
胆汁（χολή）　*7. 2; 15. 5*
誕生（γέννα）　*16. 5*
鍛錬する（ἀσκεῖν）　*16. 2*
小さな身体（σωμάτιον）　*16. 6*
知性、ヌース（直観的知性）（νοῦς）　*4. 4, 7, 8; 6. 2; 12. 1, 2, 3; 14. 3*
乳（γάλα）　*10. 1; 12. 4*
父親（πατήρ）　*2. 4, 5; 3. 1; 8. 2; 10. 1, 5, 6; 16. 1; 17. 1*
地の果て（πέρατα τῆς γῆς）　*11. 3*
中央音（メセー）（μέση）　*16. 6*
中間の場所を経由せず（οὐ διὰ τοῦ μεταξὺ τόπου）　*11. 2*
中心（ケントロン）（κέντρον）　*16. 5*
腸（ἔντερον, ἔντερα）　*7. 1, 2; 10. 3*
　―の蠕動（ἐντέρων στροφή）　*7. 1*
調弦師（νευροστρόφος）　*12. 1*
聴従する、従う（κατήκοος）　*8. 2, 3*
重複受胎されたもの（ἐπικύημα）　*12. 6*
調律する、調律される、協和する、協和状態になる（συναρμόζειν, ἁρμόζεσθαι）　*4. 10; 11. 2, 4; 12. 1; 13. 7; 16. 5, 6, 7, 8*
調和、調和的接合（ἁρμονία, συναρμοστία）　*11. 2; 13. 7; 16. 6, 7, 8*
月（σελήνη）　*7. 3*
付き従う、服従する（ἐπιπειθής, ἐπιπείθειαν ἄγειν）　*6. 2, 4; 16. 4*
接ぎ木されるもの（τὸ ἐγκεντριζόμενον）　*10. 1*
接ぎ穂（τὸ ἐνοφθαλμιζόμενον, ἐγκεντρισθέν）　*10. 1, 2*
接ぎ芽されるもの（τὸ ἐνοφθαλμιζόμενον）　*10. 1*
作り手（δημιουργός）　*6. 1*
包む（καταπυκάζειν）　*16. 7, 8*
繋がれ依存する、垂れ下がる（ἀρτᾶσθαι）　*3. 4; 16. 5*
翼を失くす（πτερορρυεῖν）　*12. 3*
蔓（ἕλιξ）　*7. 3*
手（χείρ）　*7. 3; 14. 4*
ディアノイア（悟性的思考）（διάνοια）　*6. 2*
『ティマイオス』（Τίμαιος）　*8. 2; 9. 5*
適合する、ふさわしい、用意・準備ができている（ἐπιτήδειος, ἐπιτηδείως ἔχειν）

10. 5; 11. 2, 3, 4; 12. 1; 13. 2; 15. 1; 16. 2, 5
適合性（ἐπιτηδειότης） 12. 3; 13. 7; 14. 4
鉄（σιδήριον） 11. 2
天（οὐρανός） 11. 2; 16. 5
点火する（ἅπτειν） 11. 2
同意、一致同調（ὁμολογεῖν） 5. 4; 16. 6
同義的に（συνωνύμως） 4. 6
統括（διοικεῖν） 10. 6
道具、道具的器官（ὄργανον） 15. 5; 17, 3
道具としての（ὀργανικός） 11. 3, 4; 15. 3; 16. 5, 7
同調された、同調する、協和同調する、調和をもつ（συναρμοσθείς, συνηρμοσμένος, σύμφωνος） 11. 4; 16. 8
同調していない、同調しない、協和同調しない（ἀσύμφωνος, ἀσυμφωνία, ἀνομολογεῖν） 11. 4; 13. 7
同等の存在（ὁμοούσιος） 6. 2
頭部（κεφαλή） 13. 6
動物（ζῷον） 1. 1, 2, 4; 2. 1, 2, 5; 3. 1, 2, 3, 4, 5; 4. 2, 3, 4, 5, 6, 7, 11; 5. 4; 8. 2, 4; 9. 25; 10. 6; 11. 3, 4; 12. 4; 13. 1; 15. 1, 2, 3; 17. 3, 4, 6
　―の（ζωϊκός） 1. 2; 13. 4; 15. 4
　―の形成（ζῳοποιία） 13. 7
　―の出産、―を産む（ζῳογονία） 1. 1; 10. 4
動脈（ἀρτηρία） 13. 4
同名異義的な、同名異義的に（ὁμώνυμος, ὁμωνύμως） 4. 6, 7, 8
同名異義ということ（ὁμωνυμία） 4. 8
時、時機、好機、期間、時期（καιρός） 1. 3; 2. 2, 4; 5. 1; 9. 3; 16. 5; 17. 1, 6, 7
時の見張り（ホーロスコポス）（ὡροσκόπος） 16. 5
徳（ἀρετή） 16. 2
　―に熱心な（σπουδαῖος） 16. 2
解く、弛緩させる（λύειν） 12. 3; 16. 7, 8
特性（ἴδιον, ἰδιότης） 1. 1; 3. 2; 17. 6
土台、台木、基体（ὑποκείμενον） 10. 1, 2; 11. 3; 12. 7
突如として（ἐξαίφνης） 11. 3
共に滅びる（συμφθείρεσθαι） 10. 5
飛び込む（ἵπτασθαι） 11. 3
鳥（ὄρνεον） 11. 3

## ナ　行

内在、うちに存在する（ἐνεῖναι） 3. 2, 4; 6, 1; 12, 5; 13. 4, 7; 14. 1, 2, 4; 16. 1; 17. 7
長さと広さ（μῆκος καὶ πλάτος） 10. 3
流れ（ῥεῦμα） 16, 5
　―込む（συγχεῖν） 17. 6, 7
泣き声（κλαῦσμα） 12. 4
ナフサ（νάφθας） 11. 2
馴らす（τιθασσεύειν） 6. 3
慣わし、常の慣わし（ἔθος） 16. 1, 2
難産の（δύστοκος） 5. 3
難点のある（παράσημος） 5. 1
二対一の比（オクターブ）（διπλασίων λόγος） 16. 6
似た、近似した、同様の（ὅμοιος） 1. 1; 5. 1, 4; 11. 4; 17. 4
似たものからの生成（γένεσις ἐξ ὁμοίου） 17. 4
似たものを似たものへ（τὸ ὅμοιον πρὸς τὸ ὅμοιον） 11. 4
似ていないもの（τὰ ἀνόμοια） 17. 4
乳児期（νηπιότης） 12. 4
人間（ἄνθρωπος） 4. 6; 12. 2, 3; 17. 3, 5, 6
妊娠期間（χρόνος τῶν κυουμένων） 12. 6
認知されない（ἄγνωστος） 4. 10
認知手段、知る徴（γνώρισμα） 4. 10; 16. 5
認知的（γνωριστικός, γνωστικός） 15. 2; 16. 3; 17. 2
妊婦（ἡ κύουσα） 8. 1
拭い取る（ἀπομόργνυσθαι, ἀναμάττεσθαι） 6. 1; 15. 2
根（ῥίζα） 3. 2, 4; 10. 3; 15. 1; 17. 6
　―を生やす（ῥιζοῦσθαι, καταρριζοῦσθαι） 4. 11
熱（θέρμη） 7. 3; 16. 7
　―情（προθυμία） 2. 3
粘土（πηλός） 15. 5
燃料（ὕλη） 14. 4
年齢（ἡλικία） 12. 1; 17. 6
農夫（αὐτουργός） 16. 2
　―の技（γεωργία） 4. 4, 8; 6. 3
能力、力（δύναμις） 1. 2; 3. 2, 4; 4. 7; 6.

1, 2, 4; 9. 1, 2; 10. 1, 3, 5; 12. 7; 13. 4; 15. 5; 16. 1, 4, 7; 17. 2, 3, 6, 7; 18. 1
喉（λαιμός） 7. 2

## ハ 行

歯（ὀδούς） 7. 2; 14. 1; 17. 6
葉（φύλλον） 17. 6, 7
這い出る、胎外に出る、顔を出す、前屈姿勢を取る（προκύπτειν） 12. 1; 16. 5, 6; 17. 6, 7
『パイドロス』（Φαῖδρος） 9. 4, 5
生え出るもの（βλάστημα） 14. 4
薄膜（ὑμένιον） 17. 7
ハシバミの実（καρύα） 17. 7
場 所（τόπος, χώρα） 5. 1; 11. 2; 12. 3, 5; 13. 6, 7; 16. 5; 17. 2
　—移動的に（μεταβατικῶς κατὰ τόπον） 5. 1
　—的（τοπικός） 7. 1, 2, 3; 13. 7
　—的動き（τοπικὴ κίνησις, τοπικὴ μετάβασις） 7. 1, 2, 3
発火（πύρωσις, ἔξαψις） 17. 4, 5
花（ἄνθος） 10. 3
鼻（ῥίς） 3. 3, 4; 11. 2, 3
跳ねる（σκιρτᾶν） 5. 1
母親、母胎、母親の（μήτηρ, μητρικός） 2. 3, 4, 5, ; 5. 1, 3, 4; 6. 1; 8. 1; 9. 2, 5; 10. 1, 5, 6; 12. 7; 13. 4, 6; 14. 3; 16. 1, 3, 4, 5; 17. 1
生やす（φύειν） 17. 6
反響（ἀπήχημα） 12. 7
万人に共通の思想動向（κοινὴ φορὰ πάντων） 16. 6
万有、万有全体、宇宙万有、万物（τὸ πᾶν, τὰ πάντα） 11. 4; 16. 5, 6, 7, 8
火（πῦρ） 4. 4; 11. 2; 14. 4; 17. 4, 5
東側の部分（τὰ ἀνατολικὰ μέρη） 16. 5
干からびる（μαραίνεσθαι） 7. 3
光、明かり（φῶς） 8. 3; 9. 5; 10. 6; 11. 1; 12. 7
引き締める（弦を）（ἐντείνειν） 16. 6
弾き手（ψάλτης） 12. 1
引き離す、引き裂く（ἀποσπᾶν） 10. 3; 17. 2
髭（γένειον） 14. 1; 17. 6
飛行（πέτεσθαι） 11. 3
ヒッポクラテス（Ἱπποκράτης） 2. 2; 10. 3; 16. 1
瞳（κόρη） 11. 2
比喩（μεταφορά, εἰκών） 4. 8; 10. 4
ピュシス（生育力）（φύσις） 14. 3
表象、表象能力（φαντασία, φάντασις） 1. 1, 3; 5. 4, 5, 6. 1, 2, 3; 7. 1, 3; 8. 2; 14. 1, 4; 15. 3, 4, 17. 7; 18. 1
表象、表象する、表象をもつ、表象によって描き出す、表象的に意識される（φαντάζεσθαι, φαντασιοῦσθαι） 5. 5; 6. 1, 4; 7. 2; 15. 1, 2, 3; 18. 1
表象されない、表象を伴わない、姿かたちの見えない（ἀφάνταστος） 4. 10; 7. 2; 12. 4, 7
表象像（φάντασμα, φαντασία） 6. 1; 15. 2; 18. 1
表象的、表象に携わる（φανταστικός） 5. 4, 5; 6. 3, 4; 18. 1
表象的意識なしに（ἀφαντάστως） 7. 3
美を愛する（φιλόκαλος） 9. 4
不安を抱える（μεριμνητής） 12. 7
夫婦（ἀνὴρ καὶ γυνή） 16. 2
付加（προσθήκη） 14. 3
　—音（προσλαμβανόμενος） 16. 6
不活性な、活動しない、行なわない（ἀνενέργητος） 3. 1; 13. 1, 3
腹腔（κοιλία） 7. 2
複製（πολλαπλασιάζειν） 7. 2
不従順な（ἀπειθής） 8. 2
不足、不足する、欠ける（ἔλλειψις, ἐλλείπειν） 14. 3; 15. 5; 16. 3. 4, 5, 6, 7
ぶつかり合い（σύγκρουσις） 17. 5
不適合性（ἀνεπιτηδειότης） 12. 3
不適合な、適合しない、未調整の（ἀνάρμοστος） 11. 3; 16. 7
船大工（ναυπηγός, τέκτων） 10. 4; 13. 2
船酔い（ναυτία, ναυτιᾶν） 8. 1
船（ναῦς） 10. 4; 13. 2
部分、一部、器官（μέρος, μόριον） 2. 4; 4. 1, 2, 4; 7. 2; 8. 2, 3; 11. 3; 15. 4; 16. 4, 6; 17. 2, 6, 7
部分相互が同質的なもの（τὰ ὁμοιομερῆ） 7. 2
不要な（ἄχρηστος） 7. 2
プラトン（Πλάτων） 2. 1, 2, 4, 5; 4. 1, 2,

3, 5, 6, 8; 6. 2, 3; 8. 3, 4; 9. 1, 5; 10, 1; 12. 2, 3; 13. 6, 15. 4; 17. 1, 2
—主義者（Πλατωνικός） 11. 2
プロメテウス（Προμηθεύς） 11. 1
分割（μερίζειν） 17. 2
扮装（πλάσμα） 11. 1
分娩、産出、出生（ἔξοδος, πρόοδος, ἐξ ὠδίνων πρόοδος） 5. 3; 10. 3; 14. 1, 4; 17. 2
分娩、産出、出産、出生（τοκετός, κύησις, ἀποκύησις, πρόκυψις） 2. 3, 5; 3. 4, 5; 5. 3; 10. 3; 11. 1; 12. 1; 13. 4; 14. 1; 16. 5, 6, 7
分有（μέθεξις） 5. 3
柄（葉柄などの）（μίσχος） 3. 3, 4; 10. 3
ヘクシス（保持力）（ἕξις） 14. 3
臍、臍帯（ὀμφαλός） 3. 4; 4. 4, 7, 11; 7. 1; 10. 3; 12. 4; 15. 1
ヘブライ人（Ἑβραῖοι） 11. 1
彷徨（πλανᾶσθαι） 8. 3, 4
膀胱（κύστις） 7. 2
放射（περίχυσις） 11. 2
捕囚、捕捉（κράτησις） 14. 4
補充される（ἐπεισκρίνεσθαι） 17. 6
歩調を合わせる（συνομαρτεῖν） 17. 7
骨（ὀστέον） 13. 4
—状のもの（τὸ ὀστῶδες） 17. 7

## マ　行

播く、播き落とす（κατασπείρειν） 8. 3; 9. 1, 2
膜（ὑμήν） 10. 3
—状の凝固物（ἔμπηξις ὑμενώδης） 10. 3
窓（θυρίς） 11. 3
見え姿（φάντασις） 12. 4
未完成、未成熟、不完全、十全に形成されていない（ἀτέλεια, ἀτελής） 12. 1, 3, 4; 13. 1, 4, 7; 15. 1, 4; 16. 7
未熟な（ἄωρος） 10. 3
水（ὕδωρ） 15. 5
—と血のなかの（ἔνυγρος καὶ ἔναιμος） 10. 6
道筋と順序（ὁδὸς καὶ τάξις） 17. 6
満ちて凝集している（πλήρης καὶ νεναγμένος） 16. 6
妙なものを食べる（κισσᾶν） 8. 1
見る、見られる（ὁρᾶν, ὁρᾶσθαι） 11. 2; 15. 4
昔からの（παλαιός） 16. 1, 6
向き直る（ἐπιστρέφειν, στρέφειν） 6. 2; 12. 3
向きの移動（στροφή） 12. 6
眼（ὀφθαλμός） 3. 1; 11. 2; 16. 7
—の詰んだ（συνεχής） 17. 7
明白な事実、明白さ（ἐνάργεια, ἐναργές） 3. 1, 5; 4. 2; 14. 2
雌（θῆλυς） 2. 2, 3; 5. 3; 6. 4
芽吹く（ἀναθάλλειν） 7. 3
目減り（ἐλάττωσις） 17. 2
モイラ（度）（μοῖρα） 16. 5
木材（ξύλον） 13. 2, 3, 4
用いる、使用する、利用する、享受する（χρᾶσθαι） 4. 4, 6, 10; 11. 3, 4; 12. 1; 13. 6, 7; 16. 6, 7
持前の能力（ἕξις） 1. 4; 2. 1, 2; 13. 1, 2, 4
もっともらしい憶測（στοχασμὸς καὶ εἰκός） 14. 2
門（πύλη） 16. 5

## ヤ　行

野生の（ἄγριος） 4. 4, 8
—荒々しさ（ἀγριότης） 4. 3
病（νόσος） 8. 3
闇（σκότος） 10. 6
優等な、優れた（κρείττων） 14. 2, 3, 4
有用な（χρήσιμος） 3. 4; 7. 2
夢で見る（ὀνειρατικός） 18. 1
夢も見ない（ἀνόνειρος） 12. 7
緩める（弦を）（ἀνιέναι） 16. 6
養育、維持養育（διοίκησις） 3. 4; 9. 1; 10. 2, 3; 16. 5
養育する、養う、育てる、世話する、維持養育する、維持統御する（διοικεῖν） 1. 1, 4; 3. 2, 5; 4. 2; 6. 3; 10. 2, 5; 16. 4
養育的、養育を担う（θρεπτικός） 1. 1; 12. 7; 16. 1; 17. 1; 18. 1
幼児期（ἡ τῶν παίδων ἡλικία） 12. 1
要素に分解される（ἀναστοιχειοῦσθαι） 10. 5
浴室（βαλανεῖον） 5. 1
欲望、欲求（ἐπιθυμία） 4. 4, 7, 8; 5. 1; 8.

*1, 2, 3, 4*
欲望的、欲望をもつ、欲求的（ἐπιθυμητικός） *4. 1, 2; 6. 3; 8. 3, 4; 9. 1; 13. 6; 18. 1*
預言者（θεόλογος） *11. 1*
欲求（ὄρεξις, ὀρέγεσθαι） *4. 1, 6, 8; 5. 3; 8. 1; 15. 3, 4; 16. 4, 5, 7; 18. 1*
　—的、—能力（ὀρεκτικός） *13. 4; 18. 1*
余分の、余計な（περιττός） *3. 4; 12. 7*

## ラ　行

雷光（ἀστραπή） *11. 3*
理解（σύνεσις） *6. 4*
　—されない、意味不明の（ἀσύνετος） *4. 10; 12. 4*
　—する（συνιέναι） *6. 2; 9. 1; 13. 7*
離去（διάλυσις, ἀπουσία, ἀπεῖναι） *11. 3; 13. 7*
理性、ロゴス（思考）（λόγος） *6. 2; 16. 4*
理知なき、非理知的、非理知的な働き（ἀλογία, ἄλογος） *6. 2; 16. 2, 4, 5*
律動を与える（ῥυθμίζειν） *16. 4*
理に適った（κατὰ λόγον） *12. 6*
理に適わぬ奇異（παράλογος ἀτοπία） *12. 1*
了見違い、謬見（ἀγνόημα） *13. 7; 14. 2*
良好な産出（εὐγονία） *16. 2*
両親（γονεῖς） *9. 1; 17. 1, 2*
両方から成る、両合成的な（συναμφότερος） *9. 5; 15. 3; 17. 3*
臨在、そこにある、居合わせる（παρουσία, παρεῖναι） *1. 3; 10. 6; 11. 2, 3; 12. 3; 13. 7; 15. 2, 3; 16. 5, 6*
類似性（ὁμοιότης） *2. 4; 12. 3*
類比（ἀναλογία） *4. 8*
冷却（ψῦξις） *16. 7*
劣等な、劣った（χείρων） *14. 3, 4*
連繋一体（συνάρτησις, συναρμόζειν） *16. 5*
老年（γέρας） *12. 3*

## ワ　行

若盛りの（ἡβῶν, ὡραῖος） *12. 4; 18. 1*
分かれ出る、分け出される（διακρίνεσθαι） *17. 6, 7*
分け取る（ἀπομερίζειν） *16. 1, 3*
分け持つ、与る（μετέχειν, μέτοχος） *1. 2; 4. 1, 4, 7, 8, 9, 10, 11; 5. 5; 13. 1; 17. 1*
分け持っていない、与っていない（ἀμέτοχος, ἄμοιρος） *4. 8; 5. 5; 6. 2, 3; 9. 1; 12. 6; 16. 4; 17. 3*
忘れている（ἀμνημονεῖν） *15. 2*

戸塚七郎『プルタルコス　モラリア14』（西洋古典叢書）、京都大学学術出版会、一九九七年。

戸塚七郎・金子佳司『ピロストラトス、エウナピオス　ソフィスト列伝』（西洋古典叢書）、京都大学学術出版会、二〇〇一年。

水地宗明『ポルピュリオス　ピタゴラスの生涯』、晃洋書房、二〇〇七年。

水地宗明『イアンブリコス　ピタゴラス的生き方』（西洋古典叢書）、京都大学学術出版会、二〇一一年。

山口義久『クリュシッポス　初期ストア派断片集3』（西洋古典叢書）、京都大学学術出版会、二〇〇二年。

## 訳者略歴

山田道夫（やまだ　みちお）
神戸松蔭女子学院大学名誉教授
一九五三年　大阪市生まれ
一九八一年　京都大学大学院文学研究科博士課程単位取得退学
神戸松蔭女子学院大学教授を経て二〇一八年退職

主な著訳書
『物質・生命・人間』（共著、新岩波講座哲学6）
『自然観の展開と形而上学』（共著、紀伊國屋書店）
コーンフォード『ソクラテス以前以後』（岩波文庫）
『ソクラテス以前哲学者断片集』第Ⅲ・Ⅳ分冊（共訳、岩波書店）
『イリソスのほとり』（共著、世界思想社）
プラトン『ピレボス』（京都大学学術出版会）
『哲学の歴史』第1巻（共著、中央公論新社）
セドレー編著『古代ギリシア・ローマの哲学』（共訳、京都大学学術出版会）
『アリストテレス全集』5（共訳、岩波書店）
『新プラトン主義を学ぶ人のために』（共著、世界思想社）
『プラトンを学ぶ人のために』（共著、世界思想社）

ピタゴラス伝／マルケラへの手紙／ガウロス宛書簡
西洋古典叢書　2020 第4回配本

二〇二一年四月二十日　初版第一刷発行

訳　者　山《やま》田《だ》道《みち》夫《お》
発行者　末原達郎
発行所　京都大学学術出版会
606-8315 京都市左京区吉田近衛町六九 京都大学吉田南構内
電　話　〇七五-七六一-六一八二
ＦＡＸ　〇七五-七六一-六一九〇
http://www.kyoto-up.or.jp/
印刷／製本・亜細亜印刷株式会社


ISBN978-4-8140-0283-2
定価はカバーに表示してあります

ホメロス外典／叙事詩逸文集　中務哲郎訳　4200円

【ローマ古典篇】
アウルス・ゲッリウス　アッティカの夜（全2冊）
1　大西英文訳　4000円
アンミアヌス・マルケリヌス　ローマ帝政の歴史（全3冊）
1　山沢孝至訳　3800円
ウェルギリウス　アエネーイス　岡　道男・高橋宏幸訳　4900円
ウェルギリウス　牧歌／農耕詩　小川正廣訳　2800円
ウェレイユス・パテルクルス　ローマ世界の歴史　西田卓生・高橋宏幸訳　2800円
オウィディウス　悲しみの歌／黒海からの手紙　木村健治訳　3800円
オウィディウス　変身物語（全2冊）
1　高橋宏幸訳　3900円
カルキディウス　プラトン『ティマイオス』註解　土屋睦廣訳　4500円
クインティリアヌス　弁論家の教育（全5冊）
1　森谷宇一・戸高和弘・渡辺浩司・伊達立晶訳　2800円
2　森谷宇一・戸高和弘・渡辺浩司・伊達立晶訳　3500円
3　森谷宇一・戸高和弘・吉田俊一郎訳　3500円
4　森谷宇一・戸高和弘・伊達立晶・吉田俊一郎訳　3400円
クルティウス・ルフス　アレクサンドロス大王伝　谷栄一郎・上村健二訳　4200円
スパルティアヌス他　ローマ皇帝群像（全4冊・完結）
1　南川高志訳　3000円
2　桑山由文・井上文則・南川高志訳　3400円
3　桑山由文・井上文則訳　3500円
4　井上文則訳　3700円
セネカ　悲劇集（全2冊・完結）
1　小川正廣・高橋宏幸・大西英文・小林　標訳　3800円
2　岩崎　務・大西英文・宮城徳也・竹中康雄・木村健治訳　4000円
トログス／ユスティヌス抄録　地中海世界史　合阪　學訳　5000円
プラウトゥス／テレンティウス　ローマ喜劇集（全5冊・完結）
1　木村健治・宮城徳也・五之治昌比呂・小川正廣・竹中康雄訳　4500円
2　山下太郎・岩谷　智・小川正廣・五之治昌比呂・岩崎　務訳　4200円
3　木村健治・岩谷　智・竹中康雄・山澤孝至訳　4700円
4　高橋宏幸・小林　標・上村健二・宮城徳也・藤谷道夫訳　4700円
5　木村健治・城江良和・谷栄一郎・高橋宏幸・上村健二・山下太郎訳　4900円
リウィウス　ローマ建国以来の歴史（全14冊）
1　岩谷　智訳　3100円
2　岩谷　智訳　4000円
3　毛利　晶訳　3100円
4　毛利　晶訳　3400円
5　安井　萠訳　2900円
9　吉村忠典・小池和子訳　3100円

プラトン　饗宴／パイドン　朴　一功訳　　4300円
プラトン　パイドロス　脇條靖弘訳　　3100円
プラトン　ピレボス　山田道夫訳　　3200円
プルタルコス　英雄伝（全6冊）
1　柳沼重剛訳　　3900円
2　柳沼重剛訳　　3800円
3　柳沼重剛訳　　3900円
4　城江良和訳　　4600円
5　城江良和訳　　5000円
プルタルコス　モラリア（全14冊・完結）
1　瀬口昌久訳　　3400円
2　瀬口昌久訳　　3300円
3　松本仁助訳　　3700円
4　伊藤照夫訳　　3700円
5　丸橋　裕訳　　3700円
6　戸塚七郎訳　　3400円
7　田中龍山訳　　3700円
8　松本仁助訳　　4200円
9　伊藤照夫訳　　3400円
10　伊藤照夫訳　　2800円
11　三浦　要訳　　2800円
12　三浦　要・中村　健・和田利博訳　　3600円
13　戸塚七郎訳　　3400円
14　戸塚七郎訳　　3000円
プルタルコス／ヘラクレイトス　古代ホメロス論集　内田次信訳　　3800円
プロコピオス　秘史　和田　廣訳　　3400円
ヘシオドス　全作品　中務哲郎訳　　4600円
ポリュビオス　歴史（全4冊・完結）
1　城江良和訳　　4200円
2　城江良和訳　　3900円
3　城江良和訳　　4700円
4　城江良和訳　　4300円
マルクス・アウレリウス　自省録　水地宗明訳　　3200円
リバニオス　書簡集（全3冊）
1　田中　創訳　　5000円
2　田中　創訳　　5000円
リュシアス　弁論集　細井敦子・桜井万里子・安部素子訳　　4200円
ルキアノス　全集（全8冊）
3　食客　丹下和彦訳　　3400円
4　偽預言者アレクサンドロス　　内田次信・戸高和弘・渡辺浩司訳　　3500円
ロンギノス／ディオニュシオス　古代文芸論集　木曽明子・戸高和弘訳　　4600円
ギリシア詞華集（全4冊・完結）
1　沓掛良彦訳　　4700円
2　沓掛良彦訳　　4700円
3　沓掛良彦訳　　5500円
4　沓掛良彦訳　　4900円

クセノポン　ギリシア史（全２冊・完結）
　1　根本英世訳　　2800 円
　2　根本英世訳　　3000 円
クセノポン　小品集　松本仁助訳　　3200 円
クセノポン　ソクラテス言行録（全２冊）
　1　内山勝利訳　　3200 円
クテシアス　ペルシア史／インド誌　阿部拓児訳　　3600 円
セクストス・エンペイリコス　学者たちへの論駁（全３冊・完結）
　1　金山弥平・金山万里子訳　　3600 円
　2　金山弥平・金山万里子訳　　4400 円
　3　金山弥平・金山万里子訳　　4600 円
セクストス・エンペイリコス　ピュロン主義哲学の概要　金山弥平・金山万里子訳　　3800 円
ゼノン他／クリュシッポス　初期ストア派断片集（全５冊・完結）
　1　中川純男訳　　3600 円
　2　水落健治・山口義久訳　　4800 円
　3　山口義久訳　　4200 円
　4　中川純男・山口義久訳　　3500 円
　5　中川純男・山口義久訳　　3500 円
ディオニュシオス／デメトリオス　修辞学論集　木曽明子・戸高和弘・渡辺浩司訳　　4600 円
ディオン・クリュソストモス　弁論集（全６冊）
　1　王政論　内田次信訳　　3200 円
　2　トロイア陥落せず　内田次信訳　　3300 円
テオグニス他　エレゲイア詩集　西村賀子訳　　3800 円
テオクリトス　牧歌　古澤ゆう子訳　　3000 円
テオプラストス　植物誌（全３冊）
　1　小川洋子訳　　4700 円
　2　小川洋子訳　　5000 円
デモステネス　弁論集（全７冊）
　1　加来彰俊・北嶋美雪・杉山晃太郎・田中美知太郎・北野雅弘訳　　5000 円
　2　木曽明子訳　　4500 円
　3　北嶋美雪・木曽明子・杉山晃太郎訳　　3600 円
　4　木曽明子・杉山晃太郎訳　　3600 円
　5　杉山晃太郎・木曽明子・葛西康徳・北野雅弘・吉武純夫訳・解説　　5000 円
　6　佐藤　昇・木曽明子・吉武純夫・平田松吾・半田勝彦訳　　5200 円
トゥキュディデス　歴史（全２冊・完結）
　1　藤縄謙三訳　　4200 円
　2　城江良和訳　　4400 円
パウサニアス　ギリシア案内記（全５冊）
　2　周藤芳幸訳　　3500 円
ピロストラトス　テュアナのアポロニオス伝（全２冊）
　1　秦　剛平訳　　3700 円
ピロストラトス／エウナピオス　哲学者・ソフィスト列伝　戸塚七郎・金子佳司訳　　3700 円
ピンダロス　祝勝歌集／断片選　内田次信訳　　4400 円
フィロン　フラックスへの反論／ガイウスへの使節　秦　剛平訳　　3200 円
プラトン　エウテュデモス／クレイトポン　朴　一功訳　　2800 円
プラトン　エウテュプロン／ソクラテスの弁明／クリトン　朴　一功・西尾浩二訳　　3000 円

## 西洋古典叢書［第Ⅰ～Ⅳ期、2011～2019］既刊全145冊（税別）

【ギリシア古典篇】

アイスキネス　弁論集　木曽明子訳　4200円

アイリアノス　動物奇譚集（全2冊・完結）

1　中務哲郎訳　4100円

2　中務哲郎訳　3900円

アキレウス・タティオス　レウキッペとクレイトポン　中谷彩一郎訳　3100円

アテナイオス　食卓の賢人たち（全5冊・完結）

1　柳沼重剛訳　3800円

2　柳沼重剛訳　3800円

3　柳沼重剛訳　4000円

4　柳沼重剛訳　3800円

5　柳沼重剛訳　4000円

アポロニオス・ロディオス　アルゴナウティカ　堀川　宏訳　3900円

アラトス／ニカンドロス／オッピアノス　ギリシア教訓叙事詩集　伊藤照夫訳　4300円

アリストクセノス／プトレマイオス　古代音楽論集　山本建郎訳　3600円

アリストテレス　政治学　牛田徳子訳　4200円

アリストテレス　生成と消滅について　池田康男訳　3100円

アリストテレス　魂について　中畑正志訳　3200円

アリストテレス　天について　池田康男訳　3000円

アリストテレス　動物部分論他　坂下浩司訳　4500円

アリストテレス　トピカ　池田康男訳　3800円

アリストテレス　ニコマコス倫理学　朴　一功訳　4700円

アルクマン他　ギリシア合唱抒情詩集　丹下和彦訳　4500円

アルビノス他　プラトン哲学入門　中畑正志編　4100円

アンティポン／アンドキデス　弁論集　高畠純夫訳　3700円

イアンブリコス　ピタゴラス的生き方　水地宗明訳　3600円

イソクラテス　弁論集（全2冊・完結）

1　小池澄夫訳　3200円

2　小池澄夫訳　3600円

エウセビオス　コンスタンティヌスの生涯　秦　剛平訳　3700円

エウリピデス　悲劇全集（全5冊・完結）

1　丹下和彦訳　4200円

2　丹下和彦訳　4200円

3　丹下和彦訳　4600円

4　丹下和彦訳　4800円

5　丹下和彦訳　4100円

ガレノス　解剖学論集　坂井建雄・池田黎太郎・澤井　直訳　3100円

ガレノス　自然の機能について　種山恭子訳　3000円

ガレノス　身体諸部分の用途について（全4冊）

1　坂井建雄・池田黎太郎・澤井　直訳　2800円

ガレノス　ヒッポクラテスとプラトンの学説（全2冊）

1　内山勝利・木原志乃訳　3200円

クイントス・スミュルナイオス　ホメロス後日譚　北見紀子訳　4900円

クセノポン　キュロスの教育　松本仁助訳　3600円